兩漢魏晉南北朝正史西域傳要注

下冊

余太山　著

商務印書館
The Commercial Press

2019年·北京

目錄

六 《晉書·西戎傳》要注 ... 365
七 《梁書·西北諸戎傳》要注 ... 389
八 《魏書·西域傳》(原文)要注 ... 419
九 《周書·異域傳下》要注 ... 503
一〇 《隋書·西域傳》要注 ... 537
一一 《南史·西域諸國傳》要注 ... 599
一二 《北史·西域傳》要注 ... 606

徵引文獻 ... 667
索引 ... 692
後記 ... 711
再版後記 ... 713
余太山主要出版物目錄(1983—2011) ... 714

六 《晉書·西戎傳》[1] 要注

[1]《晉書·四夷傳》稱有晉一代"四夷入貢者,有二十三國"。其中"西戎傳"收入吐谷渾、焉耆、龜茲、大宛、康居、大秦,凡六國,屬於"西域"範疇者僅五國。這是由西晉王朝和西域的關係的基本情況決定的。西晉與西域往來最密切的時期是武帝太康年間,而自泰始中至太康初有一個較長的間隔,約十年左右,太康以後則完全中斷。蓋從泰始六年(270年)起河西鮮卑便不斷起兵反晉,一度攻陷涼州,河西連年戰亂,直至咸寧五年(279年)年底始告平息,與西域交通纔得以恢復;而太康之後不久就是長達十六年的"八王之亂",西晉王朝從此走向崩潰。《晉書·武帝紀》載泰始六年詔有云:"自泰始以來,大事皆撰錄祕書,寫副。後有其事,輒宜綴集以爲常。"這表明有關西域諸國的朝貢記錄,即使有遺漏也不會太多。朝晉的西域諸國中,屬於塔里木盆地綠洲國家的有焉耆、車師前國、鄯善和龜茲,凡四國。如果加上見諸尼雅所出晉簡提及的疏勒和于闐:"晉守侍中大都尉奉晉大侯親晉鄯善焉耆龜茲疏勒//于寘王寫下詔書到囗"(No. 684 ‖ 678)[1],則共有六國[2],和朝貢曹魏的大致相同。鄯善、

焉耆、龜茲、疏勒、于闐等國在曹魏時都是西域南北道的霸主，常兼并或役使其鄰近小國。曹魏的記錄中祗見這些綠洲大國，幾乎不見其他小國來朝，也許是這些大國稱霸的結果。綠洲大國在這樣的情況下朝西晉，當然不能看作西晉經營西域成功的表現，恰恰相反，應該是西晉無力控制西域的表現。西晉賜封鄯善、焉耆、龜茲、疏勒、于闐王爲"晉守侍中，大都尉，奉晉大侯，親晉××王"，和曹魏賜封車師後王"守魏侍中，號大都尉，受魏王印"性質相同。這種賜封，其初衷或在假手這些大國控制西域，然其實際意義，就西晉王朝而言，多半在於粉飾太平；就鄯善等國而言，意義在於可以打著中原王朝的旗號，役使其鄰近小國，且與其他綠洲大國抗衡。這正是鄯善、龜茲、焉耆等國王遣子入侍的政治目的。不用說，諸綠洲大國和西晉保持聯繫亦有經濟利益方面的種種考慮。至於康居、大宛等國朝西晉，和它們朝魏一樣，恐怕主要是爲了貿易。大宛王藍庚受晉之封，則也和大月氏王波調受魏之封一樣，與其說是當時中原王朝影響遠及蔥嶺之西，不如說是兩漢經營西域餘威尚在的緣故。西晉也和曹魏一樣，在西域置有戊己校尉和西域長史。前者治所在高昌，後者治所在樓蘭。後者在傳文中沒有提到，似乎是不應該有的疏忽。

……[2]

[2] 和《魏略・西戎傳》一樣，本傳也將西域和西戎事情合并。這裏僅錄注傳文有關西域的部份。

焉耆國[3]，西去洛陽八千二百里[4]，其地南至尉犂[5]，北與烏孫[6]接，方四百里。四面有大山，道險隘，百人守之，千人不過。[7]其俗丈夫翦髮[8]，婦人衣襦，著大袴。婚姻同華夏。好貨利[9]，任姦詭。王有侍衛數十人，皆倨慢無尊卑之禮。

[3]焉耆，西域北道綠洲國，首見《漢書·西域傳》。晉代焉耆國王治位置應與前代相同，可能在博格達沁古城。

[4]"八千二百里"（里數1）：本里數以襲自《漢書·西域傳下》的焉耆國王治員渠城去長安里數為基礎，亦卽員渠城去長安7330里，與長安去洛陽約千里之和。"八千二百里"應為"八千三百三十里"之奪訛。由此似可推定西晉時焉耆國王治與兩漢時並無不同。

[5]尉犂，西域北道綠洲國，首見《漢書·西域傳》。在本傳描述的時代，尉犂是焉耆屬國。

[6]烏孫，伊犂河、楚河流域的遊牧部族，首見《史記·大宛列傳》。

[7]"四面有大山"云云，是對焉耆盆地形勢的描述。《後漢書·班超傳》在記述超伐焉耆王廣時有載："焉耆國有葦橋之險，廣乃絕橋，不欲令漢軍入國。超更從它道厲度。七月晦，到焉耆，去城二十里，營大澤中。廣出不意，大恐，乃欲悉驅其人共入山保。"可以參看。

[8]翦髮，焉耆以及下文龜茲翦髮之俗，一般認為是伊朗之風。焉耆、龜茲等翦髮之人，若非本身有西歐亞人之血統，便是受其影響。

[9]"好貨利"，《魏書·西域傳》稱：萬度歸破焉耆國，"獲其珍奇異玩殊方譎詭不識之物，橐駝馬牛雜畜巨萬"。"珍奇異玩殊方譎詭不識之物"正是"好貨利"的注腳。

武帝太康中，其王龍[10]安遣子入侍。[11]安夫人獪胡[12]之女，姙身十二月，剖脅生子，曰會，立之爲世子。[13]會少而勇傑，安病篤，謂會曰：我嘗爲龜茲[14]王白[15]山所辱，不忘於心。汝能雪之，乃吾子也。及會立，襲滅白山，遂據其國，遣子熙歸本國爲王。會有膽氣籌略，遂霸西胡。蔥嶺以東[16]莫不率服。然持勇輕率，嘗出宿於外，爲龜茲國人羅雲所殺。

[10] 龍，焉耆大姓。³

[11] 據《晉書·武帝紀》，太康六年（285年）冬十月，"焉耆國遣子入侍"。案：據《晉書·武帝紀》，泰始六年（270年）九月，"焉耆來貢方物"。此外，據《晉書·宣帝紀》，曹魏齊王芳正始元年（240年）春正月，"焉耆、危須諸國……皆遣使來獻"。

[12] "獪胡"，一說即"羯胡"。⁴

[13] 這則記載透露了有關獪胡人種的重要信息。蓋脅生傳說是印歐語系民族神話中的特有形態。⁵ 既然此前沒有焉耆王族脅生的傳說，則此神話祇能來源於獪胡。而這正好佐證獪胡即羯胡說。

[14] 龜茲，西域北道綠洲國，首見《漢書·西域傳》。

[15] 白，又作"帛"，龜茲大姓。⁶

[16] "蔥嶺以東"，指西域南北道諸國。"蔥嶺"即蔥嶺，指帕米爾。焉耆和龜茲均西域北道大國，龍安與白山之爭，是這兩個綠洲大國爭霸的反映。其背景是中原和塞北勢力均無力深入西域。

其後張駿[17]遣沙州刺史楊宣[18]率衆疆理西域，宣以部將張植爲前鋒，所向風靡。軍次其國，熙距戰於賁崙城[19]，爲植所敗。植進屯鐵門[20]，未至十餘里，熙又率衆先要之於遮留谷[21]。植將至，或曰：漢祖畏於柏人，岑彭死於彭亡，今谷名遮留，殆將有伏？植單騎嘗之，果有伏發。植馳擊敗之，進據尉犂，熙率羣下四萬人肉袒降於宣。[22] 呂光討西域，[23] 復降於光。[24] 及光僭位，熙又遣子入侍。[25]

　　[17] 西晉之後，與西域諸國發生關係的是前涼卽河西張氏政權。而張氏政權在張駿繼位之後纔真正插手西域事情。張駿經營西域第一步是控制高昌。《晉書·張駿傳》載："西域長史李柏請擊叛將趙貞，爲貞所敗。議者以柏造謀致敗，請誅之。駿曰：吾每以漢世宗之殺王恢，不如秦穆之赦孟明。竟以減死論，羣心咸悅。"所謂"叛將趙貞"，其實是西晉駐高昌的戊己校尉，蓋《晉書·張駿傳》有載："初，戊己校尉趙貞不附于駿，至是，駿擊擒之，以其地爲高昌郡。"張駿擒趙貞，置高昌郡在咸和二年（327年）十月前後。[7] 又，《晉書·張駿傳》在"李柏請擊叛將趙貞"一則之前有載："西域諸國獻汗血馬、火浣布、犎牛、孔雀、巨象及諸珍異二百餘品。"西域諸國如此大規模的來獻最可能發生在太寧三年（325年）卽張駿繼位之翌年，諸珍異或皆賀禮。果然，李柏造謀或應在此年之後。[8] 除高昌外，張駿還控制了樓蘭。樓蘭遺址所出漢文紀年文書署有建興十八年（330年）者亦可爲證。[9]

　　[18] "沙州刺史楊宣"，據《晉書·張駿傳》，駿"分州西界三郡置沙州[10]，東界六郡置河州[11]"。《晉書·地理志上》則載："……敦煌[12]、晉

昌[13]、高昌[14]、西域都護、戊己校尉、玉門大護軍三郡三營爲沙州。"[15]而據《晉書·張駿傳》,"永和元年(345年),以世子重華爲五官中郎將、涼州刺史"。這就是說,楊宣爲沙州刺史也應在永和元年,征焉耆是在他出任沙州刺史的當年,《晉書·穆帝紀》繫於是年"十二月"。

[19] 賁侖城,一說可能是今七格星附近的唐王城古城或七格星古城。[16]

[20] 鐵門,今鐵門關。[17]

[21] 遮留谷,今塔什店與鐵門關間之哈滿溝,在鐵門關之北。

[22]《晉書·穆帝紀》載:永和元年(345年)冬十二月,"涼州牧張駿伐焉耆,降之"。可能遲至咸和五年(330年),焉耆已與張涼失和;至是,駿遣楊宣擊降之。永和元年張駿置沙州,意在加強對西域的控制,於是有焉耆之役。[18] 又據《晉書·張駿傳》,駿"又使其將楊宣率眾越流沙,伐龜茲、鄯善,於是西域並降。鄯善王元孟獻女,號曰美人,立賓遐觀以處之。焉耆、前部、于寘王並遣使貢方物"。楊宣伐龜茲、鄯善而不及焉耆,則能說明楊宣西伐之際,焉耆與張涼的關係是友好的;因爲伐龜茲,焉耆是必由之途。楊宣此次西伐在咸和五年之前,而鄯善王獻女在咸和六年(331年)十二月。[19] 焉耆與前部、于闐等遣使或者約略同時。

[23] 呂光討西域,《晉書·呂光載記》有載:"堅既平山東,士馬強盛,遂有圖西域之志,乃授光使持節、都督西討諸軍事,率將軍姜飛、彭晃、杜進、康盛等總兵七萬,鐵騎五千,以討西域。以隴西董方、馮翊郭抱、武威賈虔、弘農楊穎爲四府佐將。[20] 堅太子宏執光手曰:君器相非常,必有大福,宜深保愛。行至高昌,聞堅寇晉,[21] 光

欲更須後命。部將杜進曰：節下受任金方，赴機宜速，有何不了，而更留乎！光乃進及流沙，三百餘里無水，將士失色。光曰：吾聞李廣利精誠玄感，飛泉涌出，²²吾等豈獨無感致乎！皇天必將有濟，諸君不足憂也。俄而，大雨，平地三尺。"又稱平定焉耆、龜茲及其旁國後，"光撫寧西域，威恩甚著，桀黠胡王昔所未賓者，不遠萬里皆來歸附，上漢所賜節傳，光皆表而易之。²³堅聞光平西域，以爲使持節、散騎常侍、都督玉門已西諸軍事、安西將軍、西域校尉，道絕不通。光既平龜茲，有留焉之志。時始獲鳩摩羅什，羅什勸之東還，語在'西夷傳'。²⁴光於是大饗文武，博議進止。衆咸請還，光從之，以駝二萬餘頭致外國珍寶及奇伎異戲，殊禽怪獸千有餘品，駿馬萬餘匹。²⁵而苻堅高昌太守楊翰²⁶說其涼州刺史梁熙距守高梧²⁷、伊吾²⁸二關，熙不從。²⁹光至高昌，翰以郡迎降。³⁰……初，光徙西海郡人於諸郡，至是，謠曰：朔馬心何悲？念舊中心勞。燕雀何徘徊？意欲還故巢。頃之，遂相扇動，復徙之於西河樂都。羣議以高昌雖在西垂，地居形勝，外接胡虜，易生翻覆，宜遣子弟鎮之。光以子覆爲使持節、鎮西將軍、都督玉門已西諸軍事、西域大都護，鎮高昌，命大臣子弟隨之"。³¹案：呂光所涉流沙，乃經由大海道往赴高昌時必須穿越的沙漠地帶。又案：這段文字敘事次序紊亂。"光乃進及流沙"至"平地三尺"一段，應在"行至高昌"之前，若按原文所述，呂光乃先至高昌，後越流沙；這似乎是不可能的。《資治通鑑·晉紀二七》胡注以爲：呂光"自玉門出，渡流沙，西行至鄯善，北行至車師"。這是暗示呂光西征乃取《魏略·西戎傳》所載"中道"。但是，果然呂光取此道赴焉耆，則不會繞道高昌。呂光既至高昌，很可能是取《魏略·西戎傳》所載"新道",即敦煌石室出《西州圖經》所載"大海道"。

[24] 據《晉書・呂光載記》,呂光"進兵至焉耆,其王泥流率其旁國請降"。"泥流"與本傳所見"龍熙"可能是同一人名的不同譯稱。"龍"係音譯,故"泥流"可能是"龍"的異譯,後者急讀與前者差近。雖時隔近四十年,龍熙可能依然在位。又,呂光進兵至焉耆,泥流率其旁國請降,說明當時焉耆是北道霸主之一,所率"旁國"應即危須、尉犁等受焉耆役使的鄰國。此事《太平御覽》卷一二五引《十六國春秋・後涼錄》繫於苻堅建元十九年(383年)。

[25] 後涼的創建肇始於呂光西征,其政令似乎一度能頒行西域,惜不得其詳。文獻所見不過二事:除此處所載焉耆王龍熙在呂光"僭位"時"遣子入侍"外,《晉書・李玄盛傳》載:呂光"稱王"時,"遣使市六璽玉於于寘"。

龜茲國,西去洛陽八千二百八十里[26],俗有城郭,其城三重,中有佛塔廟千所。人以田種畜牧爲業[27],男女皆翦髮垂項。王宮壯麗,煥若神居。

[26] "八千二百八十里"(里數2):以襲自《漢書・西域傳下》的龜茲國王治去長安里數爲基礎;亦即龜茲國王治去長安7480里,與長安去洛陽約1000里之和。"八千二百八十里"應爲"八千四百八十里"之訛。

[27] 可知至遲傳文描述的時代,龜茲一直兼營田畜。據上引《晉書・呂光載記》,光自龜茲"以駝二萬餘頭致外國珍寶及奇伎異戲、殊

禽怪獸千有餘品，駿馬萬餘匹"東歸，其中當有很大一部份得自龜茲。

　　武帝太康中，其王遣子入侍。[28] 惠懷末，以中國亂，遣使貢方物於張重華。[29] 苻堅時，堅遣其將呂光率衆七萬伐之，其王白純距境不降，光進軍討平之。[30]

　　[28]《晉書・武帝紀》：太康六年（285年）冬十月，龜茲國"遣子入侍"。

　　[29] 張駿以後，前涼繼續控制高昌、樓蘭，與西域其他地區關係僅見此則。而據《資治通鑒・晉紀二二》，永和十二年（356年），張瓘曾對苻秦使者宣稱："我跨據三州，帶甲十萬，西苞葱嶺，東距大河，伐人有餘，況於自守，何畏於秦！"似乎遲至張玄靚時，前涼對葱嶺以東諸國尚有影響，貢方物者不獨龜茲也未可知。

　　[30]《晉書・呂光載記》："龜茲王帛純距光，光軍其城南，[32] 五里爲一營，深溝高壘，廣設疑兵，以木爲人，被之以甲，羅之壘上。帛純驅徙城外人入于城中，附庸侯王各嬰城自守。……又進攻龜茲城，夜夢金象飛越城外。光曰：此謂佛神去之，胡必亡矣。光攻城旣急，帛純乃傾國財寶請救獪胡。獪胡弟吶龍、侯將馗率騎二十餘萬，幷引溫宿[33]、尉頭[34]等國王，合七十餘萬以救之。胡便弓馬，善矛矟，鎧如連鎖，射不可入，以革索爲羂，策馬擲人，多有中者。衆甚憚之。諸將咸欲每營結陣，案兵以距之。光曰：彼衆我寡，營又相遠，勢分力散，非良策也。於是，遷營相接陣，爲勾鎖之法，精騎爲遊軍，彌縫其闕。戰于城西，大敗之，斬萬餘級。帛純收其珍寶而走，王侯降

者三十餘國。光入其城，大饗將士，賦詩言志。見其宮室壯麗，命參軍京兆段業著《龜茲宮賦》以譏之。胡人奢侈，厚於養生，家有蒲桃酒，或至千斛，經十年不敗，士卒淪沒酒藏者相繼矣。諸國憚光威名，貢款屬路，乃立帛純弟震爲王以安之。"呂光破龜茲，《資治通鑒·晉紀二七》繫於太元九年（384年）七月。案："溫宿、尉頭等國王"，《太平御覽》卷一二五引崔鴻《十六國春秋·後涼錄》作："姑墨、[溫]宿、尉頭等國及諸胡"，知赴救龜茲諸小國，除溫宿、尉頭外，尚有姑墨。姑墨，西域北道綠洲國，首見《漢書·西域傳》。

大宛，西去洛陽萬三千三百五十里[31]，南至大月氏[32]，北接康居[33]，大小七十餘城。土宜稻麥，有蒲陶酒，多善馬，馬汗血。其人皆深目多鬚。[34]其俗娶婦先以金同心指鐶爲娉，又以三婢試之，不男者絕婚。[35]姦淫有子，皆卑其母。與人馬乘不調墜死者，馬主出斂具。善市賈，爭分銖之利。得中國金銀，輒爲器物，不用爲幣也。[36]

[31] "萬三千三百五十里"（里數3）：以襲自《漢書·西域傳》的大宛國王治去長安里數爲基礎；亦即大宛國王治去長安12550里，與長安去洛陽約1000里之和。"萬三千三百五十里"應爲"萬三千五百五十里"之訛。

[32] 大月氏，阿姆河流域的遊牧部族，首見《史記·大宛列傳》。《後漢書·西域傳》將取代大月氏統治阿姆河流域的貴霜王朝也稱爲"大月氏"。按之年代，本傳所謂"大月氏"當指貴霜。

[33] 康居，錫爾河北岸的遊牧部族，首見《史記·大宛列傳》。

[34]"南至大月氏"至"深目多鬚"一段採自《漢書·西域傳》。

[35]"不男者絕婚"，對照《史記·大宛列傳》關於大宛國"俗貴女子"的記載，從中可見該地區社會性質的變化。

[36]"善市賈"至"不用爲幣也"一段，採自《漢書·西域傳》。

太康六年（285年），武帝遣使楊顥拜其王藍庚爲大宛王。[37]藍庚卒，其子摩之立，遣使貢汗血馬。[38]

[37] 武帝拜藍庚爲大宛王事"本紀"不載。此前，據《晉書·武帝紀》，泰始六年（270年），"九月，大宛獻汗血馬"。

[38] 大宛曾隨張涼使者獻於石勒。《晉書·石勒載記下》有載："涼州牧張駿遣長史馬詵奉圖送［款］，高昌、于闐、鄯善、大宛使獻其方物。"³⁵ 其事當在咸和五年（330年）十二月。蓋據《晉書·成帝紀》，咸和五年，"秋八月，石勒僭卽皇帝位"，"十二月，張駿稱臣于石勒"。張駿稱臣，故"奉圖送款"，西域諸國亦隨駿使獻其方物。

康居國，在大宛西北可二千里[39]，與粟弋[40]、伊列[41]鄰接。泰始中，其王那鼻遣使上封事，并獻善馬。[42]

[39]"可二千里"（里數4）：此里數承襲《漢書·西域傳》。案：本傳關於西域里數並未提供任何新的信息。

[40] 粟弋，指澤拉夫善河流域之索格底亞那地區，首見《後漢

書·西域傳》。

[41] 伊列，指伊犁河流域。

[42] 此則不見"本紀"。《晉書·武帝紀》僅載：太康八年（287年）十二月，西域康居國"遣使來獻"。案：《史記·大宛列傳》載大宛國有貴人名"煎靡"。"煎靡"的"靡"[36]與"那鼻"之"鼻"，可能是同名異譯。因此，"那鼻"更可能是康居王。

[粟弋國，屬康居]，[43] 其王居蘇薤城[44]。風俗及人貌、衣服略同大宛。地和暖，饒桐柳蒲陶，多牛羊，出好馬。[45]

[43] [粟弋國，屬康居]：粟特卽索格底亞那地區屬康居，最早可追溯到張騫首次西使之時。案：《晉書·石季龍載記》有"降胡粟特康"，應指來自 Samarkand 的粟特人，與康居無關。

[44] 蘇薤城，當時應係粟弋國王治。[37] 蘇薤城，應卽《漢書·西域傳上》所見康居五小王之一蘇䪷王的治地，位於 Kesh。

[45] 以上兩節，在傳文中原爲一則："康居國，在大宛西北可二千里，與粟弋、伊列鄰接。其王居蘇薤城。風俗及人貌、衣服略同大宛。地和暖，饒桐柳蒲陶，多牛羊，出好馬。泰始中，其王那鼻遣使上封事，幷獻善馬。"案："其王居蘇薤城"至"出好馬"凡三十一字，應是關於粟弋的記載。比較《後漢書·西域傳》："粟弋國屬康居，出名馬牛羊、蒲陶衆果，其土水美，故蒲陶酒特有名焉"，可知索格底亞那的風情確實如此。"人貌、衣服略同大宛"，是因爲兩地居民同係歐羅巴種且同爲土著的緣故。故傳文此段，其實是由"康居傳"和

"粟弋傳" 混合而成的。[38]

大秦國[46]，一名犁鞬，[47] 在西海[48]之西，其地東西南北各數千里。有城邑，其城周迴百餘里。屋宇皆以珊瑚爲梲栭，琉璃爲牆壁，水精爲柱礎。[49] 其王有五宮，其宮相去各十里，每旦於一宮聽事，終而復始。若國有災異，輒更立賢人，放其舊王，被放者亦不敢怨。[50] 有官曹簿領，而文字習胡，亦有白蓋小車、旌旗之屬，及郵驛制置，一如中州。其人長大，貌類中國人而胡服。[51] 其土多出金玉寶物、明珠[52]、大貝，有夜光璧[53]、駭雞犀[54]及火浣布[55]，又能刺金縷繡[56]及織錦縷罽[57]。以金銀爲錢，銀錢十當金錢之一。安息[58]、天竺[59]人與之交市於海中，其利百倍。鄰國使到者，輒廩以金錢。途經大海，海水鹹苦不可食，商客往來皆齎三歲糧，是以至者稀少。[60]

[46] 大秦，指羅馬帝國，已見《後漢書・西域傳》和《魏略・西戎傳》。

[47] "犁鞬"，應即《史記・大宛列傳》所見"黎軒"、《漢書・西域傳》所見"犁靬"、《後漢書・西域傳》所見"犁鞬"、《魏略・西戎傳》所見"犁靬"，均係[A]lexan[dria]（埃及的亞歷山大城）的縮譯。但《史記・大宛列傳》和《漢書・西域傳》所見"黎軒"和"犁靬"指托勒密朝埃及王國。《後漢書・西域傳》、《魏略・西戎傳》和本傳中的"犁鞬"和"犁靬"客觀上都已經成了大秦的同義詞。

[48] "西海"指地中海。[39]

[49] "珊瑚爲梲柄"云云，猶如《魏略·西戎傳》關於大秦國"水晶作宮柱"之類描述，皆誇飾之詞。

[50] "其王有五宮"至"被放者亦不敢怨"，《後漢書·西域傳》和《魏略·西戎傳》亦有類似描述。

[51] "其人長大"云云，可知當時人認爲羅馬人"貌類中國人"，纔稱之爲大秦的。蓋"秦"係當時北亞和中亞人對中國的稱呼。"大秦"應爲中亞人對羅馬帝國的稱呼。

[52] 明珠，應卽《後漢書·西域傳》所見"明月珠"。

[53] 夜光璧，已見《後漢書·西域傳》。

[54] 駭雞犀，已見《後漢書·西域傳》。

[55] 火浣布，已見《後漢書·西域傳》。

[56] 金縷繡，已見《後漢書·西域傳》。

[57] "錦縷罽"，應卽《後漢書·西域傳》所見"金縷罽"。

[58] 安息，帕提亞朝波斯，首見《史記·大宛列傳》。

[59] 天竺，指以印度河流域爲中心的南亞次大陸，首見《後漢書·西域傳》。

[60] 本節關於大秦國的記述多採《魏略·西戎傳》，未提供新資料。

漢時都護班超遣掾甘英使其國，入海，船人曰：海中有思慕之物，往者莫不悲懷。若漢使不戀父母妻子者，可入。英不能渡。[61] 武帝太康中，其王遣使貢獻。[62]

[61] 甘英西使大秦，事見《後漢書·西域傳》："[永元] 九年（97年），班超遣掾甘英窮臨西海（地中海）而還。"

[62]《晉書·武帝紀》載：太康五年（284年），十二月庚午，大秦國"遣使來獻"。

附：《晉書·苻堅載記》[63]

先是，王猛獲張天錫將敦煌陰據及甲士五千，堅既東平六州，西擒楊纂，欲以德懷遠，且跨威河右，至是悉送所獲還涼州。天錫懼而遣使謝罪稱藩，堅大悅，即署天錫爲使持節、散騎常侍、都督河右諸軍事、驃騎大將軍、開府儀同三司、涼州刺史、西域都護、西平公。[64]……先是，梁熙[65]遣使西域，稱揚堅之威德，并以繒彩賜諸國王，於是朝獻者十有餘國。大宛獻天馬千里駒，皆汗血、朱鬣、五色、鳳膺、麟身，及諸珍異五百餘種。堅曰：吾思漢文之返千里馬，咨嗟美詠。今所獻馬，其悉返之，庶克念前王，髣髴古人矣。乃命羣臣作《止馬詩》而遺之，示無欲也。其下以爲盛德之事，遠同漢文，於是獻詩者四百餘人。[66]……鄯善[67]王、車師前部[68]王來朝，大宛獻汗血馬，肅慎[69]貢楛矢，天竺獻火浣布，康居、於闐[70]及海東諸國[71]，凡六十有二王，皆遣使貢其方物。[72]《苻堅載記上》（卷一一三）

[63] 節錄《晉書·苻堅載記》有關西域的記述，以補充本傳。

[64] 張天錫"遣使謝罪稱藩"，《資治通鑑·晉紀二五》繫於咸安元年（371年），苻堅署天錫爲"涼州刺史、西域都護"不妨看作前秦關心西域事情之始。

[65] 太元元年（376年），苻堅滅前涼。《晉書·苻堅載記上》稱："堅以梁熙爲持節、西中郎將、涼州刺史，領護西羌校尉，鎮姑臧。"

[66] 這是前秦與西域實際交往之始。苻堅返馬，固然是由於他"欲以德懷遠"，也說明他在當時尚無暇經營西域。大宛獻馬一事，《資治通鑑·晉紀二六》繫於太元三年（378年）十月，時苻丕擁衆十萬，久攻襄陽未克。"十有餘國"朝秦事不載《資治通鑑》，或許是編者以爲與大宛獻馬不在同時，又別無年月可稽的緣故。

[67] 鄯善，西域南道綠洲國，首見《漢書·西域傳》。

[68] 車師前部，西域北道綠洲國，首見《漢書·西域傳》。

[69] 肅慎，族名，分佈在今長白山北、北抵黑龍江以北，東濱日本海，西近嫩江。

[70] 於闐，應卽《漢書·西域傳》所見西域南道綠洲國"于闐"。

[71] "海東諸國"，最早見諸《魏略·西戎傳》。"海東"相對於"海西"而言，"海"指地中海。苻堅平定涼州，據有高昌，控制鄯善和車師前部，和西域各國的交往日趨頻繁，故《太平御覽》卷三六三引車頻《秦書》稱："苻堅時，四夷賓服，湊集關中，四方種人，皆奇貌異色。"《晉書·苻堅載記》稱太元三年（378年）前後有大宛等十餘國來朝，亦是實例。太元六年來朝的六十二國中，屬於西域的爲數必定不少。

[72] 據《資治通鑒·晉紀二六》，六十二國貢方物在太元六年（381年）二月。車師前王及鄯善王來朝在七年九月。案：車師前王及鄯善王來朝，亦見於《高僧傳·鳩摩羅什傳》："什既道流西域，名被東川。時苻堅僭號關中，有外國前部王及龜茲王弟並來朝堅，堅引見，二王說堅云，西域多產珍奇，請兵往定，以求內附。至苻堅建元十三年（377年）歲次丁丑正月，太史奏云：有星見於外國分野，當有大德智人，入輔中國。堅曰：朕聞西域有鳩摩羅什，襄陽有沙門釋道安，將非此耶。即遣使求之。至十七年（381年）二月，鄯善王、前部王等，又說堅，請兵西伐。十八年九月，堅遣驍騎將軍呂光、陵江將軍姜飛，將前部王及車師王等（"前部王及車師王"應爲"前部王及鄯善王"之誤），率兵七萬，西伐龜茲及烏耆（"焉耆"之異譯）諸國。"[40] 由此可見，鄯善王、前部王來朝其實正是六十二國來朝之時，《資治通鑒·晉紀二六》所載太元六年朝秦的六十二國中已包括了鄯善和前部二國，而繫於七年九月者乃苻堅命呂光等準備西伐事，僅僅爲了說明原因纔敘及鄯善王、前部王朝秦和說堅西伐的。又據前引《高僧傳·鳩摩羅什傳》，鄯善王和車師前王朝秦並說堅之前，已有前部王及龜茲王弟說堅西伐之事。《高僧傳·鳩摩羅什傳》不載後者年月，或在苻堅建元十二年（376年）九月梁熙爲涼州刺史之後，翌年正月之前。因此，就車師前王而言，太元六年已是第二次朝秦。又，《出三藏記集》卷八道安"摩訶鉢羅若波羅密經抄序"稱："會建元十八年（382年）正[月]，車師前部王名彌第來朝，其國師字鳩摩羅跋提獻胡《大品》一部。"[41] "彌第"應即《晉書·苻堅載記》所見車師前部王彌寘。由此可知彌寘於十八年正月第三次朝秦。一說彌寘可能在上

年冬已入秦，到十八年正月入朝，所謂"朝正"。[42] 案：彌寶既於十七年二月第二次朝秦，則也有可能並未歸國，而於翌年正月獻經。

　　車師前部王彌寶、鄯善王休密馱朝於堅，堅賜以朝服，引見西堂。寶等觀其宮宇壯麗，儀衛嚴肅，甚懼，因請年年貢獻。堅以西域路遙，不許，令三年一貢，九年一朝，以爲永制。寶等請曰：大宛諸國雖通貢獻，然誠節未純，請乞依漢置都護故事。若王師出關，請爲鄉導。[73] 堅於是以驍騎呂光爲持節、都督西討諸軍事，與陵江將軍姜飛、輕騎將軍彭晃等配兵七萬，以討定西域。苻融以虛耗中國，投兵萬里之外，得其人不可役，得其地不可耕，固諫以爲不可。堅曰：二漢力不能制匈奴，猶出師西域。今匈奴既平，易若摧朽，雖勞師遠役，可傳檄而定，化被崑山，垂芳千載，不亦美哉！朝臣又屢諫，皆不納。……明年，呂光發長安，堅送於建章宮，謂光曰：西戎荒俗，非禮義之邦。羈縻之道，服而赦之，示以中國之威，導以王化之法，勿極武窮兵，過深殘掠。[74] 加鄯善王休密馱使持節、散騎常侍、都督西域諸軍事、寧西將軍，車師前部王彌寶使持節、平西將軍、西域都護，率其國兵爲光鄉導。[75]……時呂光討平西域三十六國，所獲珍寶以萬萬計。堅下書以光爲使持節、散騎常侍、都督玉門以西諸軍事、安西將軍、西域校尉，進封順鄉侯，增邑一千戶。《苻堅載記下》（卷一一四）

　　[73] 由此可知，車師前王及鄯善王說堅西伐旨在請置都護。這與

東漢初年的情況頗爲類似。據《後漢書·西域傳》，當時鄯善、車師前部等西域國王一再遣使求内屬，願請都護，主要是因爲莎車強大，侵陵諸國。由於資料闕如，苻堅時西域的情況不得其詳，祇能說鄯善等國之所以請都護於苻秦，或許也是不堪西域某一強國的欺侮。而最有可能侵陵、欺侮諸國的強國是龜茲。龜茲自西漢以來一直是最大的城郭之國，從後來呂光西征的過程來看，龜茲在當時擁有強大的軍事、經濟實力是毋庸置疑的。《太平御覽》卷八九五引崔鴻《十六國春秋》載呂光疏有云："唯龜茲據三十六國之中，制彼王侯之命。"似乎也可爲佐證。二王提到大宛，不過是說辭，既請堅依漢之故事，不免以伐宛相勸，其本意未必在請苻堅遠征大宛。事實上，呂光西征及龜茲而止，並沒有效法貳師將軍。[43]

[74] 苻堅出兵西域，乃以王者自居，旨在流芳百世。在他看來，既無匈奴干擾，西域可傳檄而定。正因爲"化被崑山"對他有巨大的吸引力，纔置朝臣屢諫於不顧。應該指出，苻堅出兵西域，另一個重要目的是獲致"大德智人"鳩摩羅什。據《高僧傳·鳩摩羅什傳》，苻堅爲呂光餞行時，對呂光說："朕聞西國有鳩摩羅什，深解法相，善閑陰陽，爲彼學之宗，朕甚思之。賢哲者國之大寶，若剋龜茲，即馳驛送什。"[44] 可見迫切之至。[45] 羅什時在龜茲，亦龜茲遭伐的重要原因。

[75] 所加官職，仿佛二王並非外臣，亦可見苻秦與鄯善乃至前部關係之密切。而據《晉書·藝術傳·郭黁傳》，"鄯善及前部王朝於苻堅，西歸，鄯善王死於姑臧"。知爲呂光向導者僅彌寘一人。

■ 註釋

1 此簡原係二簡，因"文義相屬，書跡亦同"，定爲一簡。說見王國維"尼雅城北古城所出晉簡跋"，載《觀堂集林》，中華書局，1959年，pp. 865-869。

2 《魏書·祖瑩傳》："孝昌中，於廣平王第掘得古玉印，敕召瑩與黃門侍郎李琰之，令辨何世之物。瑩云：此是于闐國王晉太康中所獻。乃以墨塗字觀之，果如瑩言，時人稱爲博物。"由此亦可知于闐曾於太康中朝晉。

3 參看榮新江"龍家考"，《中亞學刊》第4輯，北京大學出版社，1995年，pp. 144-160。

4 說見周一良《魏晉南北朝史劄記》，中華書局，1985年，pp. 117-118。

5 饒宗頤"中國古代'髡生'的傳說"，《燕京學報》新第3期（1997年），北京大學出版社，pp. 15-28。

6 參看 H. W. Bailey, "Ttaugara." *Bulletin of the School of Oriental Studies* 8 (1935-37), pp. 883-921；馮承鈞《西域南海史地考證論著彙輯》，中華書局香港分局，1976年，pp. 158-175。

7 松田壽男《古代天山の歷史地理學的研究》，東京：早稻田大學出版部，1970年，pp. 127-137。

8 參看唐長孺"高昌郡紀年"，武漢大學歷史系魏晉南北朝隋唐史研究室編《魏晉南北朝隋唐史資料》第3期（1981年），pp. 22-38。

9 見林梅村編《樓蘭尼雅出土文書》(No. 13)，文物出版社，1985年。

10 沙州，治敦煌郡。

11 河州，治今甘肅臨夏。

12 敦煌，治今敦煌西。

13 晉昌，治今甘肅安西東南。

14 高昌，治今高昌古城。

15 《魏書·張駿傳》所載與《晉書·地理志上》略同，但點明沙州"以西胡校尉楊宣爲刺史"。據《魏書·張駿傳》，可知駿在置沙州的同時，分"十一郡爲涼州，以長子重華爲刺史"，分"八郡爲河州，以其寧戎校尉張瓘爲刺史"。

16 陳戈"焉耆尉犂危須都城考"，《西北史地》1985 年第 2 期，pp. 22-31。下文鐵門、遮留谷的位置亦見此文。

17 一說即《後漢書·班勇傳》所見"爵離關"。見孟凡人《北庭史地研究》，新疆人民出版社，1985 年，pp. 212-213。

18 參看余太山《兩漢魏晉南北朝與西域關係史研究》，中國社會科學出版社，1995 年，pp. 126-127。

19 《太平御覽》卷一二四引崔鴻《十六國春秋·前涼錄》："八年（即咸和六年，331 年），羣寮勸駿稱涼王、置百官。駿曰：此非人臣所言，敢有此言，罪在不赦。又請立世子，乃立重華爲世子。十二月，鄯善王元孟獻女殊好，號曰美人，立賓遐觀以處之。"

20 據《晉書·苻堅載記》，時在太元七年（382 年），而《資治通鑒·晉紀二六》繫於是年九月。又據"苻堅載記"和"晉紀"，知呂光於翌年正月"發長安"。

21 苻堅寇晉，《資治通鑒·晉紀二七》繫於太元八年（383 年）七月。

22 李廣利，號貳師將軍，《漢書》卷六一有傳。"精誠玄感，飛泉涌出"之類傳說不見本傳，最早見諸《後漢書·耿恭傳》："聞昔貳師將軍拔佩刀刺山，飛泉涌出。"

23 帛震親秦，光乃立之。又，呂光立帛震爲龜茲王，易諸國節傳，說明呂光控制西域的方式與前朝大致相同。要之，苻秦一朝，除高昌、鄯善、車師前部外，事實上未能控制西域。《晉書·呂光載記》稱，呂光定西域，以苻秦之節傳易漢之節傳，可謂徒具形式；而《高僧傳·道安傳》稱苻秦"西併龜茲"（《大正新脩大藏經》T50, No. 2059, p. 353），顯然也是將呂氏之功歸諸苻氏了。

24《晉書·藝術傳·鳩摩羅什傳》："鳩摩羅什，天竺人也。……西域諸國咸伏羅什神儁，每至講說，諸王皆長跪坐側，令羅什踐而登焉。苻堅聞之，密有迎羅什之意。會太史奏云：有星見外國分野，當有大智入輔中國。堅曰：朕聞西域有鳩摩羅什，將非此邪？乃遣驍騎將軍呂光等率兵七萬，西伐龜茲，謂光曰：若獲羅什，即馳驛送之。光軍未至，羅什謂龜茲王白純曰：國運衰矣，當有勍敵自日下來，宜恭承之，勿抗其鋒。純不從，出兵距戰。光遂破之，乃獲羅什。"案：羅什勸呂光東還，又見載於《晉書·藝術傳》和《高僧傳·鳩摩羅什傳》。這其實是羅什欲藉呂光之力東向弘道。

25 "以駞二萬餘頭"云云，足見龜茲及其旁國之富庶。呂光大肆掠奪，頗違苻堅本意，可見所謂"撫寧西域，威恩甚著"，祇是進止未定之際的面具。雖然西域文化隨著呂光所致奇伎異戲等東傳，但應該看到這種搜括歸根結蒂是不利於東西文化交流的。

26 據《資治通鑑·晉紀二六》，苻堅在太元元年（376 年）以梁熙爲涼州刺史的同時，以"高昌楊幹爲高昌太守"。楊幹或即楊翰，翰、幹應有一誤。時沙州已廢，高昌屬涼州。又據《晉書·苻堅載記下》，太元七年，"堅兄法子東海公陽與王猛子散騎侍郎皮謀反，堅"皆赦不誅，徙陽於高昌，皮於朔方之北"。可見高昌置郡之後，仍被視爲謫戍之地。

27 高桐，《讀史方輿紀要·陝西一四》（卷六五）以爲當作"高梧"；而"高梧，交河之訛也"。交河，原車師前國之王治。

28 伊吾，今哈密附近。

29《晉書·苻丕載記》："是時，安西呂光自西域還師，至于宜禾，堅涼州刺史梁熙謀閉境距之。高昌太守楊翰言于熙曰：呂光新定西國，兵强氣銳，其鋒不可當也。度其事意，必有異圖。且今關中擾亂，京師存亡未知，自河已西迄于流沙，地方萬里，帶甲十萬，鼎峙之勢實在今日。若光出流沙，其勢難測。高梧谷口，水險之要，宜先守之而奪其水。彼既窮渴，自然投戈。如其以遠不守，伊吾之關亦可距也。若度此二要，雖有子房之策，難爲計矣。地有所必爭，真此機也。熙弗從。"

30 按之《資治通鑑·晉紀二八》，太元十年（385年）三月，呂光決定東返，高昌、敦煌、晉昌相繼歸附，而武威太守執梁熙以降；光殺熙，入姑臧，自領涼州刺史。

31 載記叙其事於呂光討乾歸、彭奚念（392年）之後，稱天王（396年）之前；《資治通鑑·晉紀三〇》則繫於太元十九年（394年）。由此可知，呂涼續設太守統治高昌，對高昌的重視且勝於前朝。參看注8所引唐長孺文。

32 "龜茲王帛純距光，光軍其城南"，《太平御覽》卷一二五引《十六國春秋·後涼錄》作："至龜茲，龜茲王帛純捍命不降，光軍其城南。"

33 溫宿，西域北道綠洲國，首見《漢書·西域傳》。其王治位於今烏什一帶。

34 尉頭，西域北道綠洲國，首見《漢書·西域傳》。其王治可能位於今巴楚東北 Tumshuq 遺址附近。

35《十六國春秋·後趙錄三》作："涼州牧張駿遣長史馬詵奉圖送欵，入貢稱臣，高昌、于闐、鄯善、大宛遣使各獻方物。"

36 一說"靡"是吐火羅語 wäl 或 walo 之對譯，見 E. G. Pulleyblank, "The Consonantal System of Old Chinese." *Asia Major* n. s. 9 (1962), pp. 58-144, 206-265, esp. 227.

37 詳見余太山《塞種史研究》，中國社會科學出版社，1992 年，pp.102-104。

38 同注 37。

39 關於大秦地理，詳見注 37 所引余太山書，pp. 182-209。

40《大正新脩大藏經》T50, No. 2059, p. 331。

41《大正新脩大藏經》T55, No. 2145, p. 52。

42 注 8 所引唐長孺文。

43 伊瀬仙太郎《中國經營西域史研究》，東京：岩南堂，1968 年，p. 106，以爲二王說堅西伐，請置都護，旨在活躍東西貿易，以便從中獲利。注 7 所引松田壽男書，p. 135，說略同。案：果如說者所言，當時必定有壟斷東西貿易的勢力存在。龜茲國很可能是這種角色的扮演者。

44《大正新脩大藏經》750，No. 2059, p. 331。

45《太平御覽》卷一二二引崔鴻《十六國春秋・前秦錄》："[建元] 十三年正月，太史奏：有星見於外國之分，當有聖人之，輔中國，得之者昌。堅聞西域有鳩摩羅什，襄陽有釋道安，竝遣求之。"又，《高僧傳・釋道安傳》："堅謂僕射權翼曰：朕以十萬之師取襄陽，唯得一人半。翼曰：誰耶？堅曰：安公一人，習鑿齒半人也。"《大正新脩大藏經》T50, No. 2059, p. 352。

七 《梁書·西北諸戎傳》[1]要注

西北諸戎，漢世張騫始發西域之迹，[2] 甘英遂臨西海，[3] 或遣侍子，或奉貢獻，于時雖窮兵極武，僅而克捷，比之前代，其略遠矣。魏時三方鼎峙，日事干戈，晉氏平吳以後，少獲寧息，徒置戊己之官，[4] 諸國亦未賓從也。繼以中原喪亂，胡人遞起，西域與江東隔礙，重譯不交。呂光之涉龜茲，[5] 亦猶蠻夷之伐蠻夷，非中國之意也。自是諸國分并，勝負強弱，難得詳載。明珠翠羽，雖仞於後宮，蒲梢龍文[6]，希入於外署。有梁受命，其奉正朔而朝闕庭者，則仇池[7]、宕昌[8]、高昌[9]、鄧至[10]、河南[11]、龜茲、于闐[12]、滑[13] 諸國焉。今綴其風俗，爲"西北戎傳"云。[14]

[1]《梁書·西北諸戎傳》與南京故宮博物院今存所謂《梁職貢圖》殘卷西北各國使臣圖像、題記的對應關係表明兩者有相同的資料依據。而今存殘卷的原底是裴子野《方國使圖》，也就是說，《梁書·西北諸戎傳》（至少有十國之傳記）取材於裴子野《方國使圖》。蓋據

《梁書·裴子野傳》，"是時西北徼外有白題及滑國，遣使由岷山道入貢。此二國歷代弗賓，莫知所出。子野曰：漢潁陰侯斬胡白題將一人。服虔注云：白題，胡名也。又漢定遠侯擊虜，八滑從之，此其後乎。時人服其博識。敕仍使撰《方國使圖》，廣述懷來之盛，自要服至于海表，凡二十國"。這"二十國"顯係當時朝梁者，其中無疑包括西域諸國。"廣述"云云既說明子野撰圖的目的，也說明諸國來朝對蕭梁的意義主要是政治的。該圖宋人摹本殘部現藏南京博物院，使臣肖像存者僅十二國，其中屬西域者凡八國：滑國、波斯、龜茲、周古柯、呵跋檀、胡蜜丹、白題、末國。每位使臣肖像之後均有題記一則，關於末國者已經殘缺。題記所述諸國事情不少處與《梁書·西北諸戎傳》所載相符，相符處往往前者詳而後者略。由此可見是圖確係實錄，且成了《梁書·西北諸戎傳》有關記載的依據。又，西域諸國朝梁亦取"河南道"，與朝劉宋相同。而據《梁書·海南諸國傳》，"海南諸國，大抵在交州南及西南大海洲上，相去近者三五千里，遠者二三萬里，其西與西域諸國接"。可見西域諸國（如波斯等國）使者由海道入貢的可能性也不能排除。[1]

[2] 張騫，事蹟見《史記·大宛列傳》和《漢書·張騫李廣利傳》。漢武帝為聯合月氏打擊匈奴遣張騫出使，是為中原王朝與西域交通之始。

[3] 據《晉書·武帝紀》等，可知西晉在西域置有戊己校尉。西晉戊己校尉和曹魏一樣，也稟命於涼州刺史。治所也在高昌，實際上是曹魏戊己校尉的延續。

[4] 甘英，事蹟見《後漢書·西域傳》。和帝永元九年，西域都護

班超遣甘英出使大秦卽羅馬帝國，英抵西海卽地中海東岸而還。甘英此行是東漢經營西域臻於極盛的標識。

[5] 呂光伐龜茲事，見載於《晉書·西戎傳》和《晉書·呂光載記》。龜茲，西域北道綠洲國，首見《漢書·西域傳》。

[6] 蒲梢、龍文，駿馬之名。

[7] 仇池，又稱武興國，氐人楊氏所建政權，疆域在今甘肅和四川交界處。

[8] 宕昌，宕昌羌所建政權，地在仇池以西、天水以南。

[9] 高昌，其前身當卽《漢書·西域傳下》所見車師前國"高昌壁"，故址當位於今高昌古城。

[10] 鄧至，西羌之一支，又稱白水羌。

[11] 河南，指吐谷渾。原爲鮮卑慕容部之一枝，後西遷至今甘肅南部。青海等地建立政權，七世紀六十年代爲吐蕃所滅。

[12] 于闐，西域南道綠洲國，首見《漢書·西域傳》。

[13] 滑，卽《魏書·西域傳》所見嚈噠。"滑"乃"滑匢"之略，"滑匢" [hoat(kuət)-duən]，見《通典·邊防九·西戎五》，乃 Huna 之對譯，蓋滑人一度自號匈奴，梁人但聞其音，不知其實，故稱之爲"滑匢"或"滑"。[2]

[14] 入載本傳的西域國家均曾朝梁，故所謂"奉正朔而朝闕庭"，"奉正朔"是虛，"朝闕庭"是實。

......[15]

[15] 高昌前略去"河南王"一節，蓋不屬"西域"。

高昌國，闞氏爲主，[16] 其後爲河西王沮渠茂虔弟無諱襲破之，其王闞爽奔于芮芮[17]。無諱據之稱王，一世而滅。[18] 國人又立麴氏爲王，名嘉，元魏授車騎將軍、司空公、都督秦州諸軍事、秦州刺史、金城郡開國公。[19] 在位二十四年卒[20]，諡曰昭武王。[21] 子子堅，使持節、驃騎大將軍、散騎常侍、都督瓜州諸軍事、瓜州刺史、河西郡開國公、儀同三司高昌王嗣位。[22]

[16]《北史·西域傳》"高昌條"："太武時（424—452 年）有闞爽者，自爲高昌太守。"

[17] 芮芮，北亞遊牧部族，即《魏書·西域傳》所見"蠕蠕"，時與拓跋魏爭奪對西域的控制權。³

[18]《北史·西域傳》"高昌條"："真君中（440—451 年），爽爲沮渠無諱所襲，奪據之。無諱死，弟安周代立。"沮渠氏據有高昌始自真君三年（442 年），至和平元年（460 年）爲芮芮所滅，凡二世一十九年。本傳稱"一世而滅"不確。⁴

[19]《北史·西域傳》"高昌條"作："延昌中（512—515 年），以嘉爲持節、平西將軍、瓜州刺史、泰臨縣開國伯，私署王如故。"關於麴嘉稱王經過，《北史·西域傳》"高昌條"所述較詳，可參看。

[20] "在位二十四年"，自 501 至 524 年。

[21] "諡曰昭武王"，《北史·西域傳》"高昌條"作："嘉死，贈鎮西將軍、涼州刺史。"

[22]《魏書·出帝紀》作：永熙二年，"冬十月癸未，以衛將軍、瓜州刺史、泰臨縣開國伯、高昌王麴子堅爲儀同三司、進爵郡王"。據《北史·西域傳》"高昌條"，繼位者名麴堅，無"子"字，未知孰是。

其國蓋車師之故地也。[23]南接河南，東連燉煌[24]、西次龜茲，北隣敕勒[25]。置四十六鎮[26]、交河[27]、田地[28]、高寧[29]、臨川[30]、橫截[31]、柳婆[32]、洿林[33]、新興[34]、由寧[35]、始昌[36]、篤進[37]、白力[38]等，皆其鎮名。官有四鎮將軍及雜號將軍，長史、司馬、門下校郎、中兵校郎、通事舍人、通事令史、諮議、校尉、主簿。[39]國人言語與中國略同。[40]有五經、歷代史、諸子集。[41]面貌類高驪，辮髮垂之於背[42]，著長身小袖袍、縵襠袴。女子頭髮辮而不垂，著錦纈纓珞環釧。[43]姻有六禮[44]。其地高燥，築土爲城，架木爲屋，土覆其上。寒暑與益州相似。[45]備植九穀，人多噉麨及羊牛肉。出良馬、蒲陶酒、石鹽[46]。多草木，草實如蠒，蠒中絲如細纑，名曰白疊子[47]，國人多取織以爲布。布甚軟白，交市用焉。[48]有朝烏者，旦旦集王殿前，爲行列，不畏人，日出然後散去。

[23] 車師，西域北道綠洲國，首見《漢書·西域傳》。高昌前身爲車師國之高昌壁，故稱之爲"車師之故地"。

[24] 燉煌，郡名，治今敦煌西。

[25] 敕勒，此處指高車副伏羅部所建政權。事蹟見《魏書·高車傳》。

[26] "四十六鎮"：高昌城鎮數，時有變化，爲數不一。一說"四

爲衍文,蓋蕭梁時,高昌城鎮不可能增至四十六個。[5]

[27] 交河,一般認爲位於今吐魯番市西的交河故城。

[28] 田地,一般認爲位於今鄯善縣西南魯克沁鎮西的柳中故城。

[29] 高寧,一般認爲位於今吐峪溝。

[30] 臨川,一般認爲位於今鄯善縣連木沁。

[31] 横截,一說位於今連木沁西之漢墩(漢都坎)。[6]

[32] 柳婆,今地有吐魯番東南頭工(勒木丕)[7]、艾丁湖東[8]、交河古城東南魯克沁三說。[9]

[33] 洿林,一說位於今葡萄溝內。[10]

[34] 新興,一說位於今勝金口以北。[11]

[35] 由寧,應卽吐魯番出土文書所見寧戎[12]。其今地一說爲勝金口。[13]

[36] 始昌,一說位於今托克遜東大墩子北古城。[14]

[37] 篤進,一般認爲位於今托克遜。其前身或卽見諸《漢書·西域傳上》的兜訾城。"兜訾"[to-tzie]與"篤進"[təuk-tzien]得視爲同名異譯。

[38] 白力,一般認爲位於今鄯善縣治。

[39] 官制:據高昌地區出土墓磚、墓表、碑誌及吐魯番文書,麴氏高昌時期的官制可分爲戎號將軍、戍衛兵將、王府中央、東宮王都、郡府與縣城六個系統。其中,戎號將軍包括第一等級:衛將軍、中軍將軍、護軍大將軍;第二等級:右衛將軍、冠軍將軍、龍驤將軍、奮威將軍、廣威將軍、寧朔將軍、左衛大將軍、建義將軍、鎮軍大將軍、輔國將軍;第三等級:建威將軍、揚威將軍、振武將軍、平

漠將軍、寧遠將軍、雲麾將軍；第四等級：折衝將軍、威遠將軍、廣武將軍、虎威將軍、淩江將軍、建武將軍、伏波將軍、□漠將軍、平遠將軍、鷹陽將軍、虎賁將軍；第五等級：殿中將軍、□威將軍；第七等級：宣威將軍、明威將軍；第八等級：虎牙將軍。戍衛兵將有奮威將軍兼宿衛事、輔國將軍領宿衛事，郎將，北廳左右、帳下左右等名目。中央官員包括第二等級：綰曹郎中；第三等級：吏部、民部、倉部、庫部、祀部、都官、主客七部郎中；第四等級：吏部、兵部、民部、倉部、庫部、祀部、都官、主客、屯田九部長史（晚期有些長史改爲侍郎），中郎，財官校尉，殿中侍御史，駙馬都尉；第五等級：兵部、民部、倉部、庫部、祀部、都官、主客、屯田司馬，（門下）校郎、通事舍人；第六等級：諸部參軍，通事令史；第七等級：兵部、民部、庫部、都官、主客、屯田主簿；第八等級：民部吏、屯田吏、省事；第九等級：左親侍。東宮官有世子、散騎常侍、諮議參軍、中書東宮舍人、諫議郎、王國侍郎，王都的官職有長史、司馬、各曹參軍、各曹主簿與史；郡府長官爲郡太守，屬官有郡司馬，各曹司馬，錄事參軍，各曹參軍，郡府主簿，各曹主簿及帶閣主簿，功曹，學博士，省事，左右親侍等；縣、城長官爲縣令或城太守，下設常侍，縣司馬，兵曹及田曹錄事，客曹及田曹參軍，田曹及兵曹主簿、省事等官員。麴氏高昌時期的職官制度主要繼承了秦漢以來歷代王朝的官制，自設的衹有綰曹郎中、門下校郎、帶閣主簿、縣常侍及北廳左右、帳下左右、左右親侍等小吏。[15] 至於四鎮將軍，可能指鎮東、鎮西、鎮南、鎮北四將軍，不常置。

[40]《周書・異域傳》稱："有《毛詩》、《論語》、《孝經》，置學官

子弟，以相教授。雖習讀之，而皆爲胡語。"這與本傳所載有異。

[41] 吐魯番出土唐以前的史部典籍有：《三國志·虞翻傳》（1924年吐魯番出土，晉寫本，現藏日本書道博物館）、《三國志·虞翻陸績張溫傳》（晉寫本，日本上野淳一氏藏）[16]、《三國志·吳主（孫權）傳》（1965年1月10日出土於吐魯番。晉寫本，新疆維吾爾自治區博物館藏）、《三國志·臧洪傳》（與上件同時出土。晉寫本，現藏新疆維吾爾自治區博物館）、《晉陽秋》（阿斯塔那151號墓出土）、《前漢紀》（1980—1981年柏孜克里克千佛洞出土）[17]等等。其他典籍有《千字文》（阿斯塔那151號墓葬出土）、《急就章》古注本（阿斯塔那337號墓葬出土）、班固《幽通賦》（Ch3693、3699、2400、3865）[18]、"高昌書儀"（阿斯塔那169號墓葬出土）、醫方（阿斯塔那153號、204號墓葬出土）、古抄本"乘法訣"、古抄本《諡法》（阿斯塔那316號墓葬出土）、"高昌某氏殘譜"（阿斯塔那113號墓葬出土）、"某氏譜"（阿斯塔那50號墓葬出土）、"延壽七年曆日殘卷"（阿斯塔那387號墓葬出土）以及多種佛經、道經。

[42] 高昌之辮髮，一般認爲受北方遊牧部族之影響。

[43] 袍、袴爲胡服，錦夾纈、纓珞（頸飾）、環釧等爲中原漢族傳統服飾。高昌男子服飾受北方遊牧民族的影響，麴氏王國時期，主要從突厥法。

[44] 六禮，指納采、問名、納吉、納徵、請期、親迎。

[45] 益州，州名，蕭梁時治今四川成都，所治與高昌均屬盆地氣候，故而本傳將兩者相提並論。

[46] 石鹽，巖鹽。[19]

[47] 白疊，指棉花。一說原語是波斯語 pambak dip。[20]

[48] "布甚軟白，交市用焉"，指以疊布作貨幣，充當一般等價物和支付手段。縱觀高昌西州四百年貨幣關係的演變，可分爲紡織品本位（367—560 年）、銀錢本位（560—680 年）、銅錢本位（710—755 年）三個階段。其中第一階段第一時期（367—482 年），由於中原戰亂，芮芮、滑國、河南國等幾大勢力控制絲綢之路，高昌的商貿交易多與這些部族進行，貨幣以毯爲主，疊布爲輔助的一般等價物之一。482 年以後，由於高昌棉花種植面積擴大，疊布代替毛毯成爲主要通貨，麴氏高昌後期，銀錢作爲貨幣流通，疊布已基本退出流通領域，僅在個別場合充當抵押品及等價物。[21]

大同中，子堅遣使獻鳴鹽枕[49]、蒲陶、良馬、氍毹[50]等物。[51]

[49] 鳴鹽枕，一說可能是一種石膏枕。[22]
[50] 氍毹，已見《魏略·西戎傳》。
[51] 大同中（535—546 年）高昌朝貢不見載於《梁書》"本紀"。

滑國者，車師之別種也。[52]漢永建元年，八滑從班勇擊北虜有功，勇上八滑爲後部親漢侯。[53]自魏、晉以來，不通中國。[54]至天監十五年，其王厭帶夷栗陁始遣使獻方物。[55]普通元年，又遣使獻黃師子、白貂裘、波斯錦等物。[56]七年，又奉表貢獻。[57]

[52] "車師之別種",這是傳文取材於裴子野《方國使圖》的明證,《方國使圖》的滑國卽車師別種說完全是作者裴子野想當然的結果。據前引《梁書·裴子野傳》可知,子野指滑國爲漢代車師國八滑之後純屬臆測,不足爲憑。[23]

[53] 八滑,東漢時車師國貴族名,事蹟見《後漢書·西域傳》。

[54] "自魏、晉以來"云云,承滑國爲車師別種而言,其實魏晉時並無滑國。

[55] 此則不見載於《梁書》"本紀"。據《梁職貢圖》殘卷"滑國使臣圖題記",滑國王厭帶夷栗陁所遣使臣之名"蒲多達□",所獻方物爲"延［延？］賓□蚝名纈杯"。

[56]《梁書·武帝紀下》:普通元年（520年）三月丙戌,"滑國遣使獻方物"。據《梁職貢圖》殘卷"滑國使臣圖題記",所遣使臣名"富何了了",所獻方物爲"黄師子、白貂裘、波斯□□子錦"。且載"王妻□□亦遣使康符真同貢物"。案：滑國王妻的使者"康符真"很可能是一個康國（Samarkand）人。康國人擅經商,故爲滑國王妻所遣。題記還載"其使人辮頭、剪髮,著波斯錦褶□、錦袴、朱麂［麑］皮長壅鞾"。

[57]《梁書·武帝紀下》:普通七年（526年）正月丁卯,"滑國遣使獻方物"。案：《梁書·武帝紀下》又載：大同元年（535年）三月辛未,"滑國王安樂薩丹王遣使獻方物"。大同七年（541年）三月乙亥,"……滑國各遣使獻方物"。

　　元魏之居桑乾也,滑猶爲小國,屬芮芮[58]。後稍強大,征其旁國波斯[59]、盤盤[60]、罽賓[61]、焉耆[62]、龜茲、疏勒[63]、姑墨[64]、于闐、句盤[65]等國，開地千餘里。[66]土地溫暖，多山川，[少]樹木[67]，有五穀。國人以麨及羊肉爲糧。[68]其獸有師子、兩脚駱駝，野驢有角。人皆善射，著小袖長身袍，用金玉爲帶。女人被裘，頭上刻木爲角，長六尺，以金銀飾之。[69]少女子，兄弟共妻。[70]無城郭，氈屋爲居，東向開戶。[71]其王坐金牀，隨太歲轉，與妻並坐接客。[72]無文字，以木爲契。[73]與旁國通，則使旁國胡爲胡書，[74]羊皮爲紙。無職官。[75]事天神、火神，[76]每日則出戶祀神而後食。其跪一拜而止[77]。葬以木爲槨。[78]父母死，其子截一耳[79]，葬訖卽吉。其言語待河南人譯然後通。[80]

[58]"元魏之居桑乾"云云，如果這則記載不誤，則可知滑人也曾役屬芮芮。問題在於役屬的時間。滑人首次遣使北魏在文成帝太安二年（456年），因此其南遷年代應由456年上溯"八九十年"，約爲366—376年。其時芮芮尚未興起，故滑人在塞北時不可能役屬芮芮。又，滑人自塞北南遷，首先到達索格底亞那，437年左右又南渡阿姆河，入侵吐火羅斯坦，逐走蟠踞該處的寄多羅貴霜人。此後，迅速强大起來，成爲中亞第一大國。[24]因此，從滑人本身的歷史來看，它祇可能在南遷索格底亞那之後、入侵吐火羅斯坦以前役屬芮芮。而所謂"元魏之居桑乾"應卽拓跋氏都平城之時（398—494年），故滑人役屬芮芮的時間，似可定在402—437年間。這三十多年，正是芮芮向西方發展的時期，遊牧於葱嶺以西的滑人受它役使，不是沒有可能

的。據《梁職貢圖》殘卷"滑國使臣圖題記","囑芮芮"下有"齊時始走莫獻而居"一句。此句暗示了滑人佔領東部伊朗的時間,蓋"莫獻"[mak-xian] 不妨看作 Margiana 的略譯。蓋滑人滅亡寄多羅貴霜後,便西向進犯薩珊波斯,至五世紀六十年代末已推進至裏海東南。但直至 484 年卑路斯戰死,滑人纔最後鞏固了它在吐火羅斯坦和呼羅珊的統治。所謂"走莫獻而居",正是指滑人對呼羅珊地區的佔領。而滑人佔領該地區,乃是它強大的開始,故"滑國使臣圖題記"在"莫獻"句後接著說,"後強大,征其旁國"云云。

[59] 波斯,指薩珊波斯。案:五世紀三十年代末,滑人南下吐火羅斯坦(Tuhārestān),戰勝盤踞該處的寄多羅貴霜人(Kidarite Kushāns),逐走其王寄多羅。緊接著,滑人自吐火羅斯坦西侵薩珊波斯,其時正值伊嗣俟二世(Yazdgird II,438—457 年在位)即位之初。長達一個多世紀的滑、波斯戰爭的序幕從此揭開。最初十餘年内,波斯軍成功地阻止了滑人的入侵,在伊嗣俟二世即位第十二年(449 年),且一度轉守爲攻;然而四年之後,滑人大敗伊嗣俟二世,不僅鞏固了在吐火羅斯坦的統治,還奪取了薩珊波斯東部的一些領土。伊嗣俟二世身後,二子爭位,次子嗢没斯(Hurmazd III,457—459 年在位)獲勝;長子卑路斯(Pērōz,459—484 年在位)倉皇外逃,求庇於滑人,並假滑人兵威奪取了帝位。卑路斯即位後,波斯和滑人仍不斷以兵戎相見。最初,雙方各有勝負;但在一次戰役中,卑路斯中伏被困,不得已同滑人訂立了屈辱的和約。484 年,卑路斯欲雪前恥,撕毀和約,戰端重開,這一次以卑路斯的陣亡和滑人的全勝告終。卑路斯的繼位者巴拉士(Balāsh,484—488 年在位)被迫連年向滑人納

貢稱臣。巴拉士遭廢黜後，曾爲質滑人的卑路斯之子居和多（Kavād I，488—496，498—531年在位）登基。496年，居和多一世因支援馬資達克教徒，亦遭波斯貴族廢黜。他越獄投奔滑人，滑人與之聯姻，終使他率軍復辟。503年，居和多一世在西線同拜占庭作戰，滑人乘機又犯波斯。居和多一世急忙回軍應戰，並與拜占庭議和。此後一段時間內，滑人和波斯的戰爭時斷時續，處於相持狀態。庫薩和一世（Khusrau I，531—579年在位）卽位後，在政治、經濟、軍事上進行了一系列改革，薩珊波斯國勢於是轉盛。庫薩和一世一面繼續同拜占庭爭奪地中海等地霸權，一面同突厥聯姻結盟，共謀滑人。六世紀五十年代末至六十年代初，突厥、波斯聯軍夾擊滑人，滑人國破；突厥、波斯以阿姆河爲界中分了滑人領土。

[60] 盤盤，或卽本傳下文所載渴盤陁。《南史·西域諸國傳》作"渴盤陀"。

[61] 罽賓，此處指克什米爾。滑人曾於517—520年間與罽賓發生邊境衝突。蓋據《洛陽伽藍記》卷五"宋雲行紀"載，雲等"至正光元年（520年）四月中旬，入乾陀羅國。土地亦與烏場國相似，本名業波羅國，爲嚈噠（卽滑國）所滅，遂立勅懃爲王。治國以來，已經二世。……自恃勇力，與罽賓爭境，連兵戰鬥，已歷三年。王有鬬象七百頭，一負十人，手持刀楂，象鼻縛刀，與敵相擊。王常停境上，終日不歸，師老民勞，百姓嗟怨"。

[62] 焉耆，北道綠洲國，首見《漢書·西域傳》。滑國與焉耆關係，《北史·西域傳》"高昌條"有載："初，前部胡人悉爲高車所徙，入於焉耆，又爲嚈噠（卽滑國）所破滅，國人分散，衆不自立，請王

於嘉。嘉遣第二子爲焉耆王以主之。"滑人破焉耆的確切年代已不可考，大約發生在六世紀最初五、六年內。焉耆既破，其西北諸國無疑皆役屬嚈噠。

[63]"疏勒，北道綠洲國，首見《漢書·西域傳》。

[64]"姑墨，北道綠洲國，首見《漢書·西域傳》。

[65]"句盤"[kiuo-buan]，應卽本傳下文所見"周古柯"[tjiu-ka-ka]，皆得自 čukupa 或 čukuban，亦卽藏文文獻所見 ču-go-ban 或 ču-go-pan，均爲 čakukalka 之對譯。

[66]"開地千餘里"：可能在殺死薩珊波斯王卑路斯以後不久，滑人就積極向塔里木盆地發展，沿西域南北道自西向東推進。在北道，其勢力到達焉耆以東；在南道則到達于闐；疏勒、姑墨、龜茲、鉢和、渴槃陀等國均役屬之。時在五世紀末、六世紀初。在向塔里木盆地發展的同時，滑人又北上同高車爭奪準噶爾盆地及其以西。可能在六世紀初，滑人有效地控制了高車國。其勢力至此臻於極盛。

[67]"樹木"前"少"字據《南史·西域諸國傳》增。

[68]"有五穀"云云，乃指滑人治下中亞地區的情況。

[69]"刻木爲角"：據《洛陽伽藍記》卷五"宋雲行紀"載，滑"國王妃亦著錦衣，垂地三尺，使人擎之，頭帶一角，長八尺，奇長三尺，以玫瑰五色珠裝飾其上。王妃出則輿之，入坐金牀，以六牙白象四獅子爲牀，自餘大臣妻皆隨傘。頭亦似有角，團圓下垂，狀似寶蓋。"案：這一服飾似乎與當時滑人統治地區一妻多夫婚俗有關。

[70]"少女子，兄弟共妻"：一妻多夫在當時中亞各地、不同民族之間流傳非常廣泛，也就是說西遷滑人間流行此法可能是入境隨俗的

結果。[25]

[71]"無城郭,氈屋爲居,東向開戶":滑國首次朝梁在天監十五年(516年),可知遲至六世紀初,其人尚以遊牧爲生。

[72]"與妻並坐接客":滑國王稱"可汗",王妻稱"可敦",均見阿拉伯史料。[26]

[73]"以木爲契"之下,《梁職貢圖》殘卷"滑國使臣圖題記"有"刻之約物數"五字。

[74]"與旁國通,則使旁國胡爲胡書":可知其語與周圍伊朗族之語言頗有不同。[27]

[75]"無職官",這可能是其人初起時的情況。現有史料表明,滑國有葉護(Jovula)[28]、特勤[29]。又,《梁職貢圖》殘卷"滑國使臣圖題記""無職官"句下有"所降小國,使其王爲奴隸"一句。

[76]此處"天神"與"火神"連稱,一般認爲應爲祆教之神。滑國人信仰祆教,當在其人西遷中亞、與波斯人接觸之後。《洛陽伽藍記》卷五載滑國王治下乾陀羅的情況:"治國以來,已經二世。立性兇暴,多行煞戮,不信佛法,好祀鬼神。國中人民,悉是婆羅門種,崇奉佛教,好讀經典,忽得此王,深非情願。""好祀鬼神",或指祆教之神。

[77]"其跪一拜而止"之下,《梁職貢圖》殘卷"滑國使臣圖題記"有"止卽鳴其王手足,賤者鳴王衣"十二字。

[78]"葬以木爲槨":滑人的葬俗與正統祆教徒不同,後者務將屍體剖陳山頭,以委鷹鷲,本傳所述應該是其原有的風俗。這也許能說明滑人最初不是祆教徒。

[79] "截一耳"，滑國有截耳之俗，蓋起源於塞北之故。《魏書·西域傳》載：滑人"其原出於塞北，自金山而南"。另外，其人有殉死之風，見普洛科庇烏斯（I, iii）[30]之記載，又有剺面之風，見迦梨陀娑的《羅怙世系》[31]。

[80] "其言語待河南人譯然後通"："河南"即吐谷渾，其人之所以能譯滑人言語，顯然不是因為滑人言語與吐谷渾語相同，而很可能是由於吐谷渾起源於遼東，與滑人可以追溯的故地接近的緣故。[32]

周古柯國，滑旁小國也[81]。普通元年，使使隨滑來獻方物。[82]

[81] 周古柯國，位於在葉爾羌河與 Asgan-sal 河匯合地點以上 Kosrāb 附近的河谷。[33]

[82] 此則不見載於《梁書》"本紀"。《梁職貢圖》殘卷"周古柯國使臣圖題記"有載："周古柯，滑旁小國，普通元年隨滑使朝貢，奉表曰：一切所恭敬，一切吉具足，如天靜無雲，滿月明曜，天子身清靜，具足亦如此。為四海弘願，以為舟舫。揚州閻浮提，第一廣大國，人民布滿，歡樂莊嚴，如天上不異。周古柯王頂禮弁拜，問訊天子□□，今上金□一，琉璃椀一，馬一疋。"

呵跋檀國[83]，亦滑旁小國也。凡滑旁之國，衣服容貌皆與滑同。[84]普通元年，使使隨滑使來獻方物。[85]

[83] 呵跋檀國，一般認為位於撒馬爾罕北、Kodym Tau 山麓、

Bulangghyr 河流域。"呵跋檀"[xa-buat-dan] 是 Kabādiyān 之對譯。

[84]"衣服容貌皆與滑同",從今存殘卷所傳滑國與滑旁諸國使者圖像來看,祇能認爲衣服相同,而不能認爲容貌相同。滑國使臣的體徵是東歐亞的,而呵跋檀國使臣具有西歐亞體徵。既然《梁書·西北諸戎傳》編者依據的主要資料便是今存殘卷題記所據,別無其他可以考察滑及滑旁之國容貌的途徑,不能不認爲所謂容貌相同,不過是這位編者因衣服相同連類而及。當然,另一種可能也不能排除:傳文所謂滑旁之國,"容貌皆與滑同"並不是就使臣爲代表的征服者而言,而是指與呵跋檀國居民和滑國居民的容貌相同。蓋作爲征服者的滑人和被它征服地區居民的人種不同。後者乃伊朗種,和呵跋檀國人容貌相同。

[85] 此則不見載於《梁書》"本紀"。《梁職貢圖》殘卷"呵跋檀國使臣圖題記"有載:"呵跋檀國,滑旁小國,普通元年,隨滑使入貢,其表曰:最所寔恭敬吉天子,東方大地,呵跋檀王問訊,兆一過乃百千万億,天子安(隱)[穩]。我今遣使,手送此書,書不空故,上馬一疋、銀器一故。"

胡蜜丹國[86],亦滑旁小國也。普通元年,使使隨滑使來獻方物。[87]

[86] 胡蜜丹國,位於今 Wakhan 谷地 Sarik-Čaupan 一帶,"胡蜜丹"爲 Kumidae 之對譯。[34]

[87] 此則不見載於《梁書》"本紀"。《梁職貢圖》殘卷"胡蜜丹

國使臣圖題記"有載:"胡蜜丹,滑旁小國也,普通元年使使隨滑使來朝,其表曰:(楊)[揚]州天子,[日]出處大國聖主,胡蜜[蜜]王名□儵遙長跪合掌,作禮千萬,今滑使到聖國,用附函啓,幷水精鍾一口、馬一疋。聖主有若所勑,不敢有異。"

白題國[88],王姓支名史稽毅,其先蓋匈奴之別種胡也。[89]漢灌嬰與匈奴戰,斬白題騎一人。[90]今在滑國東,去滑六日行[91],西極波斯[92]。土地出粟、麥、瓜菓,食物略與滑同。普通三年,遣使獻方物。[93]

[88] 白題國,應位於今 Balkh 附近。"白題"[beak-dye],是 Baχtri 之音譯。

[89] "別種胡",按之前引《梁書·裴子野傳》,知此說無非是子野之臆斷,不足爲據。白題"王姓支",或爲"月氏"之後。蓋其國所在,可以說是大月氏之故地。

[90] 灌嬰事見《漢書·灌嬰傳》。

[91] "六日行":應爲自白題國王治西赴滑國王治的行程。《梁職貢圖》殘卷"白題國使臣圖題記"稱:白題國"在滑國東,六十日行,西極波斯,二十日行"。也就是說,自白題國王治西赴滑國王治需"六十日行",復自滑國王治西抵波斯國王治需"二十日行"。既然本傳有關西北諸戎的記述多採自《梁職貢圖》,"六日"便很可能是"六十日"的奪訛。但如果仔細推敲《梁書·諸夷傳》有關白題國的記載,諸如"在滑國東","食物略與滑同"(《梁職貢圖》)亦有類似

的記述），似乎白題爲滑旁之國，不會遠至"六十日行"。因此，若非《梁職貢圖》題記衍"十"字，就是《梁書·諸夷傳》作"六日行"別有所據。案："六日行"應爲自白題國王治西赴滑即當時尚"遊軍而治"（《洛陽伽藍記》卷五）的滑國王某駐蹕處的行程。

[92] 所謂"西極波斯"很可能是說復自滑國西行，可抵波斯，並不是說白題國西與波斯相接。本傳刪去題記"西極波斯"之後"二十日行"四字。很可能是因爲在傳文編者看來，自位於滑國東"六日行"的白題國西抵波斯，"二十日行"是不可能的。

[93]《梁書·武帝紀下》：普通三年（522年）八月甲子，白題國"遣使獻方物"。據《梁職貢圖》殘卷"白題國使臣圖題記"，是年"[白]題道釋氎獨活使安遠憐伽到京師貢獻"。

龜茲者，西域之舊國也。後漢光武時，其王名弘，爲莎車王賢所殺，滅其族。賢使其子則羅爲龜茲王，國人又殺則羅。匈奴立龜茲貴人身毒爲王，由是屬匈奴。[94] 然龜茲在漢世常爲大國，所都曰延城。[95] 魏文帝初即位，遣使貢獻。[96] 晉太康中，遣子入侍。[97] 太元七年，秦主苻堅遣將呂光伐西域，至龜茲，龜茲王帛純載寶出奔，光入其城。城有三重，外城與長安城等。室屋壯麗，飾以琅玕金玉。光立帛純弟震爲王而歸。[98] 自此與中國絕不通。普通二年，王尼瑞摩珠那勝遣使奉表貢獻。[99]

[94] 龜茲王"爲莎車王賢所殺"，時在光武帝建武二十二年（46

年）冬。有關諸事詳見《後漢書·西域傳》。案：莎車王賢所殺龜茲王之名僅見本傳。

[95] 延城，一般認爲位於今庫車縣治東郊的皮郎古城。

[96] 據《三國志·魏書·文帝紀》，黃初三年（222 年）二月龜茲國"遣使奉獻"。

[97] 據《晉書·武帝紀》：太康六年（285 年）冬十月，龜茲"遣子入侍"。

[98] 據《資治通鑒·晉紀二七》，太元八年（383 年）正月，呂光發長安；九年七月，破龜茲。傳文"太元七年"云云，不確。

[99] 此則不見載於《梁書》"本紀"。《梁職貢圖》殘卷"龜茲國使臣圖題記"載有使臣之名"康石憶丘波郍"。又據《梁書·武帝紀中》，天監二年（503 年）七月，龜茲"遣使獻方物"。

于闐國，西域之屬也。[100] 後漢建武末，王俞爲莎車王賢所破，徙爲驪歸王，以其弟君得爲于闐王，暴虐，百姓患之。永平中，其種人都末殺君得，大人休莫霸又殺都末，自立爲王。霸死，兄子廣得立，後擊虜莎車王賢以歸，殺之，遂爲強國，西北諸小國皆服從。[101]

[100] 于闐國王治，一般認爲位於今和闐附近。

[101] "後漢建武末"云云，事見《後漢書·西域傳》。據載，徙爲驪歸王者名"俞林"，君得乃"莎車將"，都末殺君得在永平三年（60 年）。廣德滅莎車後，其國轉盛，"從精絕西北至疏勒十三國皆

服從"。

其地多水潦沙石,氣溫,宜稻、麥、蒲桃[102]。有水出玉[103],名曰玉河[104]。國人善鑄銅器。其治曰西山城。有屋室市井[105]。菓蓏菜蔬與中國等。尤敬佛法。王所居室,加以朱畫。王冠金幘,如今胡公帽。與妻並坐接客。國中婦人皆辮髮[106],衣裘袴。其人恭,相見則跪,其跪則一膝至地。書則以木爲筆札,以玉爲印。國人得書,戴於首而後開札。

[102] 蒲桃,應卽《史記·大宛列傳》所見"蒲陶"。

[103] "有水出玉",今和闐尚以產玉聞名。[35]

[104] "玉河"卽《魏書·西域傳》所見首枝河。"玉"是義譯,"首枝"是音譯。

[105]《後漢書·西域傳》載:元嘉元年(151年)于寶侯將輸㷸斬西域長史王敬,"懸首於市"。似乎于闐早已有市列。可以和此處的記述參看。

[106] "婦人皆辮髮",一般認爲乃受藏族之影響。

魏文帝時,王山習獻名馬。[107] 天監九年,遣使獻方物。[108] 十三年,又獻波羅婆步鄣[109]。十八年,又獻瑠璃罍。[110] 大同七年,又獻外國刻玉佛。[111]

[107] "山習獻名馬",或在黄初三年(222年)。蓋據《三國

志·魏書·文帝紀》，是年二月，于闐王"遣使奉獻"。案："山習"一名，僅見本傳。

[108]《梁書·武帝紀中》：天監九年（510年）三月乙未，"于闐國遣使獻方物"。

[109]《梁書·武帝紀中》：天監十三年（514年）八月癸卯，"……于闐國各遣使獻方物"。"波羅婆"或係梵語prabha之對譯，"光明"之意。曹植"妾薄命"詩之二："華燈步鄣舒光，皎若日出扶桑。"[36]

[110]《梁書·武帝紀中》：天監十八年（519年）七月甲申，"于闐……各遣使獻方物"。

[111] 此則不見載於《梁書》"本紀"。

渴盤陁國[112]，于闐西小國也。西隣滑國，南接罽賓國，北連沙勒國[113]。所治在山谷中。城周迴十餘里，國有十二城。風俗與于闐相類。衣古貝布[114]，著長身小袖袍，小口袴。地宜小麥，資以爲糧。多牛馬駱駝羊等。出好氈、金、玉。王姓葛沙氏[115]。中大同元年，遣使獻方物。[116]

[112] 渴盤陁國，一般認爲位於葉爾羌河上游Sarikol豁谷，王治當今Tashkurghan。"渴盤陁"[khat-buan-dai]是Garband或Karband之對譯。

[113] "沙勒"[shea-lek]，應即《漢書·西域傳》所見"疏勒"之異譯。

[114] 古貝，指木棉（Ceiba. Bombacaceae）。[37]

[115]"葛沙氏",《水經注·河水二》:"釋氏《西域記》曰:有國名迦舍羅逝。此國狹小,而總萬國之要道無不由。"迦舍羅逝國與渴槃陁國同在一地,"迦舍"[keai-sjya]與"葛沙"[kat-shea]為同名異譯,"羅逝"[lai-zjiat]應即梵文raja之音譯。"迦舍羅逝"猶言"葛沙王"。[38]

[116]《梁書·武帝紀下》:中大同元年(546年)八月甲午,"渴槃陁國遣使獻方物"。

末國[117],漢世且末國也。[118]勝兵萬餘戶。北與丁零[119],東與白題,西與波斯接。土人剪髮[120],著氈帽,小袖衣,為衫則開頸而縫前。多牛羊騾驢。其王安末深盤,普通五年,遣使來貢獻。[121]

[117]末國,疑即《後漢書·西域傳》之"木鹿"。"末"[muat],不妨指為Merv之漢譯。

[118]末國既"東與白題,西與波斯接",決非"漢世且末國"。梁人望文生義,猶稱滑國為車師別種之類。

[119]丁零,此處應指高車副伏羅部。該部於487年西遷至今吐魯番西北自立為國,直至541年亡於芮芮。傳文稱末國"北與丁零"接,不確。

[120]"剪髮",《周書·異域傳下》稱波斯人有剪髮之俗,末国西接波斯,亦同此俗。

[121]此則不見載於《梁書》"本紀"。據《梁職貢圖》殘卷"末

國使臣圖題記", 王名"安石末粲盤"。

波斯國[122], 其先有波斯匿王[123]者, 子孫以王父字爲氏, 因爲國號。[124]國有城, 周迴三十二里。城高四丈, 皆有樓觀。城内屋宇數百千間, 城外佛寺二三百所。[125]西去城十五里有土山, 山非過高, 其勢連接甚遠, 中有鷲鳥[126]噉羊, 土人極以爲患。國中有優鉢曇花[127], 鮮華可愛。出龍駒馬。鹹池生珊瑚樹, 長一二尺。亦有琥珀[128]、馬腦[129]、真珠、玫珂[130]等, 國內不以爲珍。市買用金銀。婚姻法: 下聘訖, 女婿將數十人迎婦, 婿著金線錦袍, 師子錦袴, 戴天冠, 婦亦如之。婦兄弟便來捉手付度, 夫婦之禮, 於茲永畢。國東與滑國, 西及南俱與婆羅門國[131], 北與氾慄國[132]接。中大通二年, 遣使獻佛牙。[133]

[122] 波斯國, 按之年代, 應指薩珊波斯國, 儘管混入了一些與薩珊波斯無關的内容 (詳下)。一則, 本傳稱波斯國"東與滑國"接, 滑國無疑是指《魏書·西域傳》的嚈噠國、《周書·異域傳》的嚈噠國。傳文在另一處稱: 滑猶征其旁國波斯等, 亦可互證。二則, 傳文稱波斯國"北與氾慄國接"。結合《大唐西域記》卷一一關於波剌斯國"西北接拂懍 (即氾慄) 國"的記載, 亦可見所傳波斯國位置與薩珊波斯同。[39]僅"西及南俱與婆羅門國 [接]"一句可能指波斯匿王所在的憍薩羅國。

[123] "波斯匿王" (梵文: Prasenajit; 巴利文: Pasenadi, Pasenaji),

爲中印度憍薩羅國國王（所謂北憍薩羅國）。有關事蹟見《大唐西域記》卷六"室羅伐悉底國"條。[40]《梁職貢圖殘卷》"波斯國使臣圖題記"於"子孫以王父字爲氏"句前有"王子祇陁之"五字。案：傳文稱波斯之"先有波斯匿王"乃望文生義。

[124] 以下題記有"釋道安《西域諸國志》捷陁越[41]西、西海中有安息國[42]，捷陁越南［有］波羅陁國[43]，波羅陁國西有波羅斯國[44]"一節。

[125] "城外佛寺二三百所"，可能是有關中印度憍薩羅國的記載。

[126] 鶯鳥，應即鴕鳥。《舊唐書·西戎傳》載："有鳥，形如橐駝，飛不能高，食草及肉，亦能噉犬攫羊，土人極以爲患。"

[127] "優鉢曇花"，一說"優鉢曇"應讀作"優鉢［羅］、曇花"，"優鉢［羅］"乃 utpala 之對譯；"曇花"，一名美人蕉。[45]

[128] 虎魄，已見《漢書·西域傳》。

[129] 馬腦，已見《魏略·西戎傳》。

[130] 玫珂，已見《魏略·西戎傳》。

[131] 婆羅門國，似指印度。"婆羅門"［bua-la-muən］，一般認爲是 Brāhmaṇadeśa 之漢譯。《大唐西域記》卷二："印度種姓，族類群分，而婆羅門特爲清貴，從其雅稱，傳以成俗，無云經界之別，總謂婆羅門國焉。"

[132] 汎慄國，應即所謂拂菻，即東羅馬。"汎慄"［biuəm-liet］，一說乃 Rūmi 的伊朗語訛讀 Fūrūmi（意指羅馬領土）的對譯。[46]

[133] 此則不見載於《梁書》"本紀"。據《梁職貢圖》殘卷"波斯國使臣圖題記"，使者名"安䭾越"。又，據《梁書·武帝紀下》，中大通五年（533年）八月甲子，"波斯國遣使獻方物"。大同元年

（535 年）四月庚子，"波斯國獻方物"。
……[134]

[134] 以下略去宕昌、鄧至、武興、芮芮四國傳記。

史臣曰：海南東夷西北戎諸國，地窮邊裔，各有疆域。若山奇海異，怪類殊種，前古未聞，往牒不記，故知九州之外，八荒之表，辯方物土，莫究其極。高祖以德懷之，故朝貢歲至，美矣。

■ 注釋

1 余太山《兩漢魏晉南北朝正史西域傳研究》，中華書局，2003 年，pp. 26-64。

2 說見余太山《嚈噠史研究》，齊魯書社，1986 年，pp. 8-43。

3 參看注 2 所引余太山書，pp. 193-216。

4 參看松田壽男《古代天山の歷史地理的研究》，東京：早稻田大學出版社，1970 年，pp. 127-127。

5 馮承鈞"高昌城鎮與唐代蒲昌"，《西域南海史地考證論著彙輯》，中華書局香港分局，1976 年，pp. 84-95。

6 嶋崎昌"高昌國の城邑について"，《隋唐時代の東トゥルキスタン研究》，東京，1977 年，pp. 113-147, esp. 121。

7 陶保廉《辛卯侍行記》卷六。

8 錢伯泉"高昌國郡縣城鎮的建置及其地望考實",《新疆大學學報》1988年2期, pp. 34-41。

9 注5所引馮承鈞文。

10 注6所引嶋崎昌文, esp. 132。

11 馬雍"突厥與高昌麴氏王朝始建交考",《西域史地文物叢考》, 文物出版社, 1990年, pp. 146-154, esp. 147。

12 見"高昌洿林等城丁輸木薪額文書",《吐魯番出土文書》第三冊, 文物出版社, 1981年, p. 92。侯燦"麴氏高昌王國郡縣城考述",《高昌樓蘭研究論集》, 新疆人民出版社, 1990, pp. 73-84。

13 注5所引馮承鈞文。

14 黃文弼"高昌疆域郡城考",《西北史地論叢》, 上海人民出版社, 1981年, pp. 149-159, esp. 158。

15 侯燦"麴氏高昌王國官制研究", 注12所引書, pp. 1-72。

16 中日學者對此文書多有研究, 但於此卷出土地點存在多種說法。一說出自新疆鄯善土中, 見白堅"晉寫本三國志吳志殘卷跋",《支那學》3～11 (1925年), pp. 82-83；另說出土於新疆省吐魯番, 見羅福成"晉寫本陳壽三國志吳志殘卷校字記",《支那學》3～11 (1925年), pp. 83-84。

17 柳洪亮《新出吐魯番文書及其研究》, 新疆人民出版社, 1997年, pp. 126-127, 以爲晉寫本《漢書·西域傳》。但從圖版及錄文看, 似爲荀悅《漢紀》卷一二"元朔六年六月條"斷片。

18 榮新江"德國'吐魯番收集品'中的漢文典籍與文書",《華學》第3輯, 紫禁城出版社, 1998年, pp. 309-325。

19 見章鴻釗《石雅·寶石說》, 上海古籍出版社, 1993年, pp. 187-189；以及

佐藤圭四郎 "北魏時代における東西交涉",《東西文化交流史》,雄山閣,1975年,pp. 378-393。

20 詳見勞費爾《中國伊朗編》,林筠因漢譯,商務印書館,1964年,pp. 316-321。另可參看謝弗《唐代外來文明》,吳玉貴漢譯,中國社會科學出版社,1995年,pp. 442-445；以及盧勳、李根蟠《民族與物質文化史考略》,民族出版社,1991年,pp. 324-327。

21 見盧向前 "高昌西州四百年貨幣關係演變述略",《敦煌吐魯番文書論稿》,江西人民出版社,1992年,pp. 217-266。

22 王炳華《吐魯番的古代文明》,新疆人民出版社,1989年,pp. 142-143。

23 同注2。

24 參見注2所引余太山書,pp. 44-75。

25 關於嚈人的一妻多夫婚俗,見注2所引余太山書,pp. 26-27, 155-156。

26 參看宋峴漢譯,余太山箋證 "《太伯里史》所載嚈噠史料",《中亞學刊》第2輯,中華書局,1987年,pp. 51-64。

27 關於嚈人的語言,參看余太山 "嚈噠史若干問題的再研究",《中國社會科學院歷史研究所學刊》第1集,社會科學文獻出版社,2001年,pp. 180-210。

28 見笈多朝印度銘文：G. Bühler, "The New Inscription of Toramana Shaha." *Epigraphia India* I, Calcutta, 1894, pp. 238-241。

29 見《洛陽伽藍記》卷五所引 "宋雲行記"。

30 H. B. Dewing, tr., Procopius, *History of the Wars, with an English Translation.* 7 vols. New York, 1914-1940.

31 D. H. Velankar, ed. *Raghuvaṁśa of Kālidāsa, with the Commentary of Mallinātha*, Bombay, 1948. IV, 68.

32 見注 27 所引余太山文。

33 松田壽男"イラン南道論",松田壽男博士古稀記念出版委員會《東西文化交流史》,東京:雄山閣,1975 年,pp. 217-251。

34 參見 J. Marquart, *Ērānšahr*. Berlin: 1901, pp. 223-225, 242-243; 白鳥庫吉"西域史上の新研究・大月氏考",《白鳥庫吉全集・西域史研究(上)》卷六,東京:岩波,1970 年,pp. 97-227, esp. 101-105;"プトレマイオスに見えたる葱嶺通過路に就いて",《白鳥庫吉全集・西域史研究(下)》卷七,東京:岩波,1971 年,pp. 1-41;esp. 16-17;余太山《塞種史研究》,中國社會科學出版社,1992 年,pp. 30-32。

35 關於于闐玉,見注 19 所引章鴻釗書,pp. 120-125。

36 《樂府詩集・雜曲歌辭二》(卷六二),中華書局,1979 年,p. 902。

37 參看注 20 所引盧勳、李根蟠書,pp. 328-331。

38 注 1 所引余太山書,pp. 439-476。

39 内田吟風"魏書西域傳原文考釋(中)",《東洋史研究》30~2(1971 年),pp. 82-101。榎一雄"梁職貢圖について",《東方學》26(1963 年),pp. 31-46。

40 季羨林等《大唐西域記校注》,中華書局,1985 年,pp. 481-506。

41 "捴陁越"(Gandhavat),即"犍陀羅"(Gandhara)。

42 安息國,首見《史記・大宛列傳》和《漢書・西域傳》,指帕提亞波斯。此處所謂"安息國"在"西海"(波斯灣)中,名義和地望待考。

43 "波羅陁"，或指"波羅奈"（Varanasi），位於今印度 Muzaffarpur。

44 "波羅斯"，或指"波剌斯"（Parsa）。

45 小田義久"《南史》卷七十九夷貊下西域傳譯注稿"，載内田吟風《中國正史西域傳の譯註》，京都龍谷大學文學部，河北印刷株式會社，1980 年，pp. 35-40。

46 注 39 所引榎一雄文。

八 《魏書·西域傳》(原文)[1] 要注

《夏書》稱"西戎卽序"[2],班固云:"就而序之,非盛威武,致其貢物也。"[3]

[1] 魏收所撰《魏書·西域傳》久已佚失,今本《魏書·西域傳》乃後人採自《北史·西域傳》。由於《北史·西域傳》是李延壽據《魏書·西域傳》、《周書·異域傳》和《隋書·西域傳》編成,茲僅錄注其中《魏書·西域傳》的原文,亦卽剔除《周書·異域傳》和《隋書·西域傳》有關文字後的《北史·西域傳》。
[2] 見《尚書·禹貢》。
[3]《漢書·西域傳》贊:"《書》曰:西戎卽序,禹旣就而序之,非上威服致其貢物也。"

太祖初,經營中原,未暇及於四表。旣而西戎之貢不至,[4]有司奏依漢氏故事,請通西域,可以振威德於荒外,又可致奇貨於天府。太祖曰:漢氏不保境安(人)[民][5],乃遠開西域,使海内虛耗，[6]何利之有？今若通之，前弊復加百姓矣。遂不從。歷太宗世，竟不招納。[7]

[4]"西戎之貢不至"，主要是因爲當時拓跋魏未能控制河西。太祖、太宗既無暇西顧，便未能引起西域諸國重視。

[5]"人"字《魏書·西域傳》原文當作"民"。李延壽避唐諱改。以下類似問題不復出注。

[6]"遠開西域，使海内虛耗"云云，尤指武帝時代的西域經營。

[7]"竟不招納"，不僅表明拓跋氏力有所不逮，而且說明太祖、太宗看不到經營西域的意義。拓跋魏的西域經營實始於世祖太武帝時。

太延中，魏德益以遠聞，西域龜茲[8]、疏勒[9]、烏孫[10]、悅般[11]、渴槃陁[12]、鄯善[13]、焉耆[14]、車師[15]、粟特[16]諸國王始遣使來獻。[17]世祖以西域漢世雖通，有求則卑辭而來，無欲則驕慢王命，此其自知絕遠，大兵不可至故也。[18]若報使往來，終無所益，欲不遣使。有司奏九國不憚遐嶮，遠貢方物，當與其進，安可豫抑後來，乃從之。於是始遣行人王恩生、許綱等西使，恩生出流沙[19]，爲蠕蠕[20]所執，竟不果達。又遣散騎侍郎董琬、高明等多齎錦帛，出鄯善，招撫九國，厚賜之。初，琬等受詔，便道之國可往赴之。琬過九國，北行至烏孫國，其王得朝廷所賜，拜受甚悅，謂琬曰：傳聞破洛那[21]、者舌[22]皆思魏德，欲稱臣致貢，但患其路無由耳。今使君等既到此，可往二國，副其慕仰之誠。琬於是自向破洛那，遣明使者舌。

烏孫王爲發導譯達二國，琬等宣詔慰賜之。已而琬、明東還，[23] 烏孫、破洛那之屬[24]遣使與琬俱來貢獻者十有六國[25]。自後相繼而來，不間于歲，國使亦數十輩矣。[26]

[8] 龜茲，西域北道綠洲國，首見《漢書·西域傳》。

[9] 疏勒，西域北道綠洲國，首見《漢書·西域傳》。

[10] 烏孫，遊牧部族，首見《史記·大宛列傳》。

[11] 悅般，遊牧部族，傳文描述的時代位於天山以北。"悅般"[jiuat-peən]，與西史所見 Avar（Oύάρ）爲同名異譯。[1]

[12] 渴槃陀，帕米爾地區綠洲國。"渴槃陀"，可能是 Garband 或 Karband 之對譯。[2]

[13] 鄯善，西域南道綠洲國，首見《漢書·西域傳》。

[14] 焉耆，西域北道綠洲國，首見《漢書·西域傳》。

[15] 車師，西域南道綠洲國，首見《漢書·西域傳》。本傳所見"車師"似指車師前國。

[16] 粟特，一般認爲即《後漢書·西域傳》所見"粟弋"，指 Sogdiana。"粟特"[siok-dək]爲 Sughd 之對譯。

[17] 據此，太延年間，西域有九國遣使來獻，世祖乃命王恩生等西使，是爲拓跋魏遣使西域之始。由於王恩生等爲蠕蠕所執，未能達到目的地，遂有董、高等的續使。然而，按之《魏書·世祖紀上》，太延元年（435年），二月庚子，"……焉耆、車師諸國各遣使朝獻"。六月丙午，"……鄯善國並遣使朝獻"。八月丙戌，"粟特國遣使朝獻"。太延三年三月癸巳，"龜茲、悅般、焉耆、車師、粟特、疏勒、烏孫、

渴槃陁、鄯善諸國各遣使朝獻"。可知序文所載九國來獻，並非西域諸國"始遣使來獻"。九國中至少有焉耆、車師、鄯善、粟特四國已於太延元年來獻。又據《魏書·世祖紀上》，太延元年（435 年）五月庚申，"遣使者二十輩使西域"。二年八月丁亥，又"遣使六輩使西域"。可知序文所載王恩生、許綱西使果爲拓跋魏首次遣使，則應在太延元年五月，亦卽同年二月焉耆、車師來朝之後。而由於《魏書·世祖紀》不載太延三年有遣使西域之事，董琬、高明之遣很可能在二年八月，亦卽粟特國來獻之後。序文所謂"太延中"同時來獻的九國是在三年三月抵達魏都的，故序所謂"招撫九國"之"九國"不過是泛指西域諸國。董、高等啓程前旣無法預知九國來獻，不可能以此九國爲出使對像。[3]

[18]《漢書·西域傳上》："自知絕遠，兵不至也。有求則卑辭，無欲則嬌嫚，終不可懷服。"本傳深受《漢書·西域傳》影響，由此可見一斑。

[19] 流沙，此處當指玉門關、陽關以西的沙漠。

[20] 蠕蠕，北亞遊牧部族。時與拓跋魏爭奪對西域的控制。[4]

[21] 破洛那，前身卽《史記·大宛列傳》和《漢書·西域傳》所見大宛。"破洛那"[phua-lak-na]，一般認爲乃 Ferghāna 之對譯。

[22] "者舌"[tjya-djyat]，一般認爲是 Čaš 或 Čač 之對譯。

[23] 據《魏書·世祖紀上》，太延三年（437 年）十一月甲申，"破洛那、者舌國各遣使朝獻，奉汗血馬"。這是兩國見諸記載的首次來朝。按之序文，可知兩國來朝是董、高西使的成果之一，它們的使者是隨同董、高一起抵達魏都的。由此也可知董、高歸國的時間是太

延三年十一月。

[24] 據《魏書·世祖紀上》，太延三年（437年）十一月來獻者僅破洛那、者舌兩國，未提及烏孫和其他國家。序文"烏孫、破洛那之屬"云云，蓋涉上文而誤；太延三年三月來獻九國中已見烏孫，董、高歸國時，烏孫未必再次遣使。按之《魏書·世祖紀》，與董、高俱來者僅破洛那、者舌二國使者。

[25] "十有六國"，當指遣使與董、高等六輩俱來貢獻的西域諸國，囿於資料，未能一一指實。

[26] 此後北魏使西域者有姓名可稽者有嚈噠使主高徽（見《魏書·高湖傳》）[5]、波斯使主韓羊皮（見本傳）和張道義（見《周書·令狐整傳》），以及出使迷密的谷巍龍[6]等。

初，世祖每遣使西域，常詔河西王沮渠牧犍[27]令護送，至姑臧[28]，牧犍恒發使導路出於流沙。[29]後使者[30]自西域還，至武威[31]，牧犍左右謂使者曰：我君承蠕蠕吳提[32]妄說，云去歲魏天子自來伐我，士馬疫死，大敗而還，我禽其長弟樂平王丕[33]。我君大喜，宣言國中。又聞吳提遣使告西域諸國，稱魏已削弱，今天下唯我爲強，若更有魏使，勿復恭奉。西域諸國亦有貳者，牧犍事主稍以慢惰。[34]使還，具以狀聞，世祖遂議討牧犍。涼州[35]既平，[36]鄯善國以爲脣亡齒寒，自然之道也，今武威爲魏所滅，次及我也。若通其使人，知我國事，取亡必近，不如絕之，可以支久，乃斷塞行路，西域貢獻，歷年不入。[37]後平鄯善，[38]行人復通。

[27] 河西王沮渠牧犍，北涼主，433—439年在位。據《魏書·沮渠牧犍傳》：牧犍繼位後，魏世祖"遣李順拜牧犍使持節，侍中，都督涼沙河三州、西域羌戎諸軍事，車騎將軍，開府儀同三司，領護西戎校尉，涼州刺史，河西王"。

[28] 姑臧，縣名，北涼政權首府所在，今甘肅武威。

[29] 魏世祖遣使西域令牧犍護送，當在王恩生、許綱等出使失敗之後。董琬、高明西使很可能就是由牧犍"發使導路"出流沙的。王恩生、許綱西使，正值拓跋魏與蠕蠕和親期間：延和三年（434年），魏以西海公主妻蠕蠕吳提可汗，並納吳提妹爲左昭儀。但是，吳提還是扣留王、許，畢竟沒有讓他們到達西域。這情形與西漢時匈奴單于扣留張騫頗爲類似，蓋蠕蠕視西域爲禁臠，不願見到北魏和西域建立關係。至於北魏派遣王、許是否謀斷蠕蠕右臂，雖史無明文，似也不能完全否定。正因爲王、許受阻於蠕蠕，魏世祖纔下詔令牧犍護送。但是，牧犍出於自身利益的考慮，同樣不希望北魏與西域建立聯繫。

[30] 使者，指賀多羅。據《魏書·沮渠牧犍傳》，"太延五年（439年），世祖遣尚書賀多羅使涼州，且觀虛實。以牧犍雖稱藩致貢，而內多乖悖，於是親征之"。

[31] 武威，郡名，治姑臧。

[32] 吳提，蠕蠕可汗（429—444年在位），號敕連可汗。

[33] 樂平王丕，明元帝子，泰常七年（422年）封樂平王。《魏書》卷一七有傳，但不載丕爲蠕蠕所擒之事，故可能是蠕蠕造謠。據《魏書·蠕蠕傳》，太延四年（438年）樂平王丕曾從世祖征蠕蠕。

[34] 北魏與西域關係這個問題上，牧犍與吳提利害一致，故聞吳

提"妄言"則喜。西域諸國地近蠕蠕、北涼，後兩者既不樂意見到北魏與諸國交往，諸國自然有所顧忌，所謂"亦有貳者"，或者爲此。牧犍於魏既陽奉陰違，又阻撓北魏與西域交通，促使北魏加快了消滅北涼的步伐。

[35] 涼州，治姑臧。此處藉指北涼政權。

[36] 北魏平定北涼，時在魏世祖太延五年（439年）。北涼滅亡，北魏與西域的關係隨之進入一個新的階段。

[37] 鄯善"斷塞行路"，應在太平真君三年（442年）沮渠氏據有鄯善之後，而不在北魏取涼州之後。蓋據本傳，真君二年沮渠安周攻鄯善時，魏使東返者尚會於鄯善，且勸鄯善王比龍拒守。鄯善果以爲己國與沮渠氏北涼的關係好比唇齒，遮斷行路能避免滅亡的命運，則舉動應在北涼被征服之前，可是直至太延五年（439年）四月尚遣使朝獻。知"唇亡齒寒"云云，不過若干親沮渠氏的鄯善人在沮渠牧犍降魏以前對鄯善王所下說辭而已。真君三年以後，鄯善國"斷塞行路"則完全可能。蓋比龍奔且末後，鄯善爲安周佔領，不久無諱又奔自敦煌，比龍之子雖然很可能依舊在位，但不過一傀儡，自然聽憑無諱等擺佈。沮渠氏作爲北魏死敵，自然不願見到北魏與西域交通。故"斷塞行路"者與其說是鄯善，毋寧說就是沮渠氏。[7]

[38] 北魏平鄯善，指萬度歸西征鄯善。《魏書·世祖紀下》：太平真君六年（445年）夏四月庚戌，詔"散騎常侍、成周公萬度歸乘傳發涼州以西兵襲鄯善"。

始琬等使還京師，具言凡所經見及傳聞傍國，云：西域自漢武時五十餘國，後稍相并。[39] 至太延中，爲十六國[40]，分其地爲四域。[41] 自葱嶺以東，流沙以西爲一域；[42] 葱嶺以西，海曲以東爲一域；[43] 者舌以南，月氏以北爲一域；[44] 兩海之間，水澤以南爲一域。[45] 內諸小渠長蓋以百數。其出西域本有二道，後更爲四：[46] 出自玉門[47]，渡流沙，西行二千里[48] 至鄯善爲一道；自玉門渡流沙，北行二千二百里[49] 至車師爲一道；從莎車西行一百里[50] 至葱嶺，葱嶺西一千三百里[51] 至伽倍[52] 爲一道；自莎車西南五百里[53] [至][54] 葱嶺，西南一千三百里[55] 至波路[56] 爲一道焉。自琬所不傳而更有朝貢者，紀其名，不能具國俗也。其與前使所異者錄之。[57]

[39] "西域自漢武時五十餘國"云云，乃本《漢書·西域傳》。

[40] "十六國"：本傳序語曾兩次提到"十六國"。如果相信序語，則太延年間西域共有十六國，這十六國分處四域之中，曾於董、高歸國時一同來朝。但《魏書·世祖紀》明載，董、高於太延三年十一月歸國時，"俱來貢獻者"僅破洛那、者舌兩國；而太延中，整個西域肯定不止十六國；可見前一句不過是魏收對《漢書·張騫傳》"其所遣副使通大夏之屬者皆頗與其人俱來"，後數句不過是對《漢書·西域傳上》"西域以孝武時始通，本三十六國，其後稍分至五十餘"的機械摹倣。總的來說，這兩段話告訴我們的僅僅是、或至多是董、高"所經見及傳聞"的西域國家共有十六國，這十六國分佈於"四域"之中而已。

[41]《通典·邊防七·西戎三·西戎總序》所載與此有異："至後

魏太武帝，使董琬使西域，還，且言其地爲三域。自蔥嶺以東、流沙以西爲一域；姑墨以南、月氏以北爲一域；兩海之間、水澤以南爲一域。三域之內，諸小渠長蓋以百數。"案：董、高所謂"四域"中，第一域是北方遊牧部族的勢力範圍；第二域是波斯及其勢力範圍；第三域是介乎以上兩大勢力之間的緩衝地區，因而不是被波斯人便是被南下遊牧部族所控制；第四域則是羅馬及其勢力範圍。這就是說，董、高給我們勾劃了一幅十分準確的西域政治地圖。而《通典》所傳"三域"（無論對其中每一域的地望作何詮釋），卻不能使我們對當時的西域有一個清楚、完整的認識。既然如此，我們就不能不認爲"四域"係魏收原文，且出自董高的報告，而《通典》的"三域"係杜佑杜撰。[8]

[42] 蔥嶺，指帕米爾，"流沙"，如前注所述，指玉門與鄯善之間的沙漠地帶。因此，第一域指帕米爾以東，塔里木盆地和天山以北地區。

[43] 此處"蔥嶺"應指興都庫什山。蓋南北朝時"蔥嶺"並非帕米爾的專稱，往往用作包括興都庫什山在內的、以帕米爾爲中心的諸山脈的總稱。[9] 既然帕米爾以西的阿姆河流域已被劃入第三域，這裏"蔥嶺"作爲第二域的東界，事實上指的便是興都庫什山。"海曲"應指自叙利亞、巴勒斯坦到小亞、巴爾幹一帶的地中海海域和海岸；而作爲和興都庫什山相對的第二域的西界，乃指地中海東岸。[10] 因此，第二域指興都庫什山以西、地中海以東地區。

[44] 者舌，位於今塔什幹一帶，而此處"月氏"指寄多羅貴霜，董、高西使時佔有吐火羅斯坦和乾陀羅以北地區。因此，第三域大致包括索格底亞那、吐火羅斯坦和西北次大陸的部份地區。

[45] 兩海，指今意大利半島東面的亞得里亞海和西面的第勒尼安海；水澤，此處指黑海。因此，第四域指以意大利半島爲中心的地中海周圍地區。

[46] 所謂"後更爲四"，其實是《漢書·西域傳》所見"南北道"及其延伸。這可能是董、高等西使實際所由，當然也包括傳聞的部份。值得注意的是，本傳所傳諸國是按照"四道"的走向依次排列的；這表明本傳的編纂是深受《漢書·西域傳》和董、高西使影響的。

[47] 玉門，指玉門關，故址今甘肅敦煌西北。

[48] "二千里"（里數1.1）：自玉門赴鄯善國王治的行程。案：據《漢書·西域傳上》，自陽關沿阿爾金山北麓赴鄯善國王治1600里，故此處"二千里"可能是自玉門經羅布泊西北今樓蘭遺址南下鄯善國王治的行程。

[49] "二千二百里"（里數1.2）：自玉門赴車師國王治的行程，可能經由羅布泊西北今樓蘭遺址一帶。

[50] "一百里"（里數1.3）：自莎車國王治西抵蔥嶺的行程。

[51] "一千三百里"（里數1.4）：自莎車國王治西行越過蔥嶺後赴伽倍的行程。案：自莎車國王治西抵蔥嶺100里，故自莎車國王治越蔥嶺至伽倍國王治凡1400里。

[52] 伽倍，其前身應即《漢書·西域傳》所見休密翕侯。"伽倍"[keai-buə]和"休密"得視爲同名異譯。

[53] "五百里"（里數1.5）：自莎車國王治西南行抵達蔥嶺的行程。

[54] "至"字據《通典·邊防七·西戎三·西戎總序》補。

[55] "一千三百里"（里數1.6）：自莎車國王治西南行越過蔥嶺後

抵達波路的行程。案：自莎車國王治西南行抵達蔥嶺 500 里，故自莎車國王治越蔥嶺至波路國王治凡 1800 里。

[56]"波路"[puai-lak]，一般認爲係 Bolor 之對譯。

[57] 結合前文"始琬等使還京師，具言凡所經見及傳聞傍國"，可知本傳的主要內容傳自董、高。

鄯善國，都[58]扜泥城[59]，去代七千六百里[60]。至太延初，始遣使來獻。[61]四年，遣其弟素延耆入侍。[62]及世祖平涼州，沮渠牧犍弟無諱走保敦煌。[63]無諱後謀渡流沙，遣其弟安周擊鄯善，王比龍恐懼欲降。會（魏）[64]使者自天竺[65]、罽賓[66]還，俱會鄯善，勸比龍拒之，遂與連戰，安周不能克，退保東城。[67]後比龍懼，率衆西奔且末[68]，其世子乃應安周。[69][其後（魏）遣使使西域，道出其國，][70]鄯善人頗剽劫之，令不得通。世祖詔散騎常侍、成周公萬度歸乘傳發涼州兵討之，[71]度歸到敦煌，留輜重，以輕騎五千渡流沙，至其境。時鄯善人衆布野，度歸敕吏卒不得有所侵掠，邊守感之，皆望旗稽服。其王眞達面縛出降，度歸釋其縛，留軍屯守，與眞達詣京都。[72]世祖大悅，厚待之。[73]是歲，拜交趾公韓拔爲假節、征西將軍、領護西戎校尉、鄯善王以鎮之，賦役其（人）[民]，比之郡縣。[74]

[58]"都"字《魏書·西域傳》原文應爲"治"，乃李延壽避唐諱改。

[59] 本傳所描述的鄯善國王治扜泥城之位置與漢晉正史"西域傳"相同，最可能位於羅布泊西南、今若羌縣治附近之且爾乞都克古城。

[60]"七千六百里"（里數2）：表示自扜泥城經敦煌（玉門）赴代的行程；亦即扜泥城去敦煌（玉門）2000里，敦煌去長安3700里，與長安去代1900里之和。

[61]據《魏書·世祖紀上》：太延元年（435年）六月丙午、太延三年（437年）三月癸巳和太延五年（439年）四月丁酉，鄯善國均"遣使朝獻"。

[62]《魏書·世祖紀上》：太延四年（438年）三月庚辰，"鄯善王弟素延耆來朝"。

[63]事詳《魏書·沮渠牧犍傳》。

[64]"魏"字當爲《北史》編者李延壽所增，魏收原文所無。

[65]天竺，指以印度河流域爲中心的南亞次大陸，首見《後漢書·西域傳》。

[66]罽賓，首見《漢書·西域傳》，但本傳所載罽賓國位置與後者不同，一般認爲在Kahsmir；"罽賓"[kiat-pien]，乃Kashmira之略譯。

[67]這是北魏利用鄯善阻止沮渠氏遁入西域。蓋沮渠牧犍之弟無諱在牧犍降後，曾佔有酒泉、敦煌等地對抗北魏。

[68]且末，西域南道綠洲國，首見《漢書·西域傳》。

[69]《魏書·世祖紀下》：太平真君三年（442年），"夏四月，無諱走渡流沙，據鄯善。李暠孫寶據敦煌，遣使內附"。《魏書·沮渠牧犍傳》："無諱遂謀渡流沙，遣安周西擊鄯善。鄯善王恐懼欲降，會魏使者勸令拒守。安周遂與連戰，不能克，退保東城。[太平真君]三年春，鄯善王比龍西奔且末，其世子乃從安周，鄯善大亂。無諱遂渡流沙，士卒渴死者太半，仍據鄯善。先是，高昌太守闞爽爲李寶舅唐

契所攻，聞無諱至鄯善，遣使詐降，欲令無諱與唐契相擊。無諱留安周住鄯善，從焉耆東北趣高昌。會蠕蠕殺唐契，爽拒無諱。無諱將衛興奴詐誘爽，遂屠其城，爽奔蠕蠕。無諱因留高昌。五年夏，無諱病死，安周代立。"案：沮渠蒙遜據高昌時與鄯善已有往來，比龍曾朝蒙遜。[11]

[70] "其後（魏）遣使使西域道出其國"一十一字，據《通志·四夷三·西戎下》補。[12]

[71]《魏書·世祖紀下》：太平真君六年（445年）夏四月庚戌，詔"散騎常侍、成周公萬度歸乘傳發涼州以西兵襲鄯善"。

[72] 北京圖書館藏"魏故征虜將軍河州刺史臨澤定侯鄯使君墓銘"（拓本）："君諱乾，司州河南洛陽洛濱里人也。侍中鎮西將軍鄯鄯王寵之孫，平西將軍青平涼三州刺史鄯鄯王臨澤懷侯視之長子。考以去真君六年（445年）歸國。自祖已上，世君西夏。君初宦，以王孫之望，起家爲員外散騎侍郎。入領左右輔國將軍城門校尉，出爲征虜將軍安定內史。春秋卌四，以永平五年（512年）歲次壬辰正月四日薨。蒙贈征虜將軍河州刺史，謚曰定。其年四月改爲延昌元年，八月廿六日，卜營丘兆於洛北芒而窆焉。"[13] 其中鄯鄯王寵和視，似即見諸本傳的鄯善王比龍和真達。銘文稱視於"真君六年歸國"，乃指真達降後隨萬度歸"詣京都"事。視或真達是否返回鄯善國，並不清楚，很可能是留在內地了。從銘文所述乾的官職履歷來看，他沒有登上過鄯善國王位，銘辭"唯君韶節，夙稟門矩，室友廉蘇，賓無濫與，幼承秘寵，早參禁宇"云云，似乎還表明他成長於魏都。果然，真君八年"遣子朝獻"，以及北魏撤離後可能登位的

鄯善王當另有其人。

[73]《魏書·世祖紀下》：太平真君六年（445年），秋八月"壬辰，度歸以輕騎至鄯善，執其王真達以詣京師。帝大悅，厚待之"。鄯善地處交通要衝，既然成為北魏經營西域之阻礙，於是有萬度歸之西征。萬度歸征鄯善，《魏書·世祖紀下》繫於太平真君六年四月。其時留守鄯善的沮渠豐周去向不明，可能已不在鄯善。度歸所降鄯善王真達應即比龍的世子。

[74] 據《魏書·世祖紀下》，太平真君八年（447年）十二月，鄯善國"遣子朝獻"。這似乎說明真達詣京師後，原地仍有政權。但此後不久，北魏便決心鎮戍鄯善。《魏書·世祖紀下》：太平真君九年（448年），"夏五月甲戌，以交趾公韓拔為假節、征西將軍、領護西戎校尉、鄯善王，鎮鄯善，賦役其民，比之郡縣"。"是歲"，按之傳文應為萬度歸征鄯善之年即真君六年，其實不然。魏軍屯駐鄯善至何年並不清楚，僅僅知道最遲到延興二年（472年）韓拔已不在鄯善，蓋據《魏書·高祖紀上》，是年"春正月乙卯，統萬鎮胡民相率北叛。詔寧南將軍、交趾公韓拔等追滅之"。因此，不能完全排除魏軍撤離後鄯善國重新獨立的可能性。

且末國，都且末城[75]，在鄯善西，去代八千三百二十里[76]。真君三年，鄯善王比龍避沮渠安周之難，率國人之半奔且末，後役屬鄯善。

[75] 本傳描述的且末國王治且末城之位置與漢晉時期相同，一般

認爲位於今且末縣西南。

[76]"八千三百二十里"（里數3）：表示自且末城經鄯善國王治赴代的行程；亦卽且末城去鄯善國王治720里（《漢書·西域傳上》），與鄯善國王治去代7600里之和。

于闐國[77]，在且末西北[78]，去代九千八百里[79]。其地方亙千里，連山相次。于闐城東三十里有首拔河[80]，中出玉石。[81]土宜五穀幷桑麻，山多美玉，有好馬、駝、騾。

[77] 于闐，西域南道綠洲國，首見《漢書·西域傳》。

[78] 于闐國王治之位置與漢晉正史所描述的相同。

[79] "九千八百里"（里數4）：表示自于闐國王治經且末國王治赴代的行程；亦卽于闐國王治去且末國王治里數（1480里），與且末國王治去代8320里之和。案：據《漢書·西域傳上》，于闐國王治去且末國王治應爲2850里；亦卽于闐國王治去扜彌國王治390里，扜彌國王治去精絕國王治460里，與精絕國王治去且末國王治2000里之和。由此可見，本傳于闐去且末里數別有資料來源。當然，也可能僅精絕去且末一段另有所據，其餘各段仍依《漢書·西域傳》。

[80] "首拔"乃"首枝"[sjiu-tjie]之訛，藏語 Sel-ču（玉河）之對譯。首枝水指自今和闐北流的 Yurung Kaš 和 Kara Kaš。[14]

[81]《魏書·祖瑩傳》："孝昌中，於廣平王第掘得古玉印，敕召瑩與黃門侍郎李琰之，令辨何世之物。瑩云：此是于闐國王晉太康中所獻。乃以墨塗字觀之，果如瑩言，時人稱爲博物。"[15]

真君中，世祖詔高涼王那擊吐谷渾慕利延，[82]慕利延懼，驅其部落渡流沙。那進軍急追之，慕利延遂西入于闐，殺其王，死者甚衆。[83]顯祖末，蠕蠕寇于闐，于闐患之，遣使素目伽上表[84]曰：西方諸國，今皆已屬蠕蠕，奴世奉大國，至今無異。今蠕蠕軍馬到城下，奴聚兵自固，故遣使奉獻，延望救援。顯祖詔公卿議之，公卿奏曰：于闐去京師幾萬里，蠕蠕之性，惟習野掠，不能攻城，若爲所拒，當已旋矣。雖欲遣使，勢無所及。[85]顯祖以公卿議示其使者，亦以爲然。於是詔之曰：朕承天理物，欲令萬方各安其所，應救諸軍以拯汝難。但去汝遐阻，雖復遣援，不救當時之急，已停師不行，汝宜知之。朕今練甲養卒，一二歲間當躬率猛將，爲汝除患，汝其謹警候以待大舉。[86]先是，朝廷遣使者韓羊皮使波斯，波斯王遣使獻馴象及珍物。經于闐，于闐（中于）王秋仁輒留之，[87]假言慮有寇不達。羊皮言狀，顯祖怒，又遣羊皮奉詔責讓之，自後每使朝獻。[88]

[82]《魏書·世祖紀下》：太平真君六年（445年），"夏四月庚戌，征西大將軍、高涼王那等，討吐谷渾慕利延於陰平白蘭。詔秦州刺史、天水公封敕文擊慕利延兄子什歸於枹罕"。

[83]《魏書·世祖紀下》：太平真君六年秋，八月"壬寅，高涼王那軍到曼頭城，慕利延驅其部落西渡流沙。那急追。故西秦王慕瓚世子被囊逆軍拒戰，那擊破之，被囊輕騎遁走，中山公杜豐精騎追之，度三危，至雪山，生擒被囊、什歸及熾磐子成龍，送于京師。慕利延遂西入于闐國"。《魏書·吐谷渾傳》："後復遣征西將軍、高涼王那等

討之於白蘭，慕利延遂入于闐國，殺其王，死者數萬人。南征罽賓。"

[84] 于闐遣素目伽上表之年，雖無明確記載，但不妨認爲在466—468年間。蓋按之《魏書·顯祖紀》，于闐在天安元年（466年）至皇興二年（468年）間曾四次朝獻。當然，素目伽上表事也許爲"顯祖紀"省略，也就是說可能遲於皇興二年。[16]

[85] 所謂"西方諸國，今皆已屬蠕蠕"，乃指當時塔里木盆地諸國均已役屬蠕蠕。[17] 于闐雖僻在西南，勢亦不免，故上表告急。于闐之患，乃北魏消極經營西域的必然結果。對於于闐的求援，北魏自然無意承諾，乃以"于闐去京師幾萬里"爲藉口，搪塞于闐使者。"一二歲間當躬率猛將"云云，無異空話。《魏書·尉多侯傳》稱："顯祖時，爲假節、征西將軍、領護羌戎校尉、敦煌鎮將。至鎮，上表求率輕騎五千，西入于闐，兼平諸國，因敵取資，平定爲效。弗許。"多侯有志立功異域，針對當時西域諸國多役屬蠕蠕、于闐國亦受到威脅的情勢，表求"西入于闐，兼平諸國"，唯恐朝廷弗許，聲明"因敵取資"，祇需"輕騎五千"，終於未能如願。據同傳，高祖初，多侯又上疏求北取伊吾，亦未獲許可。北取伊吾，尚且難之，西入于闐，當然弗許了。案：多侯表求"西入于闐"應該在素目伽上表之後。

[86] 于闐與北魏關係頗不尋常：早在太安三年（457年），于闐國已遣使貢獻。而且據北京圖書館藏"大魏文成皇帝夫人于墓誌銘"（拓本），很可能就在這一年，于闐國王的一位公主名"仙姬"者嫁給了魏高宗。這位公主長壽，直至孝昌二年（526年）"齡登九十"纔去世。[18] 素目伽上表時，這位夫人還健在。也許正因爲有這層關係，于闐王纔遣使告急求援的。

[87] 于闐王留波斯馴象及珍物，蓋珍視之。這也許可以視作波斯文化波及于闐之一例。

[88] 于闐國朝魏，據《魏書》"本紀"，太安三年（457 年）正月戊辰、太安三年十二月（以上"高宗紀"）、天安元年（466 年）三月辛亥、皇興元年（467 年）二月、皇興元年九月壬子、皇興二年四月辛丑（以上"顯祖紀"）、景明三年（502 年）七月癸酉、正始四年（507 年）十月丁巳、永平元年（508 年）三月己亥、延昌元年（512 年）十月、延昌二年八月庚戌（以上"世宗紀"）各一次。

蒲山國，故皮山國也。[89] 居皮城，在于闐南，[90] 去代一萬二千里[91]。其國西南三里，有凍淩山[92]。後役屬于闐。

[89] 蒲山，應即《漢書·西域傳》所見"皮山"。"蒲山"[bua-shean] 與"皮山"[biai-shean] 得視爲同名異譯。

[90] "皮城"當是"皮山城"之略。蒲山國似與《漢書·西域傳》所見皮山國地望相同。一說蒲山國近山（西南 3 里），位於于闐之南，也許位於今和闐之南 Yurung Kaš 上游的 Nissa、Karanghu、Pisha 一帶。所謂"故……國"也許僅僅就政治或歷史而言，未必在同一地點。[19] 案：其說雖不無道理，但"于闐南"不妨讀作"西南"，而"三里"也完全可能是"三百里"之誤。

[91] "一萬二千里"（里數 5）：表示自皮城經于闐國王治赴代的行程。案：本里數其實是《漢書·西域傳》所載皮山國王治去長安 10050 里，與長安去代 1950 里之和。

[92] 凍淩山，一說指喀蘭庫湖（Karakul Lake）附近南 Cholpanglik Muztagh 山。[20]

悉居半國[93]，故西夜國也，一名子合。[94] 其王號子[合王]，治呼犍[谷]。[95] 在于闐西，去代萬二千九百七十里[96]。太延初，遣使來獻，自後貢使不絕。[97]

[93] 悉居半國，應卽《漢書·西域傳》所見"子合"。"悉居半"[siet-kia-puan] 與 "子合"[tziə-həp] 爲同名異譯。二者與本傳另處所見"朱居"[tjio-kia] 均爲 čakukalka 之對譯。

[94] "西夜國也，一名子合"："西夜"，種族之名；"子合"，土地之名。

[95] 悉居半國王治旣爲呼犍谷，結合《後漢書·西域傳》關於"子合國居呼犍谷"的記載，知悉居半應爲漢代子合之後身。[21]

[96] "萬二千九百七十里"（里數 6）：表示自呼犍谷經于闐國王治赴代的行程。案：此里數有誤，蓋自呼犍谷去于闐國王治決無三千餘里。

[97] 悉居半朝魏，據《魏書》"本紀"，太延五年（439 年）十一月（"世祖紀"）[22]、和平三年（462 年）三月甲申（"高宗紀"）、景明三年（502 年）、永平四年（511 年）九月甲寅（以上"世宗紀"）[23]、神龜元年（518 年）二月戊申（"肅宗紀"）[24] 各一次。

權於摩國[98]，故烏秅國也。其王居烏秅城，[99] 在悉居半西南，去代一萬二千九百七十里[100]。

[98]"權於摩"[giuan-ia-muai]，《太平御覽》卷七九七引《後魏書》（原文"書"字訛爲"略"）曰："權烏摩國，故烏秏國也。其王治烏秏城。西接悉居半國，西南去代一萬二千九百七十里。"[《冊府元龜·外臣部·國邑二》（卷九五八）引同]"烏秏"無疑是"烏秏"之訛。《通典·邊防八·西戎四》稱："烏秏，漢時通焉。……後魏又通，謂之於摩國。"準此，《魏書·西域傳》衍"權"字亦未可知。果然，"於摩"或者竟是"烏秏"之轉訛；蓋"於"、"烏"同音，"秏"訛爲"耗"，"耗"又訛轉爲"摩"。

[99]權於摩國果卽漢代烏秏國，則其王治烏秏城之位置當與《漢書·西域傳》所載相同。

[100]"一萬二千九百七十里"（里數7）：表示自烏秏國王治經悉居半國王治赴代的行程。案：本里數有誤。一則，傳文既稱權於摩國在悉居半國西南，兩國去代里數不應相等。二則，自烏秏城經悉居半國王治赴于闐國王治亦無三千餘里。

渠莎[101]國，居故莎車城[102]，在子合西北，去代一萬二千九百八十里[103]。

[101]渠沙，傳文稱"居故莎車城"。"渠沙"[gia-shea]當爲Gasiani（塞種部落名）之對譯。[25]

[102]莎車城去代里數有誤，無從確知其位置。但無妨認爲渠莎

國王治莎車城與《漢書·西域傳》所載相同。[26]

[103]"一萬二千九百八十里"（里數8）：表示自莎車城經悉居半國王治赴代的行程。案：本里數有誤。一則，莎車城去悉居半國王治呼犍谷不止十里。二則，自莎車城經呼犍谷赴于闐國王治決無三千餘里。

車師國，一名前部。[104] 其王居交河城[105]。去代萬五十里[106]，其地北接蠕蠕，本通使交易。[107] 世祖初，始遣使朝獻，[108] 詔行人王恩生、許綱等出使。[109] 恩生等始度流沙，爲蠕蠕所執。恩生見蠕蠕吳提，持魏節不爲之屈。後世祖切讓吳提，吳提懼，乃遣恩生等歸。許綱到敦煌，病死，朝廷壯其節，賜諡曰貞。初，沮渠無諱兄弟之渡流沙也，鳩集遺人，破車師國。[110] 真君十一年，車師王車夷落遣使琢進、薛直上書曰：臣亡父僻處塞外，仰慕天子威德，遣使表獻，不空於歲。天子降念，賜遺甚厚。及臣繼立，亦不闕常貢，天子垂矜，亦不異前世。敢緣至恩，輒陳私艱。臣國自無諱所攻擊，經今八歲，[111] 人民饑荒，無以存活。賊今攻臣甚急，臣不能自全，遂捨國東奔[112]，三分免一，即日已到焉耆東界。思歸天闕，幸垂賑救。於是下詔撫慰之，開焉耆倉給之。正平初，遣子入侍，[113] 自後每使朝貢。[114]

[104] "一名前部"，說明所傳"車師"指車師前國。

[105] 交河城，車師前國王治，首見《漢書·西域傳》。

[106]"萬五十里"（里數9）：表示自交河城經玉門赴代的行程。案：本里數其實是《漢書·西域傳》所載自交河城去長安8150里，與長安去代1900里之和。

[107]"本通使交易"，似指該國原與蠕蠕交通。

[108]據《魏書·世祖紀上》，太延元年（435年）二月庚子、太延三年三月癸巳，車師國均曾"遣使朝獻"。本傳稱車師國於"世祖初"始遣使朝魏，不確，應爲"世祖太延初"。

[109]由此可見，王、許是北魏首次遣使西域。又，據《魏書·高昌傳》，王、許目的是"使高昌"。然而，高昌當時爲蠕蠕所控制，又未嘗來獻，北魏首次遣使西域，便以高昌爲對像，似乎不太可能。王、許之出，既在同年二月焉耆、車師來獻之後，其目的地似應爲焉耆、車師。

[110]《魏書·車伊洛傳》："車伊洛，焉耆胡也。世爲東境部落帥，恒修職貢。世祖錄其誠款，延和（432—433年）中，授伊洛平西將軍，封前部王，賜絹一百匹，綿一百斤，繡衣一具，金帶靴帽。伊洛大悅，規欲歸闕。沮渠無諱斷路，伊洛與無諱連戰，破之。時無諱卒，其弟安周奪無諱子乾壽兵，規領部曲。伊洛前後遣使招喻，乾壽等率戶五百餘家來奔，伊洛送之京師。又招喻李寶弟欽等五十餘人，送詣敦煌。[27]伊洛又率部衆二千餘人伐高昌，討破焉耆東關七城，虜獲男女二百人，駝千頭，馬千匹。以金一百斤奉獻。[28]先是，伊洛征焉耆，留其子歇守城，而安周乘虛引蠕蠕三道圍歇，幷遣使謂歇曰：爾父已投大魏，爾速歸首，當賜爾爵號。歇固守，連戰。久之，外無救援，爲安周所陷，走奔伊洛。伊洛收集遺散一千餘家，歸焉耆

鎮。世祖嘉之。正平元年（451年），詔伊洛曰：歇年尚幼，能固守城邑，忠節顯著，朕甚嘉之。可遣歇詣闕。伊洛令歇將弟波利等十餘人赴都。正平二年，伊洛朝京師，賜以妻妾、奴婢、田宅、牛羊，拜上將軍，王如故。興安二年（453年）卒。贈鎮西大將軍、秦州刺史，諡曰康王。賜綿絹雜綵五百匹，衣二十七襲。葬禮依盧魯元故事。[29] 歇襲爵。皇興末，拜使持節、平西將軍、豫州刺史。延興三年（473年）卒。子伯主襲爵。波利，天安二年（467年）拜立節將軍，樂官侯。皇興三年（469年）卒。兄子洛都襲爵。"案：稱伊洛爲"焉耆胡"，似誤；應爲"車師胡"。果然，"東境"指車師前部東境。所謂"恒修職貢"，指太延元年（435年）二月率先來朝，復於三年三月貢獻於魏。故伊洛受封爲"前部王"當在"太延中"，而非"延和中"。[30] 當然，還有另一種可能性：伊洛確係"焉耆胡"，世爲焉耆東境部落帥，於"延和中"貢獻於北魏，受封爲"前部王"，遂以"車"爲姓；復於太延元年、三年以前部名義來獻；"延和中"貢獻不見載於"本紀"，蓋其時伊洛不過一部落小帥，且事已詳本傳。至於伊洛"規欲歸闕"，應在太延末或真君初，蓋沮渠無諱於真君三年（442年）八月纔離開鄯善赴高昌。又，沮渠氏據有高昌，交河城勢在必得；而車師前王車夷落（伊洛）既忠於北魏，又爲自身存亡計，亦以消滅盤踞高昌的沮渠氏爲目標；故雙方爭戰不斷。太平真君九年，北魏命萬度歸攻焉耆，詔車伊洛與唐和率所部配合度歸行動。伊洛留其子歇守交河城，自與唐和率兵至焉耆東界。安周乘虛引蠕蠕圍攻交河城，至真君十一年，城陷，歇走奔伊洛，交河城遂歸沮渠安周。又，正平二年（452年）以後，伊洛一家似乎均定居內地。而"車師前國"自此不復見諸記載。這個"車師國"自延和中至正平末，存在了差不多二十年，自始至終是北魏經營西域的工具。

[111] "經今八歲"，乃指自太平真君三年（442年）無諱入據高昌，伊洛與之對抗，直至上書之年即真君十一年交河城陷落，伊洛子歇"舍國東奔"。[31]

[112] 伊洛自真君九年（448年）從征焉耆後，似乎一直留守焉耆東界，並未歸國；歇自交河城往就伊洛，應爲"西奔"，此稱"東奔"者不知何故。

[113]《魏書·世祖紀下》：正平元年（451年）六月壬戌，"車師國王遣子入侍"。王子即歇。前引《魏書·車伊洛傳》載是年"伊洛令歇將弟波利等十餘人赴都"。[32]

[114] 正平元年之後，車師朝魏見諸記載者僅一次。《魏書·車伊洛傳》：正平二年（452年），"伊洛朝京師"。"朝貢"後《北史·西域傳》有"不絕"二字。

且彌國[115]，都天山東于大谷，[116]在車師北，去代一萬五百七十里[117]。本役屬車師。[118]

[115] 且彌國，天山以北綠洲國，首見《漢書·西域傳》。

[116] 本傳所見且彌國應即《漢書·西域傳》所載西且彌國。不僅王治名稱相同，而且去代里數等於代去長安里數與《漢書·西域傳》所傳去長安里數之和。

[117] "一萬五百七十里"（里數10）：表示自于大谷經車師國王治

赴代的行程。案：本里數其實是《漢書·西域傳》所載自于大谷去長安 8670 里，與長安去代 1900 里之和。

[118] 據《魏略·西戎傳》：西且彌國曾屬車師後部王，亦即本傳所謂"本役屬車師"。

焉耆國[119]，在車師南，都員渠城，[120]去代一萬二百里[121]。恃地多險，頗剽劫中國使。世祖怒之，詔成周公萬度歸討之，約齎輕糧，取食路次。度歸入焉耆東界，擊其邊守左回[122]、尉犂[123]二城，拔之，進軍向員渠。鳩尸卑那以四五萬人出城守險以拒。度歸募壯勇，短兵直往衝，鳩尸卑那衆大潰，盡虜之，單騎走入山中。度歸進屠其城，四鄙諸戎皆降服。[124]焉耆爲國，斗絕一隅，[125]不亂日久，獲其珍奇異玩殊方譎詭不識之物，[126]橐駝馬牛雜畜巨萬[127]。時世祖幸陰山北宮，度歸破焉耆露板至，世祖省訖，賜司徒崔浩書曰：萬度歸以五千騎經萬餘里，拔焉耆三城，獲其珍奇異物及諸委積不可勝數。自古帝王雖云即序西戎，有如指注，不能控引也。[128]朕今手把而有之，如何？浩上書稱美。遂命度歸鎮撫其人。[129]初鳩尸卑那走山中，猶覬城不拔，得還其國。既見盡爲度歸所克，乃奔龜茲，龜茲以其壻，厚待之。[130]

[119] 焉耆是最早朝魏的西域諸國之一，據《魏書·世祖紀上》：太延元年（435 年）二月庚子、太延三年（437 年）三月癸巳和太延五年（439 年）四月丁酉均"遣使朝獻"。

[120] 本傳所載員渠城去代里數與可據前史所載去長安里數推得者不同，但似乎不能據以爲南北朝時期焉耆國王治與兩漢魏晉時期不同。質言之，北魏時焉耆國王治位置很可能也在博格達沁古城。

[121] "一萬二百里"（里數11）：表示自員渠城經車師國王治赴代的行程。案：焉耆去代不應遠於龜茲去代，故"一萬二千里"或爲"一萬二百里"之訛。又，若按《漢書·西域傳》去長安里數計算，焉耆去代應爲9200里（7300里與1900里之和），較之本傳少1000里。可見在本傳描述的時代，自焉耆赴代路途與《漢書·西域傳下》所述自焉耆赴長安者不同。

[122] 左回，一說其前身即《漢書·西域傳》所載北道綠洲國危須。[33] 漢代危須國王治可能位於曲惠古城。

[123] 尉犁，西域北道綠洲國，首見《漢書·西域傳》。案：曹魏代漢至南北朝結束，西域南北道大抵一直被一些大國所控制。這些大國兼并或役使近旁小國，以致不少小國王治淪爲大國城郭。左回（危須）、尉犁皆屬此類。

[124]《魏書·世祖紀下》：太平真君九年（448年）九月，"成周公萬度歸千里驛上，大破焉耆國，其王鳩尸卑那奔龜茲"。

[125] "斗絕一隅"，此與《後漢書·西域傳》所傳焉耆國形勢相同："其國四面有大山，與龜茲相連，道險阨易守。有海水曲入四山之內，周匝其城三十餘里。"

[126]《晉書·西戎傳》載焉耆國"好貨利，任姦詭"，可與此參證。

[127] 這當時表明焉耆有較大規模的畜牧業。

[128]《韓詩外傳》卷七："昔者，齊有狡兔，曰東郭駿，蓋一

日而走五百里。於是齊有良狗曰韓盧，亦一日而走五百里。使之瞻見指注，雖良狗猶不及眾兔之塵。若攝纓而縱紲之，則狡兔亦不能離也。"

[129] 焉耆國破之後，世祖"命度歸鎮撫其人"；度歸往征龜茲，遂令唐和鎮焉耆。真君十一年（450年），車師前國王車伊洛之子歇舍國西奔至焉耆東界，世祖下詔開焉耆倉給之。《魏書·車伊洛傳》記述此事時稱伊洛收集遺散"歸焉耆鎮"。由此可知，真君九年以降北魏曾於焉耆設鎮。焉耆鎮鎮將最初是萬度歸，但不久就由唐和擔任。而據《魏書·唐和傳》，"正平元年（451年），和詣闕，世祖優寵之，待以上客"，可知這個焉耆鎮至少存在至正平元年。

[130] 萬度歸西征後，焉耆朝貢斷絕。據《魏書·世宗紀》，景明三年（502年）有烏稽國"遣使朝貢"。烏稽應即焉耆。果然，其時焉耆又有政權。又據《魏書·唐和傳》，太平真君九年（448年），"世祖遣成周公萬度歸討焉耆，詔和與伊洛率所領赴度歸。和奉詔。會度歸喻下柳驢以東六城，因共擊波居羅城，拔之。後同征龜茲，度歸令和鎮焉耆。時柳驢戍主乙真伽率諸胡將據城而叛，和領輕騎一百匹入其城，擒乙真伽，斬之，由是諸胡款附。西域克平，和有力也"。案：此可補充本傳有關萬度歸征焉耆的記載。所謂柳驢以東六城及波居羅城應即前引《魏書·車伊洛傳》所謂"焉耆東關七城"。

龜茲國[131]，在尉犂西北，[132]去代一萬二百八十里[133]。其東關城戍。寇竊非一。世祖詔萬度歸率騎一千以擊之，[134]龜茲遣烏羯目提等領兵三千距戰，度歸擊走之，斬二百餘級，大獲駝馬而還。[135]俗性多淫，置女市，收男子錢入官。土多孔雀，羣飛山谷間，人取養而食之，孳乳如雞鶩，其王家恒有千餘隻云。其國西北大山中有如膏者[136]流出成川，行數里入地，如餳餬，甚臭，服之髮齒已落者能令更生，病人服之皆愈。自後每使朝貢。[137]

[131] 龜茲國是最早朝魏的西域諸國之一，據《魏書·世祖紀上》，太延三年（437年）三月癸巳和太延五年（439年）四月丁酉，龜茲均曾"遣使朝獻"。

[132] 龜茲國王治位置當與《漢書·西域傳》所載相同。

[133] "一萬二百八十里"（里數12）：表示自龜茲國王治經焉耆國王治赴代的行程。案：若按《漢書·西域傳》去長安里數計算，龜茲去代應爲9380里（7480里與1900里之和），較之本傳少900里，因疑"一萬二百八十里"應爲"一萬三百八十里"之訛，蓋承焉耆傳增一千里。

[134] 按之《魏書·世祖紀下》：太平真君九年（448年），"十有二月，詔成周公萬度歸自焉耆西討龜茲"。

[135] 龜茲國多駝馬，《魏書·高祖紀上》：太和二年（478年），"秋七月戊辰，龜茲國遣使獻名駝七十頭"。又載：太和二年九月丙辰，"龜茲國遣使獻大馬、名駝、珍寶甚衆"。可以參證。

[136] "如膏者"一說卽硫磺，[34] 另說應爲石油。[35]

[137] 萬度歸西征後，龜茲朝魏，據《魏書》"本紀"，太平真君十年（449年）十一月（"世祖紀下"）、延興五年（475年）四月丁丑、

太和元年（477年）十月、太和二年（478年）七月戊辰和九月丙辰、太和三年（479年）九月庚申（以上"高祖紀上"）、永平三年（510年）十月戊戌（"世宗紀"）、神龜元年（518年）閏七月丁未、正光三年（522年）七月壬子（以上"肅宗紀"）各一次。

姑墨國[138]，居南城，[139]在龜茲西，去代一萬五百里[140]。役屬龜茲。

[138] 姑墨，西域北道綠洲國，首見《漢書·西域傳》。姑墨朝魏，據《魏書》"本紀"，僅永平四年（511年）十二月戊子（"世宗紀"）一次。[36]

[139] 姑墨國王治位置當與《漢書·西域傳》所載相同。

[140] "一萬五百里"（里數13）：表示自南城經龜茲國王治赴代的行程。"一萬五百里"或爲"一萬五十里"之訛。果然，本里數其實是《漢書·西域傳下》所載自南城去長安8150里，與長安去代1900里之和。

溫宿國[141]，居溫宿城，[142]在姑墨西北，去代一萬五百五十里[143]。役屬龜茲。

[141] 溫宿，西域北道綠洲國，首見《漢書·西域傳》。

[142] 溫宿國王治位置當與《漢書·西域傳》所載相同。

[143] "一萬五百五十里"（里數14）：表示自溫宿城經姑墨國王治

赴代的行程。"一萬五百五十里"或爲"一萬二百五十里"之訛。果然，本里數其實是《漢書·西域傳下》所載自溫宿城去長安 8350 里，與長安去代 1900 里之和。

尉頭國[144]，居尉頭城，[145]在溫宿北，去代一萬六百五十里[146]。役屬龜茲。

[144] 尉頭，西域北道綠洲國，首見《漢書·西域傳》。
[145] 尉頭國王治當與《漢書·西域傳》所載相同。
[146] "一萬六百五十里"（里數 15）：表示自尉頭城經溫宿國王治赴代的行程。"一萬六百五十里"或爲"一萬五百五十里"之訛。果然，本里數其實是《漢書·西域傳上》所載自尉頭城去長安 8650 里，與長安去代 1900 里之和。

烏孫國，居赤谷城[147]，在龜茲西北，去代一萬八百里[148]。其國數爲蠕蠕所侵，西徙葱嶺山中，無城郭，隨畜牧逐水草。[149]太延三年，遣使者董琬等使其國，[150]後每使朝貢。[151]

[147] 赤谷城位置當與《漢書·西域傳》所載相同。
[148] "一萬八百里"（里數 16）：表示自赤谷城經龜茲國王治赴代的行程。案：本里數其實是《漢書·西域傳下》所載自赤谷城去長安 8900 里，與長安去代 1900 里之和。
[149] "數爲蠕蠕所侵"：蠕蠕立國之初，西境已至焉耆之北，準

噶爾盆地落入其勢力範圍之內。控制準噶爾盆地後，勢必西向納倫河、伊犁河流域發展。當時在準噶爾盆地以西活動的主要是烏孫和悅般兩者。蠕蠕西向擴張，便同他們發生衝突。[37]

[150] 原居赤谷城的烏孫，由於屢遭蠕蠕的侵擾，放棄故地西徙。太延三年（437年）董琬等訪問的已是"葱嶺山中"的烏孫國。其西徙時間最早可能在蠕蠕社崙可汗在位期間（402—410年）。

[151] 烏孫朝魏，僅《魏書·世祖紀上》所載太延三年（437年）三月癸巳一次。傳文"後每使朝貢"無從落實。

疏勒國，在姑墨西，[152]去代一萬一千二百五十里[153]。高宗末，[154]其王遣使送釋迦牟尼佛袈裟一，長二丈餘，[廣丈餘][155]。高宗以審是佛衣，應有靈異，遂燒之以驗虛實，置於猛火之上，經日不然，[156]觀者莫不悚駭，心形俱肅。[後每使朝貢。][157]

[152] 疏勒國王治位置當與漢晉時期相同，位於今喀什附近。

[153] "一萬一千二百五十里"（里數17）：表示自疏勒國王治經姑墨國王治赴代的行程。案：本里數其實是《漢書·西域傳上》所載自疏勒國王治去長安9350里，與長安去代1900里之和。

[154] 或即《魏書·高宗紀》所載和平三年（462年）朝貢事。

[155] "廣丈餘"三字據《太平御覽》卷七九三補。

[156] 一般認為此袈裟為石綿製品。

[157] "後每使朝貢"五字，據《太平御覽》卷七九三補。又，疏勒朝魏，據《魏書》"本紀"，太延三年（437年）三月癸巳、太延

五年（439年）四月丁酉（以上"世祖紀上"）、太平真君十年（449年）十一月（"世祖紀下"）、興安二年（453年）三月乙未、太安元年（455年）十月、和平三年（462年）三月甲申（以上"高宗紀"）、景明三年（502年）、正始四年（507年）九月甲子和十月丁巳、十月戊辰、延昌元年（512年）正月戊申和五月辛卯（以上"世宗紀"）、熙平二年（517年）四月甲午、神龜元年（518年）二月戊申、同年閏七月丁未（"肅宗紀"）各一次。

悅般國，在烏孫西北，[158]去代一萬九百三十里[159]。其先，匈奴北單于之部落也。[160]爲漢車騎將軍竇憲[161]所逐，北單于度金微山，[162]西走康居，[163]其羸弱不能去者住龜茲北。[164]地方數千里，[165]衆可二十餘萬。涼州人猶謂之單于王。其風俗言語與高車[166]同，而其人清潔。（於）[做][167]胡俗剪髮齊眉，以醍醐塗之，昱昱然光澤，日三澡漱，然後飲食。其國南界有火山，[168]山傍石皆燋鎔，流地數十里乃凝堅，人取爲藥，即石流黃也。[169]

[158] 悅般人可以追溯的原居地在龜茲以北。蓋因烏孫人西徙，悅般人北上佔領了納倫河流域和伊犁河流域。董琬、高明西使時所遇悅般，應爲業已北上的悅般。傳文所謂"在烏孫西北"，不確。[38]

[159] "一萬九百三十里"（里數18）：表示自悅般國王治經烏孫國王治赴代的行程。案：本里數其實是《漢書·西域傳下》所載烏孫國王治去溫宿國王治610里，溫宿國王治去姑墨國王治270里，姑墨國

王治去長安8150里，與長安去代1900里之和。

[160]"匈奴北單于之部落"，無非是說悅般部落曾經隸屬匈奴。但隸屬匈奴的部落與匈奴未必血統相同。《梁書·芮芮傳》稱："魏晉世，匈奴分爲數百千部，各有名號，芮芮其一部也。"同樣，也可以說，悅般亦其一部也。悅般不僅爲匈奴之一部，而且曾自稱"匈奴"，故涼州人稱之爲"單于王"。

[161] 竇憲，《後漢書》卷二三有傳。擊匈奴始自永元二年（90年）。

[162]《後漢書·和帝紀》：永元三年（91年），"二月，大將軍竇憲遣左校尉耿夔出居延塞，圍北單于於金微山，大破之，獲其母閼氏"。《後漢書·竇憲傳》："明年，復遣右校尉耿夔、司馬任尚、趙博等將兵擊北虜於金微山，大破之，克獲甚眾。北單于逃走，不知所在。""金微山"即今阿爾泰山。

[163] 按之《後漢書·袁安傳》以及案"南匈奴傳"末尾的論贊，公元91年於金微山戰敗的北單于僅一度"遁走烏孫"，並未"西走康居"。故所謂"西走康居"云云，很可能是北魏人將91年在金微山戰敗的北單于和西漢元帝時亡命康居的郅支單于混爲一談所致。[39]

[164] 以上有關北單于的記載表明：曾有一位北單于在某次率部遷徙的過程中留下了一部份羸弱，這些羸弱即悅般人後來出現在龜茲之北。[40]

[165]"地方數千里"，說明悅般的領域應該是東起裕勒都斯河谷、西至納倫河谷，南自龜茲以北、北抵伊犂河流域。

[166] 高車，遊牧部族，一度役屬蠕蠕。公元五世紀初其勢漸盛，與蠕蠕爲敵；其副伏羅部於487年西遷至今吐魯番西北自立爲國，直

至541年亡於蠕蠕。

[167] 據《通志·四夷三·西戎下》、《太平寰宇記·四夷一五·西戎七》改補。⁴¹

[168] "南界有火山"云云，表明佔有烏孫故地後的悅般仍保有龜茲以北的原居地。"火山"位於今庫車北。

[169] 石流黃藥效見《本草綱目·金石之五》（卷一一）。

與蠕蠕結好，其王常將數千人入蠕蠕國，欲與大檀[170]相見。入其界百餘里，見其部人不浣衣，不絆髮，不洗手，婦人舌舐器物，王謂其從臣曰：汝曹誑我入此狗國中！乃馳還。大檀遣騎追之不及，自是相仇讎，數相征討。真君九年，遣使朝獻。[171]并送幻人，稱能割人喉脈令斷，擊人頭令骨陷，皆血出[淋落][172]，或數升或盈斗，以草藥內其口中，令嚼咽之，須臾血止，養瘡一月復常，又無痕瘢。世祖疑其虛，乃取死罪囚試之，皆驗。云中國諸名山皆有此草，乃使人受其術而厚遇之。[173]又言其國有大術者，蠕蠕來抄掠，術人能作霖雨狂風大雪及行潦[水之池][174]，蠕蠕凍死漂亡者十二三。[175]是歲再遣使朝貢，求與官軍東西齊契討蠕蠕。世祖嘉其意，命中外諸軍戒嚴，以淮南王他為前鋒，襲蠕蠕。[176]仍詔有司以其鼓舞之節施於樂府。[177]自後每使貢獻。[178]

[170] 大檀卽汗位於414年，然據《魏書·蠕蠕傳》，"大檀者，社崙季父僕渾之子，先統別部，鎮於西界"。故上引一段故事也未必發

生在大檀卽汗位之後。也就是說悅般王會見的有可能是鎮守西界時的大檀。

[171] 此則不見"本紀"。

[172] 據《法苑珠林》卷六一補。⁴²

[173] 此幻術輔以醫術。

[174] 據《法苑珠林》卷六一補。⁴³

[175]《梁書·西北諸戎傳》載芮芮卽蠕蠕國風俗："其國能以術祭天而致風雪，前對皎日，後則泥潦橫流，故其戰敗莫能追及。或於中夏爲之，則曀而不雨，問其故，以暝云。"兩相對照不難發現彼此的類似之處。這似乎可以看作塞北與天山以北地區遊牧文化相互影響之一例。

[176]《魏書·世祖紀下》：太平真君九年（448年），六月"丁卯，悅般國遣使，求與王師俱討蠕蠕，帝許之。秋八月，詔中外諸軍戒嚴。九月乙酉，治兵于西郊。丙戌，上幸陰山"。十有二月，"皇太子朝于行宮，遂從北討。至于受降城，不見蠕蠕，因積糧城內，留守而還"。可知爲配合悅般，北魏確實有所舉動。而如前述，世祖命萬度歸征焉耆在九年九月，"中外諸軍戒嚴"之後，這表明這次西征的目的之一是打擊蠕蠕。⁴⁴又，魏世祖在真君九年五月拜韓拔爲鄯善王，鎮鄯善，很可能在是年悅般首次朝魏之後。質言之，真君九年悅般第一次朝魏時已表明了與北魏夾擊蠕蠕的意向，鎮鄯善便是北魏聯合悅般、北伐西征一攬子計劃的組成部份。由於悅般的存在，蠕蠕向納倫河、伊犁河流域的發展一度受阻。

[177]《魏書·樂志》："後通西域，又以悅般國鼓舞設於樂署。"

[178] 悅般朝魏，據《魏書》"本紀"，太延三年（437年）三月癸巳（"世祖紀上"）、太平真君九年（448年）六月丁卯（"世祖紀下"）各一次。本傳載悅般是年兩次朝魏，六月丁卯應是第二次。悅般在太平真君九年的兩次朝魏，似乎是悅般和北魏的最後接觸。所謂"自後每使貢獻"不見"本紀"，未能落實。而像悅般這樣一個大遊牧部族忽然消失，當然是很奇怪的，很可能是西遷了，其原因也許是終於不堪蠕蠕的侵擾。《魏書·蠕蠕傳》載，北魏在太平真君十年和太安四年（458年）均曾大敗蠕蠕，很可能因此增強了蠕蠕對西方的壓力，迫使悅般西遷。果然如此，其西遷時間約在450—460年間。另外，悅般在太平真君九年尚遣使北魏，建議夾擊蠕蠕。然而當北魏於翌年大舉討伐蠕蠕時，卻不見悅般動靜。從這個角度似乎也可說明其時悅般主力已開始西徙。西徙的悅般可能便是西史的阿瓦爾。[45]

者至拔[179]國，都者至拔城[180]，在疏勒西，去代一萬一千六百二十里[181]。其國東有潘賀那山[182]，出美鐵及師子。

[179] "者至拔" [tjya-tjiet-buat]，一說乃 Čač-balik（Čač 城）之音譯，[46] 似不確。一說乃 Čaš-bar（錫爾河沿岸之意）之對音。[47]

[180] 者至拔城，一說位於今塔什幹（Tashkend），[48] 一說應求諸 Khojend 附近。[49] 案：者至拔與者舌同在車師道，後者既是 Tashkend，前說似誤；而後說證據亦嫌不足，錄以備考。

[181] "一萬一千六百二十里"（里數19）：表示自者至拔城經疏勒國王治赴代的行程。"一萬一千六百二十里"應爲"一萬

一千六百二十八里"之省略。

[182]"潘賀那山"指今費爾幹納山脈,"潘賀那"[phuan-ha-na]應即 Ferghāna 之對譯。

迷密[183]國,都迷密城[184],在者至拔西,去代一萬二千六百里[185]。正平元年,遣使獻一峯黑橐駝。[186]其國東有山,名郁悉滿[187],山出金玉,亦多鐵。

[183]"迷密"[myei-miet],一說乃 Māymurgh 之對譯。[50]
[184] 迷密城,位於今烏茲別克斯坦撒馬爾罕市南噴赤幹遺址。[51]
[185]"一萬二千六百里"(里數 20):表示自迷密城經者至拔國王治赴代的行程;亦即迷密城去者至拔國王治十日行程(1000 里),與者至拔國王治去代 11628 里之和。"一萬二千六百里"應爲"一萬二千六百二十八里"之奪訛。
[186]《魏書·世祖紀下》:正平元年(451 年)正月,"……迷密諸國各遣使朝獻"。
[187] 郁悉滿山,地望無考。"郁悉滿",《太平御覽》卷七九五引作"都悉滿"。

悉萬斤[188]國,都悉萬斤城[189],在迷密西,去代一萬二千七百二十里[190]。其國南有山,名伽色那[191],山出師子。每使朝貢。[192]

[188]"悉萬斤"[siet-miuan-kiən]，一般認爲乃 Samarkand 之對譯。

[189] 悉萬斤城，位於今烏茲別克斯坦撒馬爾罕市東北，已成定說。

[190]"一萬二千七百二十里"（里數 21）：表示自悉萬斤城經迷密國王治赴代的行程；亦卽悉萬斤城去迷密國王治一日行程（100 里），與迷密國王治去代 12628 里之和。"一萬二千七百二十里"應爲"一萬二千七百二十八里"之省略。

[191] 伽色那山，應指今 Samarkand 之南、Schar-i-sabz 之北的山脈，"伽色那"[kea-shiək-na] 應卽 Kâsâna、Kâsâniya 之對譯。[52]

[192] 悉萬斤朝魏，據《魏書》"本紀"，延興三年（473 年）十月、承明元年（476 年）九月癸丑、太和三年（479 年）十二月、太和四年（480 年）七月壬子（以上"高祖紀上"）、太和十一年（487 年）八月辛巳、太和十五年（491 年）三月己酉（以上"高祖紀下"）、景明三年（502 年）、正始四年（507 年）四月壬寅和十月丁巳、永平二年（509 年）正月丁亥（以上"世宗紀"）各一次。

忸密國[193]，都忸密城[194]，在悉萬斤西，去代二萬二千八百二十八里[195]。

[193]"忸密"[niəu-miet]，一般認爲是 Nūmiǧ-kat 之對譯。據《魏書·世宗紀》，永平二年（509 年）正月丁亥，忸密國曾"遣使朝獻"。

[194] 忸密城，一般認爲位於今布哈拉。

[195]"二萬二千八百二十八里"（里數 22）：表示自忸密城經悉

萬斤國王治赴代的行程；亦卽忸密城去悉萬斤國王治一百一日行程（10100里），與悉萬斤國王治去代12728里之和。案：里數有誤。

[破] 洛那[196]國，故大宛國也。都貴山城[197]，在疏勒西北，去代萬四千四百五十里[198]。太和三年[199]，遣使獻汗血馬，自此每使朝貢。[200]

[196]"[破] 洛那"[phua-lak-na]，一般認爲乃Ferghāna之對譯。"破"字據標點本校勘記補。

[197]貴山城位置當與《漢書·西域傳》所描述大宛國王治相同。

[198]"萬四千四百五十里"（里數23）：其實是《漢書·西域傳上》所載大宛國王治去長安12550里，與長安去代1900里之和。

[199]《魏書·世祖紀上》：太延三年（437年）十一月甲申，"破洛那……各遣使朝獻，奉汗血馬"。本傳"太和"應是"太延"之誤，說見中華書局標點本校勘記。

[200] 太延三年後，據《魏書》"本紀"，太延五年（439年）十一月（"世祖紀上"）、太平真君十年（449年）十一月、正平元年（451年）正月（以上"世祖紀下"）、和平六年（465年）四月各朝魏一次（"高宗紀"）。和平六年亦"獻汗血馬"。

粟特國[201]，古之奄蔡，[202]一名溫那沙。[203]居於大澤[204]，在康居西北，去代一萬六千里[205]。先是，匈奴殺其王而有其國，[206]至[高宗（文成帝）初，遣使朝貢，其][207]王忽倪已三世矣。[208] 其國商人先多詣涼土販貨，[209] 及克姑臧，悉見虜。（高宗初）粟特王遣使請贖之，詔聽焉。[210] 自後無使朝獻。[211]

[201]"粟特"，應即《後漢書·西域傳》所見"粟弋"。粟特國位於錫爾河與阿姆河之間澤拉夫善河流域。"粟特"[siok-dək]，一般認爲是 Soghd 之對譯。在本傳描述時代，Soghd 在遷自塞北的遊牧部族嚈噠的控制之下。[53]

[202]"古之奄蔡"，似爲誤傳。主要原因可能是董、高西使，在傳聞"粟特"被"匈奴"（嚈噠）所滅的同時，又聽說"奄蔡"即阿蘭（Alans）爲匈人所滅；由於匈人和"匈奴"名稱相同，匈人滅阿蘭在 370 年左右，和"匈奴"（嚈噠）滅"粟特"的時間也相去不遠，於是推斷"奄蔡"爲"粟特"。《魏書·西域傳》編者乃根據董、高的報告，認定"粟特"即"奄蔡"。[54]

[203]"溫那沙"[uən-na-shea]，乃 Hūnashāh 之對譯。Huna，指嚈噠，嚈噠一度自稱或被稱爲"匈奴"。

[204]"大澤"，指今鹹海。

[205]"一萬六千里"（里數 24）：應表示自粟特國王治經康居國王治赴代的行程。案：本里數其實是《漢書·西域傳上》所載奄蔡國王治去康居國王治 2000 里，康居國王治去長安 12300 里，與長安去代 1900 里之和。"一萬六千里"應爲"一萬六千二百里"之奪訛。

[206]"匈奴殺其王而有其國"，指嚈噠人對索格底亞那的佔領。

[207]"高宗（文成帝）初遣使朝貢其"諸字據《通典·邊防九·西戎五》補。又，若據《通典》補字，"文成帝"三字似可刪去。

魏收原文已不可知，祇能據文理推測之。

[208] "其王忽倪已三世矣"：這就是說，高宗初朝魏的"匈奴"王已經是第三代了。由此可見，"匈奴"統治"粟特""已三世矣"，應自忽倪朝魏的年代上溯。換言之，"匈奴"卽嚈噠征服索格底亞那的時間可自高宗卽位之初（452 年）亦卽忽倪首次朝魏之年上溯"三世"（約 80—90 年），卽 362—372 年。

[209] 這是索格底亞那人善於經商在漢文史籍中最早的明確記載。

[210] 此條不見本紀。按克姑臧後，粟特國曾遣使北魏，然未聞請贖商人，或直至世祖末始獲悉商人見虜事。

[211] 粟特朝魏，據《魏書》"本紀"，太延元年（435 年）八月丙戌、太延三年（437 年）三月癸巳、太延五年（439 年）十一月（以上"世祖紀上"）、太平真君五年（444 年）十二月（"世祖紀下"）、太安三年（457 年）正月戊辰（"高宗紀"）、皇興元年（467 年）九月壬子（"顯祖紀"）、延興四年（474 年）正月辛巳、太和三年（479 年）十二月（以上"高祖紀上"）各一次。傳文"自後無使朝獻"與事實不符，或係"自後每使朝獻"之訛。

波斯國[212]，都宿利城[213]，在忸密西，去代二萬四千二百二十八里[214]。河[215]經其城中南流。土地平正。有鳥[216]形如橐駝，有兩翼[217]，飛而不能高，食草與肉，亦能噉火，[馳走甚疾，一日能七百里也。][218]

[212] 波斯，一般認爲指薩珊朝波斯。"波斯"[puai-sie] 爲 Persia

之漢譯。

[213] 宿利城，應指 Ctesiphon。"宿利"[siəuk-liet]，一說爲 Sūrastān 之對譯。[55]

[214] "二萬四千二百二十八里"（里數 25）：表示自宿利城經忸密國王治赴代的行程；亦即宿利城去忸密國王治十四日行程（1400 里），與忸密國王治去代 22828 里之和。

[215] 河，指底格里斯河。

[216] 鳥，指鴕鳥。

[217] "兩翼"，《太平御覽》卷九一四引作"羽翼"。

[218] "馳走甚疾，一日能七百里也"，據《太平御覽》卷九一四補正。

俗事火神、天神。[219] 文字與胡書異。[220] 多以姊妹爲妻妾。[221] 神龜中，其國遣使上書貢物，[222] 云：大國天子，天之所生，願日出處常爲漢中天子。波斯國王居和多[223] 千萬敬拜。朝廷嘉納之。自此每使朝獻。[224]

[219] "俗事火神、天神"：此處"天神"與"火神"連稱，一般認爲應爲祆教之神。

[220] "文字與胡書異"，一說這是指波斯文字與印度文字的差異。[56]

[221] "多以姊妹爲妻妾"，指祆教主張的近親結婚。

[222] "神龜中"波斯朝獻，僅《魏書・肅宗紀》所載一次：神龜

元年（518年）閏七月丁未，波斯國"遣使朝獻"。

[223] 居和多，應卽薩珊波斯王 Kavād 一世（488—496年，498—531年在位）。

[224] 波斯朝魏，據《魏書》"本紀"，神龜以前，太安元年（455年）十月、和平二年（461年）八月戊辰（以上"高宗紀"）、天安元年（466年）三月辛亥、皇興二年（468年）四月辛丑（以上"顯祖紀"）、承明元年（476年）二月（"高祖紀上"）、正始四年（507年）十月辛未（"世宗紀"）、熙平二年（517年）四月甲午（以上"肅宗紀"）各一次；神龜以後，據"肅宗紀"，正光二年（521年）閏五月丁巳、正光三年（522年）七月壬子各一次。

伏盧尼[225]國，都伏盧尼城[226]，在波斯國北，去代二萬七千三百二十里[227]。累石爲城。[228]東有大河南流，中有鳥，其形似人，亦有如橐駝、馬者，皆有翼，常居水中，出水便死。[229]城北有云尼山[230]，出銀、珊瑚、琥珀[231]，多師子。[232]

[225] "伏盧尼"[biuək-la-niei]，一說乃 Rūmi 的伊朗語訛讀 Fūrūmi（意指羅馬領土）的對譯。[57]

[226] 伏盧尼城，一說位於叙利亞的安條克城。[58]

[227] "二萬七千三百二十里"（里數26）：表示自伏盧尼城經波斯國王治赴代的行程；亦卽伏盧尼城去波斯國王治三十一日行程（3100里），與波斯國王治去代24228里之和。"二萬七千三百二十里"應爲"二萬七千三百二十八里"之奪訛。

[228] "累石爲城"云云，可與《後漢書·西域傳》關於"條支國城在山上，周回四十餘里"的記載參看。換言之，伏盧尼城也可能是安條克城的外港 Seleucia。⁵⁹

[229] "大河"指 Euphrates 河。河中之鳥，一說是基於鴕鳥的一種傳說。⁶⁰

[230] "云尼山"，一說指 Amanus 山。蓋伏盧尼城應即位於叙利亞的安條克城，安條克城一名 Yunani，"云尼山"或得名於此。⁶¹

[231] 虎魄，首見《漢書·西域傳》。

[232] 據《魏書·高宗紀》，太安二年（456年）十一月有普嵐國"遣使朝獻"；又載和平六年（465年）四月，"普嵐國獻寶劍"；《魏書·顯祖紀》又載：普嵐國於皇興元年（467年）九月壬子"遣使朝獻"。"普嵐"與"伏盧尼"當爲同名異譯。

色知顯[233]國，都色知顯城[234]，在悉萬斤西北，去代一萬二千九百四十里[235]，土平，多五果。

[233] "色知顯"[shiək-tie-xian]，一說乃 [I]štixân 之略譯。⁶²

[234] 色知顯城，一般認爲應在撒馬爾罕西北的 Ištīkhan（澤拉夫善河的支流 Ak-darya 沿岸、Katta Kurgan 和 Čiläk 之間）。

[235] "一萬二千九百四十里"（里數27）：表示自色知顯城經悉萬斤國王治赴代的行程；亦即色知顯城去悉萬斤國王治二日行程（200里），與悉萬斤國王治去代12728里之和。"一萬二千九百四十里"應爲"一萬二千九百二十八里"之奪訛。

伽色尼[236]國，都伽色尼城[237]，在悉萬斤南，去代一萬二千九百里[238]。土出赤鹽[239]，多五果。[240]

[236]"伽色尼"[keai-shiək-niei]，一般認爲是 Kâsâna 或 Kâsâniya 之對譯。

[237] 伽色尼城，一般認爲應卽 Kešš，位於撒馬爾罕與 Balkh 之間，今 Šahr-i-Sabz。

[238]"一萬二千九百里"（里數 28）：表示自伽色尼城經悉萬斤國王治赴代的行程；亦卽伽色尼城去悉萬斤國王治二日行程（200 里），與悉萬斤國王治去代 12728 里之和。"一萬二千九百里"應爲"一萬二千九百二十八里"之奪訛。

[239]赤鹽，產自 Baïsun-tagh 山脈。[63]

[240]據《魏書·世宗紀》，永平三年（510 年）九月壬寅，伽秀沙尼國"遣使朝獻"。"伽秀沙尼"應卽本傳所載伽色尼。

薄知[241]國，都薄知城[242]，在伽色尼南，去代一萬三千三百二十里[243]。多五果。

[241]"薄知"[bak-tie]，一般認爲是 Baχtri 之音譯。

[242]薄知城，應位於 Balkh。[64]

[243]"一萬三千三百二十里"（里數 29）：表示自薄知城經伽色尼國王治赴代的行程；亦卽薄知城去伽色尼國王治四日行程（400 里），與伽色尼國王治去代 12928 里之和。"一萬三千三百二十里"應爲"一

萬三千三百二十八里"之奪訛。

牟知^[244]國，都牟知城^[245]，在忸密西南，去代二萬二千九百二十里^[246]。土平，禽獸草木類中國。

[244]"牟知"[miu-tie]，一般認爲其原音是 Vadi-vati，位於今 Betik（位於阿姆河右岸）。

[245] 牟知城，一說乃位於阿姆河右岸的 Betik。⁶⁵

[246]"二萬二千九百二十里"（里數 30）：表示自牟知城經忸密國王治赴代的行程；亦即牟知城去忸密國王治一日行程（100 里），與忸密國王治去代 22828 里之和。"二萬二千九百二十里"應爲"二萬二千九百二十八里"之奪訛。

阿弗太汗^[247]國，都阿弗太汗城^[248]，在忸密西，去代二萬三千七百二十里^[249]。土平，多五果。

[247]"阿弗太汗"[a-piuət-that-han]，一般認爲是 Abdäl Tarkhan 之對譯。這是嚈噠勢力進入阿姆河下游留下的踪蹟。

[248] 一說阿弗太汗城位於呼似密國（以 Gārganj 爲中心）之東，忸密（Bokhāra）國之西，應位於今 Khiva 附近，或在 Khiva 之東。⁶⁶

[249]"二萬三千七百二十里"（里數 31）：表示自阿弗太汗城經忸密國王治赴代的行程；亦即阿弗太汗城去忸密國王治九日行程（900 里），與忸密國王治去代 22828 里之和。"二萬三千七百二十里"應爲

"二萬三千七百二十八里"之奪訛。

呼似密[250]國，都呼似密城[251]，在阿弗太汗西，去代二萬四千七百里[252]。土平，出銀、琥珀，有師子，多五果。

[250] "呼似密"[xa-ziə-miet]，一般認爲是 Uvārazmīy 之對譯。
[251] 呼似密城，一般認爲在阿姆河下游，中心地區爲 Khiva。
[252] "二萬四千七百里"（里數 32）：表示自呼似密城經阿弗太汗國王治赴代的行程；亦即呼似密城去阿弗太汗國王治十日行程（1000里），與阿弗太汗國王治去代 23728 里之和。"二萬四千七百里"應爲"二萬四千七百二十八里"之奪訛。

諾色波羅[253]國，都波羅[254]城，在忸密南，去代二萬三千四百二十八里[255]。土平，宜稻麥，多五果。[256]

[253] "諾色波羅"[nak-shiək-puai-la]，一般認爲乃 Nishapur 或之對譯。
[254] 波羅城，一說爲今伊朗東北境尼沙普爾（Nishapur）。[67] "波羅"當爲"諾色波羅"之略。
[255] "二萬三千四百二十八里"（里數 33）：表示自波羅城經忸密國王治赴代的行程；亦即波羅城去忸密國王治六日行程（600 里），與忸密國王治去代 22828 里之和。
[256] 據《魏書·世宗紀》，正始四年（507 年）九月甲子、永平

二年（509年）十二月和永平四年（511年）九月甲寅，有婆羅和波羅國"遣使朝獻"。"婆羅"、"波羅"或即"諾色波羅"之略。

早伽至[257]國，都早伽至城[258]，在忸密西，去代二萬三千七百二十八里[259]。土平，少田植，取稻麥於鄰國，有五果。

[257] "早伽至"[tsəu-keai-tjiet]，《冊府元龜·外臣三·國邑二》（卷九五八）作"畢伽至"[piet-keai-tjiet]，《太平御覽》卷七九七作"卑伽至"[pei-keai-tjiet]，名義待考。

[258] 早伽至城，一說既然位於忸密之西900里，當在Kara kum內。傳文稱該國"取稻麥於鄰國"，該國似爲不毛之地。[68]

[259] "二萬三千七百二十八里"（里數34）：表示自早伽至城經忸密國王治赴代的行程；亦即早伽至城去忸密國王治九日行程（900里），與忸密國王治去代22828里之和。

伽不單[260]國，都伽不單城[261]，在悉萬斤西北，去代一萬二千七百八十里[262]。土平，宜稻麥，有五果。

[260] "伽不單"[keai-piuə-tan]，一般認爲是Kapūtānā（Gubdan的古名）之對譯。據《魏書·肅宗紀》，延昌四年（515年）正月己巳有伽拔但國"遣使朝獻"。"伽拔但"應即本傳所載伽不單。

[261] 伽不單城，一般認爲應今Gubdan（Gubdun），位於撒馬爾罕北、Kodym Tau山麓、Bulangghyr河流域。

[262]"一萬二千七百八十里"（里數35）：表示自伽不單城經悉萬斤國王治赴代的行程，亦卽伽不單城去悉萬斤國王治半日行程（50里），與悉萬斤國王治去代12728里之和。"一萬二千七百八十里"應爲"一萬二千七百七十八里"之訛。

者舌國[263]，故康居國，在破洛那西北，去代一萬五千四百五十里[264]。太延三年，遣使朝貢，自是不絕。[265]

[263] 者舌國，一般認爲其王治應位於今塔什幹。

[264] "一萬五千四百五十里"（里數36）：表示自者舌國王治經破洛那國王治赴代的行程；亦卽者舌國王治去破洛那國王治十日行程（1000里），與破洛那國王治去代14450里之和。

[265] 者舌國朝魏，據《魏書》"本紀"，太延三年（437年）十一月甲申（"奉汗血馬"）、太延五年（439年）五月癸未（"獻汗血馬"）（以上"世祖紀上"）、太平眞君八年（447年）十二月（"世祖紀下"）、太安元年（455年）六月（"高宗紀"）、太和三年（479年）十二月（"高祖紀上"）各一次。除太延三年條外，均作"遮逸"或"州逸"。

伽倍[266]國，故休密翕侯[267]。都和墨城[268]，在莎車西，去代一萬三千里[269]。人居山谷間。

[266] "伽倍"，案本紀作"胡密"。伽倍、胡密以及休密、和墨均爲Kumidae之對譯。[69]據《魏書·世宗紀》，永平二年（509年）正月

丁亥有胡密國"遣使朝獻"。

[267] 休密翕侯，首見《漢書・西域傳》。

[268] 和墨城，位於今 Wakhan 谷地 Sarik-Čaupan 一帶。

[269] "一萬三千里"（里數 37）：表示自和墨城經莎車國王治赴代的行程。案：伽倍國王治去莎車國王治 1400 里，可見與里數 8 依據的資料不同。

折薛莫孫[270]國，故雙靡翕侯[271]。都雙靡城[272]，在伽倍西，去代一萬三千五百里[273]。人居山谷間。

[270] "折薛莫孫"[tjiat-siat-mak-suən]，一說即 Sad-i Mastuj 之對譯。[70] 據《魏書・世宗紀》，正始四年（507 年）六月丁未和永平四年（511 年）九月甲寅有舍彌國朝魏；據《魏書・肅宗紀》，神龜元年（518 年）四月辛亥有舍摩國朝魏。"舍彌"或"舍摩"皆係"雙靡"之異譯。

[271] 雙靡翕侯，首見《漢書・西域傳》。"雙靡"爲 Śyāmāka 的對譯。[71]

[272] 雙靡城，位於今 Chitral 和 Mastuj 之間。

[273] "一萬三千五百里"（里數 38）：表示自雙靡城經伽倍國王治赴代的行程；亦即雙靡城去伽倍國王治五日行程（500 里），與伽倍國王治去代 13000 里之和。

鉗敦[274]國，故貴霜翕侯[275]。都護澡城[276]，在折薛莫孫西，去代一萬三千五百六十里[277]。人居山谷間。

[274]"鉗敦"[giam-tuən]，一般認爲是 Xandūd 或 Kundut 之對譯。

[275] 貴霜翕侯，首見《漢書·西域傳》。

[276] 護澡城，位於今 Wakhan 西部 Āb-i Panja 河左岸。"護澡"即"貴霜"(Kushan) 之異譯。[72]

[277] "一萬三千五百六十里"（里數 39）：表示自護澡城經折薛莫孫王治赴代的行程。

弗敵沙[278] 國，故肸頓翕侯[279]。都薄茅城[280]，在鉗敦西，去代一萬三千六百六十里[281]。居山谷間。

[278] "弗敵沙"[piuət-dyek-shea]，一般認爲是 Badakhshān 之對譯。[73] 據《魏書·世祖紀下》，太平真君十年（449 年）七月有浮圖沙國"遣使貢獻"。"浮圖沙"或即弗敵沙。

[279] 肸頓翕侯，首見《漢書·西域傳》。

[280] 薄茅城，位於今 Faizabad 東。

[281] "一萬三千六百六十里"（里數 40）：表示自薄茅城經鉗敦國王治赴代的行程；亦即薄茅城去鉗敦國王治一日行程（100 里），與鉗敦國王治去代 13560 里之和。

閻浮謁[282] 國，故高附翕侯[283]。都高附城[284]，在弗敵沙南，去代一萬三千七百六十里[285]。居山谷間。

[282] "閻浮謁" [jiam-biu-iat]，爲 Hamakān 的古名 Yambakān 之對譯。[74]

[283] 高附翕侯，首見《漢書·西域傳》。

[284] 高附城，位於今 Kokcha 河流域。

[285] "一萬三千七百六十里"（里數 41）：表示自高附城經弗敵沙國王治赴代的行程；亦即高附城去弗敵沙國王治一日行程（100 里），與弗敵沙國王治去代 13660 里之和。

大月氏國[286]，都盧監氏城[287]，在弗敵沙西，去代一萬四千五百里[288]。北與蠕蠕接，數爲所侵，[289]遂西徙都薄羅城[290]，去弗敵沙二千一百里[291]。其王寄多羅[292]勇武，遂興師越大山[293]，南侵北天竺[294]，自乾陁羅[295]以北五國盡役屬之。世祖時，其國人商販京師，自云能鑄石爲五色瑠璃，於是採礦山中，於京師鑄之。旣成，光澤乃美於西方來者，乃詔爲行殿，容百餘人，光色映徹，觀者見之，莫不驚駭，以爲神明所作。[296]自此中國瑠璃遂賤，人不復珍之。

[286] 大月氏國，指寄多羅貴霜，本傳稱之爲"大月氏國"，是因爲自東漢以來，中原王朝一直本貴霜之故號，稱之爲"大月氏"。

[287] 盧監氏城（《北史·西域傳》作"臆監氏"，"盧"、"臆"二字疑衍），應即《漢書·西域傳》所見監氏城。[75]

[288] "一萬四千五百里"（里數 42.1）：表示自盧監氏城經弗敵沙國王治赴代的行程。案：本里數其實是《漢書·西域傳上》所載

大月氏國王治去長安里數，與長安去代1900里之和。又，《魏書·西域傳》編者所見《漢書·西域傳》載大月氏國王治去長安里數爲"萬二千六百里"。

[289] 社崙可汗以後，蠕蠕勢力繼續西進，阿姆河流域的嚈噠曾一度役屬之。蠕蠕既能控制嚈噠，侵犯吐火羅斯坦的寄多羅貴霜是勢在必然。其時間應在吳提可汗時。

[290] "薄羅"[bak-la] 城，應是 Bāhūlaka 的音譯，與"盧監氏"同指一地。

[291] "二千一百里"（里數42.2）：自薄羅城赴弗敵沙國王治的行程。

[292] 寄多羅，便是印度錢銘所見 Kidāra。Kidāra 治下的貴霜，史稱"寄多羅貴霜"（Kidarite Kushāns）。[76] 本傳有關寄多羅貴霜的資料可能來源於董琬、高明西使歸國後所作報告。[77] 這就是說，直到437年，寄多羅貴霜的領土尚跨有興都庫什山兩側。其國雖屢遭蠕蠕侵擾，其勢未衰，其王寄多羅仍有力量越過興都庫什山，征服了乾陀羅以北五國。大概在董、高歸國後不久，寄多羅王便遭受"匈奴"亦卽嚈噠的侵略而放棄了吐火羅斯坦，也就是本傳所描述的"大月氏國"的北部。

[293] 大山，指興都庫什山脈。

[294] 北天竺，指印度河流域。

[295] "乾陁羅"[kan(gian)-dai-la]，一般認爲係 Gandhāra 之對譯。

[296] "鑄石爲五色瑠璃"云云，說明西方早已掌握玻璃製造法。[78] 結合各傳有關大秦、波斯出琉璃或瑠璃的記載，可知包括寄多羅貴霜

在内的西域地區有比較先進的玻璃器製造工藝。

安息國[297]，都蔚搜城[298]，在大月氏西北，去代二萬一千五百里[299]。

[297] 安息國，一說應即《隋書·西域傳》所見"安國"。蓋傳文稱："安國，漢時安息國也。"[79] 另說此"安息"應指 Merv。[80] 第三說以爲此"安息國"其實是存在於阿姆河下游的帕提亞波斯殘餘勢力，所謂"蔚搜"乃 Oxus 之對譯，蓋《水經注·河水二》有云："其水至安息，注雷翥海。"所謂"雷翥海"應即鹹海，然酈氏書對裏海與鹹海不加區分，均稱之爲"雷翥海"。[81] 不過，《隋書·西域傳》稱安國爲"漢時安息國"，顯係誤解，不能視爲此處"安息國"爲"安國"之證據。又，此處"安息"果指 Merv，則其都城應爲"木鹿"。因此，Merv 雖有"小安息"之稱，此說依然未安。故"安息"[an-siək]可能是 Wakhsh 之異譯。其人或者是塞人之一支、活動在阿姆河流域、Balkh 西北者。

[298] 蔚搜城，結合《後漢書·西域傳》有關"嬀塞王"的記載，似可認爲"蔚搜"[iuət-shiu] 與"嬀塞"[kiua-sək] 爲同名異譯，皆得名於 Wakhsh。

[299] "二萬一千五百里"（里數43）：表示自安息國王治經大月氏國王治赴代的行程；亦即安息國王治去大月氏國王治七十日行程（7000里），與大月氏國王治去代 14500 里之和。因此，儘管學界意見各異，但就其地望而言，不能不承認它和《漢書·西域傳》所傳安息

國是一致的。也就是說，就安息國地望而言，《魏書·西域傳》承襲了前史。

條支國[300]，在安息西，去代二萬九千四百里[301]。

[300] 本傳所謂"條支國"位置與《後漢書》以下所載相同，均爲今叙利亞地區。今本《魏書·西域傳》不見"條支國傳"，乃李延壽所删。

[301] "二萬九千四百里"（里數44）：表示自條支國王治經安息國王治赴代的行程；亦即條支國王治去安息國王治七十九日行程（7900里），與安息國王治去代21500里之和。

大秦國[302]，一名黎軒，[303]都安都城[304]。從條支西渡海曲[305]一萬里[306]，去代三萬九千四百里[307]。其海傍出，猶勃海也，而東西與勃海相望，蓋自然之理。[308]地方六千里，居兩海之間，[309]其地平正，（人）[民]居星布。其王都城分爲五城，各方五里，周六十里。王居中城。城置八臣以主四方，而王城亦置八臣，分主四城。若謀國事及四方有不決者，則四城之臣集議王所，王自聽之，然後施行。[310]王三年一出觀風化，人有冤枉詣王訴訟者，當方之臣小則讓責，大則黜退，令其舉賢人以代之。[311]其人端正長大，衣服車旗擬儀中國，故外域謂之大秦。[312]其土宜五穀桑麻，人務蠶田，[313]多璆琳[314]、琅玕[315]、神龜[316]、白馬朱鬣[317]、明珠[318]、夜光璧[319]。東南通交趾[320]，

又水道通益州 [321]，永昌郡 [322] 多出異物。大秦西、海水之西有河，河西南流。河西有南、北山，山西有赤水，西有白玉山。玉山西有西王母山，玉爲堂云。[323] 從安息西界循海曲，亦至大秦，回萬餘里。[324] 於彼國觀日月星辰，無異中國，而前史 [325] 云條支西行百里日入處，失之遠矣。

[302] 大秦最早見諸《後漢書·西域傳》和《魏略·西戎傳》，兩傳所謂"大秦"均指羅馬帝國。[82]《魏書·西域傳》有關大秦國的記載多半抄襲、竄改前史而成。北魏時期，羅馬帝國已經被拜占庭帝國取代，但按之傳文，似乎沒有摻入有關拜占庭的記載。也就是說本傳有關大秦的記載甚至還談不上舊瓶裝新酒。[83]

[303] "一名黎軒"，無非是承襲前史。大秦和黎軒被混爲一談，從根本上說是黎軒卽托勒密埃及王國被幷於羅馬帝國的緣故。

[304] "安都" [an-ta] 應是 Antiochia 之對譯，所指似爲《魏略·西戎傳》所見安谷城（叙利亞的安條克城）。[84] 這是因爲叙利亞地區一度是羅馬帝國的屬土，而安條克城又是該地區首府的緣故。這和誤以爲大秦"一名黎軒"的原因是一樣的。

[305] 海曲，指地中海形成的海灣。

[306] "一萬里"（里數 45.1）：表示自條支國王治渡海曲赴安都城的行程。案：傳文旣稱大秦都安都城，又稱大秦在條支西一萬里，自相矛盾。

[307] "三萬九千四百里"（里數 45.2）：自安都城經條支國王治赴代的行程；亦卽安都城去條支國王治10000里，與條支國王治去代

29400 里之和。

[308]"其海",指地中海。條支與大秦分別在地中海東西,隔此海相望。

[309] 大秦國"居兩海之間",乃節略《魏略·西戎傳》大秦國"在安息、條支西大海之西……西又有大海"等叙述而成。

[310]"其王都城分爲五城"云云,應卽《魏略·西戎傳》所謂"王有五宮"之類。

[311]"王三年一出觀風化"云云,不過是敷衍《尚書·舜典》所謂"三載考績,三考,黜陟幽明,庶績咸熙"而成,並非實情。[85]

[312]"外域謂之大秦"云云,表明在"外域"人心目中羅馬文化堪與漢文化媲美。"端正長大"或係實情,"衣服車旗擬儀中國"則多半是誤傳。[86]

[313]"其土"云云,所載固然是承襲前史,未必北魏時代所獲信息,客觀上卻成了正確的記載。蓋地中海地區直至 Justinianus 一世(527—565 年在位)時代纔獲得養蠶的技術。又,"麻",一說應指亞麻。古代地中海地區以亞麻纖維紡織,與古代中國以大麻纖維紡織者不同。[87]

[314] 璆琳,已見《魏略·西戎傳》。

[315] 琅玕,已見《魏略·西戎傳》。

[316] 神龜,已見《魏略·西戎傳》。

[317]"白馬朱鬣",《魏略·西戎傳》作"白馬朱髦"。[88]

[318] 明珠,《魏略·西戎傳》作"明月珠"。

[319] 夜光璧,已見《後漢書·西域傳》。

[320] 交趾，郡名，治今越南河內西北。

[321] 益州，郡名，治今雲南晉寧東。

[322] 永昌郡，治今雲南保山東北。

[323] "大秦西、海水之西有河"以下或係傳聞，無從深究。

[324] "從安息西界循海曲，亦至大秦，回萬餘里"云云，乃承襲《後漢書·西域傳》的記載。但《後漢書·西域傳》所謂"安息西界"乃指敍利亞地區，與本傳所謂"安息"不同。

[325] 前史，指《漢書·西域傳上》："自條支乘水西行，可百餘日，近日所入云。"

　　阿鉤羌 [326] 國，在莎車西南，[327] 去代一萬三千里 [328]。國西有縣度山 [329]，其間四百里中，往往有棧道，下臨不測之淵，人行以繩索相持而度，因以名之。土有五穀諸果。市用錢爲貨。居止立宮室。有兵器。土出金珠。

[326] 阿鉤羌，羌之一種，或 Argippaei 與羌人融合而成。"阿鉤"[a-ko] 似與《漢書·西域傳》所見"呼犍"等爲同名異譯。一說"阿鉤"乃"冰"（Wakhan 語 yikh, Persia 語 yakh, Osset 語 yekh, yikh, ikh）之音譯。[89]

[327] 阿鉤羌國應位於今帕米爾的 Baltistan。

[328] "一萬三千里"（里數 46）：表示自阿鉤羌國王治經莎車國王治赴代的行程。

[329] 縣度山，應即《漢書·西域傳》所見"縣度"。

波路國，在阿鈎羌西北，[330] 去代一萬三千九百里[331]。其地濕熱，有蜀馬，土平。物產國俗與阿鈎羌同。

[330] 波路國，在 Gilgit 河流域。蓋其地正在 Baltistan 與 Kashmir 西北。據《魏書·世宗紀》，景明三年（502 年）有不崙國"遣使朝貢"，正始四年（507 年）十二月丁丑有鉢崙國"遣使朝貢"。"不崙"或"鉢崙"可能即本傳所載波路。

[331] "一萬三千九百里"（里數 47）：表示自波路國王治經阿鈎羌國王治赴代的行程；亦即自波路國王治去阿鈎羌國王治九日行程（900 里），與阿鈎羌國王治去代 13000 里之和。

小月氏國[332]，都富樓沙城[333]。其王本大月氏王寄多羅子也。寄多羅爲匈奴所逐西徙後，[334] 令其子守此城，因號小月氏焉。在波路西南，去代一萬六千六百里[335]。先居西平、張掖之間，被服頗與羌同。其俗以金銀錢爲貨。隨畜牧移徙，亦類匈奴。[336] 其城東十里有佛塔，周三百五十步，高八十丈。自佛塔初建，計至武定八年，八百四十二年，所謂"百丈佛圖"[337]也。

[332] 小月氏國，指受"匈奴"卽嚈噠攻擊而南遷之寄多羅貴霜人。蓋寄多羅王爲"匈奴"人所逐西徙，令其子守富樓沙，這情形在《魏書》編者看來頗類似《漢書·西域傳上》所載大月氏爲匈奴所逐遠去，"其餘小衆不能去者，保南山羌，號小月氏"，因而稱盤踞富樓沙的寄多羅貴霜殘餘勢力爲"小月氏國"。[90] 盤踞興都庫什山以南的寄多

羅貴霜殘部亦即"小月氏"雖然很可能早在455年之前就役屬嚈噠，但和許多役屬嚈噠的小國一樣，依然有某種自主權，其國名直至太和元年（477年）在北魏的朝貢錄上尚能見到。[91] 據《魏書·高宗紀》，太安五年（459年）五月"居常國遣使朝獻"，和平元年（460年）十月"居常王獻馴象三"。"居常"，Kushan之音譯，指大月氏王寄多羅之子所建小月氏國。《魏書·高祖紀上》載，太和元年（477年）九月庚子，"車多羅……諸國各遣使朝貢"。"車多羅"即"寄多羅"之異譯，亦指小月氏國。又，《魏書·世宗紀》載，永平四年（511年）六月乙亥和八月辛未有不流沙國遣使朝獻。"不流沙"或即"富樓沙"。

[333] 富樓沙城，一般認爲位於今白沙瓦（Peshawar），"富樓沙"[piuək-lo-shea]即Puruṣapura之對譯。

[334] 傳文所謂"匈奴"就是嚈噠，"寄多羅爲匈奴所逐西徙"乃指寄多羅貴霜人被嚈噠逐出吐火羅斯坦。[92]

[335] "一萬六千六百里"（里數48）：表示自富樓沙城經波路國王治赴代的行程；亦即富樓沙城去波路國王治二十七日行程（2700里），與波路國王治去代13900里之和。

[336] "先居"以下，是《魏書·西域傳》編者根據過去的知識加進去的，並非當時乾陀羅地區"小月氏"的實際情況。"先居西平、張掖之間"一句，根據是闞駰《十三州志》；"被服頗與羌同"一句，採自《後漢書·西域傳》；"隨畜牧移徙，亦類匈奴"一句，是按照《漢書·西域傳上》寫的。僅"以金銀錢爲貨"可能反映了當時的實際情況。[93]

[337] "百丈佛圖"，應即本傳所見乾陀國之佛塔。

罽賓國，都善見城[338]，在波路西南，去代一萬四千二百里[339]。居在四山中。其地東西八百里，南北三百里。地平溫和。有苜蓿、雜草、奇木、檀、槐、梓、竹。種五穀，糞園田。地下濕，生稻。冬食生菜。其人工巧，雕文、刻鏤、織罽。有金銀銅錫以爲器物。市用錢。他畜與諸國同。[340]每使朝獻。[341]

[338] 善見城，一說乃梵語蘇達梨舍那（Sudarśana，三十三天之中宮）之義譯。[94] 罽賓國既爲 Kahsmir，善見城當位於今 Srinagar。

[339]"一萬四千二百里"（里數 49）：表示自善見城經波路國王治赴代的行程；亦即善見城去波路國王治三日行程（300 里），與波路國王治去代 13900 里之和。

[340] "地平溫和"以下，承襲《漢書・西域傳上》，殊不知西漢和北魏時代所謂"罽賓"地理環境大相徑庭，不可能一樣。

[341] 罽賓國朝魏，據《魏書》本紀，正平元年（451年）正月（"世祖紀下"）、興安二年（453年）十二月甲午（"高宗紀"）、景明三年（502年）、永平元年（508年）七月辛卯（以上"世宗紀"）、熙平二年（517年）正月癸丑和七月乙丑（以上"肅宗紀"）各一次。

吐呼羅[342]國，去代一萬二千里[343]。東至范陽[344]國，西至悉萬斤國，中間相去二千里[345]；南至連山，不知名；北至波斯國，中間相去一萬里[346]。國中有薄提[347]城，周帀六十里。城南有西流大水，名漢樓河[348]。土宜五穀，有好馬、駝、騾。其王曾遣使朝貢。[349]

[342]"吐呼羅"[tha-xa-la],一般認爲係 Tukhāra 之對譯,位於阿姆河流域。

[343]"一萬二千里"(里數 50.1):自吐呼羅國中薄提城赴代的行程,經由不明。所謂薄提城與盧監氏城實際上同在一地。這一里數可能是北魏實測所得,故與里數 42.1 不同。

[344]"范陽"[biuam-jiang],一般認爲是 Bamiyan 之對譯。

[345]"二千里"(里數 50.2):自范陽赴悉萬斤國的行程。

[346]"一萬里"(里數 50.3):自吐呼羅南境之"連山"赴波斯國的行程。

[347]"薄提"[bak-dye],一般認爲是 Baχtri 之音譯,與前文所見"薄知"[bak-tie]爲同名異譯。

[348] 漢樓河,指阿姆河。"漢樓"蓋"濮樓"[pheok-lo]之訛,乃 Wehrot 之對譯。[95]

[349]《魏書·高宗紀》:和平五年(464 年)十二月,"吐呼羅國遣使朝獻"。

副貨[350]國,去代一萬七千里[351]。東至阿副使且[352]國,西至沒誰[353]國,中間相去一千里[354];南有連山,不知名;北至奇沙[355]國,相去一千五百里[356]。國中有副貨城[357],周帀七十里。宜五穀、葡桃,唯有馬、駝、騾。國王有黃金殿,殿下金駝七頭,各高三尺。其王遣使朝貢。[358]

[350]"副貨"[phiuək-xua],一說乃 Bokhāra 之對譯,[96] 一說乃

Puṣkalāwatī，[97] 然均無確據。

[351] "一萬七千里"（里數 51.1）：自副貨國王治赴代的行程，經由不明。

[352] 阿副使且國，名義、地望待考。

[353] 沒誰國，名義、地望待考。一說即本傳所見"牟知"。[98]

[354] "一千里"（里數 51.2）：自阿副使且國赴沒誰國的行程。

[355] "奇沙"[gia-shea]，地望待考。一說乃 Tashkurghan 或 Kapica 之對譯。[99]

[356] "一千五百里"（里數 51.3）：自副貨國南境之"連山"赴奇沙國的行程。

[357] 副貨城，地望不詳。

[358] 副貨朝魏，本紀不載。《通典·邊防九·西戎五》稱："孝文帝時，其王遣使朝。"

南天竺國[359]，去代三萬一千五百里[360]。有伏醜城[361]，周帀十里，城中出摩尼珠[362]、珊瑚。城東三百里有拔賴城[363]，城中出黃金、白真檀[364]、石蜜[365]、蒲萄。土宜五穀。世宗時，其國王婆羅化遣使獻駿馬、金、銀，自此每使朝貢。[366]

[359] 南天竺，指南印度。

[360] "三萬一千五百里"（里數 52）：表示自南天竺國王治赴代的行程，經由不明。

[361] 伏醜城，名義、地望待考。

[362] "摩尼"，梵語 Maṇi 之音譯，寶，珠之總稱。

[363] 拔賴城，名義、地望待考。

[364]"真檀"即"旃檀（candana）"，指紫檀木。"白真檀"疑是"白［銀］、真檀"之奪訛；蓋結合前後文，該國物產不妨讀作"黃金、白［銀］、真檀、石蜜、蒲萄"。

[365] 石蜜，首見《後漢書·西域傳》。

[366] 天竺朝魏，據《魏書》"本紀"，太和元年（477年）九月庚子（"高祖紀上"）、景明三年（502年）、景明四年（503年）四月庚寅（"獻辟支佛牙"）、正始四年（507年）九月甲子、永平元年（508年）二月辛未、延昌三年（514年）十一月庚戌（以上"世宗紀"）各一次。除太和元年一次爲西天竺外，餘皆南天竺。本傳所謂"世宗時"當指景明三年。

疊伏羅[367]國，去代三萬一千里[368]。國中有勿悉城[369]。城北有鹽奇水[370]，西流。有白象，并有阿末黎[371]，木皮中織作布。[372]土宜五穀。世宗時，其國王伏陀末多遣使獻方物，自是每使朝貢。[373]

[367] "疊伏羅"[dyap-biuək-la]，乃 Zābulistān 之對譯，亦即 Gazna。

[368] "三萬一千里"（里數53）：表示自疊伏羅國王治赴代的行程，經由不明。

[369] 勿悉城，名義、地望待考。

[370] 鹽奇水，無考。

[371] "阿末黎"，可能是《大唐西域記》卷一所見"阿末羅"（梵語 āmalaka）；"阿末羅"（Emblica Myrobalan），其果味酸而有回甘。

[372] "木皮中織作布"：火浣布的原料也被認爲是一種木皮纖維，不知疊伏羅國所織是否火浣布。[100]

[373] 疊伏羅朝魏，據《魏書》"本紀"，太和元年（477年）九月庚子、太和三年（479年）十二月（以上"高祖紀"）、正始四年（507年）三月丙子、永平二年（509年）三月癸未和十二月、永平四年（511年）十一月戊申（以上"世宗紀"）、熙平二年（517年）正月癸丑和七月乙丑、正光二年（521年）八月己巳、孝昌二年（526年）二月（以上"肅宗紀"）各一次。"疊伏羅"或作"地伏羅"，或省作"伏羅"。

拔豆國[374]，去代五萬一千里[375]。東至多勿當國[376]，西至旃那國[377]，中間相去七百五十里[378]，南至罽陵伽[379]國，北至弗那伏且國[380]，中間相去九百里[381]。國中出金、銀、雜寶、白象、水牛、犛牛、蒲萄、五果。土宜五穀。

[374] 拔豆國，名義、地望待考。

[375] "五萬一千里"（里數 54.1）：自拔豆國王治赴代的行程，經由不明。

[376] 多勿當國，名義、地望待考。

[377] 旃那國，名義、地望待考。

[378] "七百五十里"（里數 54.2）：自多弗當國赴旃那國的行程。

[379] "罽陵伽" [kiat-liəng-keai]，應是 Kaliṅga 之對譯。《魏書·世宗紀》：正始四年（507 年）十月丁巳，"……可流伽……等諸國並遣使朝獻"。"可流伽"或卽罽陵伽。

[380] 弗那伏且國，名義、地望待考。

[381] "九百里"（里數 54.3）：自罽陵伽國赴弗那伏且國的行程。

[烏利 [382] 國，去代二萬五百里 [383]。國中出金玉、良馬、白疊 [384]，土宜五穀。] [385]

[382] "烏利"，一說可能是"烏黎師斂"之略譯，卽 Jerusalem。[101]

[383] "二萬五百里"（里數 55）：表示自烏利國王治赴代的行程。

[384] 白疊，已見《梁書·西北諸戎傳》。

[385] 此則不見今本《魏書·西域傳》，亦不見《北史·西域傳》，據《太平御覽》卷七九七錄以備考。

嚈噠國 [386]，高車之別種 [387]，其原出於塞北。[388] 自金山 [389] 而南，[至高宗（文成帝）時已八九十年矣] [390]。衣服類 [胡] [391]，加以纓絡，頭皆剪髮。[392] 其語與蠕蠕、高車及諸胡不同。[393] 衆可有 [394] 十萬。無城邑，依隨水草，以氈爲屋，夏遷涼土，冬逐暖處。分其諸妻，各在別所，相去或二百、三百里。其王巡歷而行，每月一處，冬寒之時，三月不徙。[395] 王位不必傳子，子弟堪任，死便授之。[396] 其國無車有輿。[397] 多駝馬。用刑嚴急，偸盜無多少皆腰斬，盜一責十。死者，富者累石爲藏,貧者掘地而埋,隨身諸物,皆置冢内。[398] [受諸國貢獻,南至牒羅[399],北盡勅勒[400],東被于闐,西及波斯,四十餘國皆來朝貢],[401]號爲大國。與蠕蠕婚姻。[402]自太安以後,每遣使朝賀。[403]正光末,遣使貢師子一,至高平,遇万俟醜奴反,因留之。醜奴平,送京師。[404]永熙以後,朝獻遂絶。

[386]"嚈噠"[iap-dat],一般認爲係 Ephthalites 或 Hephthalites 之對譯。[102]

[387]"高車之别種":嚈噠與高車並不同族(傳文:"其語與高車不同")。高車别種說可能是由於嚈噠與高車均起源於塞北、同樣經由金山南下而産生的聯想。蓋"别種"本來没有一定的内涵。[103]

[388]"其原出於塞北":嚈噠可能是乙弗鮮卑之一部。乙弗雖可溯源於遼東,但祇有當它遷至塞北,成爲雜胡之後,纔成爲我們今天所知道的乙弗,這就是說,事實上乙弗也是起源於塞北。[104]

[389]"金山",即前文所見"金微山"。

[390]"至高宗(文成帝)時已八九十年矣"十字據《通典·邊防九·西戎五》補。案:嚈噠首次朝魏既在高宗太安二年(456年),故嚈噠自塞北度金山即阿爾泰山南遷的時間當自456年上溯80—90年,約爲366—376年。這就是說,嚈噠征服索格底亞那應該在366—377年。

[391]"胡"字據《通典·邊防九·西戎五》補。此處所謂"胡",一般認爲指伊朗人。

[392]"剪髮",一般認爲乃伊朗之風,嚈噠人剪髮,無疑是西遷

後受波斯影響使然。

[393] "其語與蠕蠕、高車及諸胡不同":《梁書·滑國傳》載:"其言語待河南人譯然後通。"河南即吐谷渾,其人之所以能譯嚈噠語,顯然不是因爲嚈噠語與吐谷渾語相同,也不僅是由於吐谷渾北鄰乙弗敵國,而且由於吐谷渾原是東部鮮卑,與嚈噠之前身乙弗鮮卑早有接觸的緣故。

[394] 今本《魏書》"可"下無"有"字。

[395] "無城邑"云云,表明嚈噠是典型的遊牧部族。

[396] "王位不必傳子",很可能祇是初起時的情況。案:不僅王位繼承,其他如習俗等方面的記載(如《隋書·西域傳》、《周書·異域傳下》所載一妻多夫之俗不見本傳)都反映出本傳所傳是早期情況。

[397] "無車有輿",似衍"有"字。參看王鳴盛《十七史商榷》卷六八。

[398] "死者"以下,是嚈噠人的葬俗,很值得注意。

[399] "牒羅",應即本傳所見"疊伏羅"之異譯。

[400] 勅勒,應即本傳所見高車。

[401] "受諸國貢獻"以下二十九字據《洛陽伽藍記》卷五補。蓋《魏書·西域傳》原文應有類似字句。

[402] "與蠕蠕婚姻":《魏書·蠕蠕傳》載,蠕蠕主"婆羅門尋與部衆謀叛投嚈噠,嚈噠三妻,皆婆羅門姐妹也"。本傳稱嚈噠王"分其諸妻,各在別所"也表明當時至少嚈噠王是多妻的。

[403] 嚈噠國朝魏,據《魏書》"本紀",太安二年(456年)十一月、景明三年(502年)["嚈噠"原文訛作"厭昧"]、正始四年(507

年）十月辛未、永平二年（509年）正月壬辰［"世宗紀"稱，是年"嚈噠薄知國遣使來朝，貢白象一"。薄知時役屬嚈噠，其使者隨嚈噠使者朝魏，故紀文稱兩國共"貢白象一"。也可能來獻者僅薄知一國，"薄知"前冠以"嚈噠"則表示其隸屬關係。又，《洛陽伽藍記》卷三："永橋南道東有白象、獅子二坊。白象者，永平二年乾陀羅國胡王所獻。"知白象其實乃乾陀羅王獻於嚈噠，復由嚈噠入貢者。時乾陀羅亦役屬嚈噠。］、永平四年（511年）九月甲寅、延昌元年（512年）十月、延昌二年（513年）八月庚戌（以上"世宗紀"）、熙平二年（517年）四月甲午、神龜元年（518年）二月戊申、神龜二年（519年）四月乙丑、正光五年（524年）閏二月癸巳和十二月壬辰（以上"肅宗紀"）、永安三年（530年）六月戊午（"孝莊紀"）、太昌元年（532年）六月丙寅和六月癸酉（以上"出帝紀"）各一次。又，《魏書·任城王傳》稱："西域嚈噠、波斯諸國各因公使，並遣澄駿馬一匹。澄請付太僕，以充國閑。"可窺嚈噠使者活動之一斑。

[404]《魏書·孝莊紀》載：永安三年（530年）六月戊午，"嚈噠國獻師子一"。據《洛陽伽藍記》卷三，"永橋南道東有白象、獅子二坊。……獅子者，波斯國胡王所獻也。爲逆賊万俟醜奴所獲，留於寇中，永安末，醜奴破滅，始達京師"。知獅子乃由波斯王獻於嚈噠，復由嚈噠入貢北魏。又，北魏亦曾遣使嚈噠。據《魏書·高湖傳》：延昌中，高徽"使於嚈噠，西域諸國莫不敬憚之，破洛侯、烏孫並因之以獻名馬"。（"破洛侯"應即本傳所載［破］洛那國。）

初，熙平中，肅宗遣王伏子統[405]宋雲、沙門法力等使西域，訪求佛經。時有沙門慧生者亦與俱行，正光中還。[406] 慧生所經諸國，不能知其本末及山川里數，蓋舉其略云。[407]

[405] "王伏子統"，應爲"主衣子統"之訛。《北史·西域傳》作"朦伏子統"亦誤。[105]

[406] 宋雲等西使事蹟，詳見《洛陽伽藍記》卷五。

[407] 嚈噠以下朱居、渴槃陁、鉢和、波知、賒彌、烏萇和乾陀七國傳記，所列諸國既與前文多有重複（朱居即悉居半、鉢和即伽倍、賒彌即折薛莫孫、乾陀即小月氏），是否《魏書》或魏收原文固然不無可疑。但是，如果考慮到宋雲、惠生等西使事蹟本應入載"西域傳"，錄入其"行紀"則不足爲怪；既欲寫其全程，則難免與前文重複（但也可能由於譯稱不同而誤一國爲二國）；至於列於嚈噠國傳之後，則可能是爲補嚈噠國傳之不足，蓋宋雲等所傳諸國當時多爲嚈噠屬國。

朱居國[408]，在于闐西。其人山居。有麥，多林果。咸事佛。語與于闐相類。役屬嚈噠。[409]

[408] 即本傳所見悉居半。

[409] 如果朱居以下是七篇獨立的傳記，則無法解釋爲何多與前文重複。如果魏收從宋雲記事中摘錄這幾國的材料，僅僅是爲了補充前文所傳，則完全可以把摘錄的部份合并到對應各國的傳記中去。如果他有意讓摘自宋雲、慧生記事的部份獨立出來，則理應將嚈噠與朱

居等七國依次臚列在一起。具體地說，應將嚈噠列在鉢和之後，波知之前，因爲嚈噠也是"慧生所經"諸國之一。[106] 然而據載：渴槃陁國"在朱駒波"西，鉢和國"在渴槃陁西"，波知國"在鉢和西南"，賒彌國"在波知之南"，烏萇國"在賒彌南"，乾陀國"在烏萇西"；環環相扣，絕無嚈噠國插足之餘地。由此可見，魏收心目中祇是要爲嚈達立傳，纔從宋雲記事中將有關嚈噠的部份提取出來，結合其他資料，編成我們今天所見的"嚈噠傳"。

渴槃陁國[410]，在葱嶺東，朱駒波西。河[411]經其國，東北流。有高山，夏積霜雪。亦事佛道。附於嚈噠。

[410] 渴槃陁國，一般認爲位於葉爾羌河上游 Sarikol 谿谷，王治當位於今 Tashkurghan。渴槃陁朝魏，據《魏書》"本紀"，太延三年（437年）三月癸巳、太延五年（439年）十一月（以上"世祖紀上"）、興安二年（453年）八月辛未、和平三年（462年）三月甲申（以上"高宗紀"）、景明三年（502年）[《魏書》原文作"是歲（景明三年即502年）……羅槃……訶槃陁……諸國並遣使朝貢"。"羅槃"應即同紀（正始四年即507年）所見呵羅槃；疑"呵羅槃"與下文"訶槃陁"均係《魏書‧西域傳》所載"渴槃陁"之異譯，《續高僧傳‧闍那崛多傳》稱渴槃陀爲"渴羅槃陁"[107]似可爲證。或者景明三年渴槃陁兩次朝魏，因翻譯不同，誤記爲二國。]、正始四年（507年）十月辛未、正始四年（507年）十一月己酉、延昌元年（512年）三月辛卯、延昌二年（513年）八月庚戌（以上"世宗紀"）[《魏書》原文作"槃

陁……諸國並遣使朝獻",　"槃陁" 應卽渴槃陁。] 各一次。

[411] 河，指葉爾羌河。

鉢和國[412]，在渴槃陁西。其土尤寒，人畜同居，穴地而處。又有大雪山[413]，望若銀峯。其人唯食餅麨，飲麥酒，服氈裘。有二道[414]，一道西行向嚈噠，一道西南趣烏萇[415]。亦爲嚈噠所統。

[412] 鉢和，卽本傳所見伽倍國。伽倍可能指 Wakhan 之東部，鉢和乃指 Wakhan 之全部。"鉢和" [puat-huai]，一般認爲係 Wakhan 之對譯。

[413] 大雪山，指興都庫什山。

[414] 自葉爾羌，經渴槃陁（塔什庫爾幹），出 Wakhan 谷地（鉢和），向西可往赴嚈噠（Balkh），向西南可達 Swat 河流域。

[415] "烏萇" [a-thiang]，一般認爲是 Uḍḍiyāna 之對譯。

波知國[416]，在鉢和西南。[417] 土狹人貧，依託山谷，其王不能總攝。有三池[418]，傳云大池有龍王，次者有龍婦，小者有龍子，行人經之，設祭乃得過，不祭多遇風雨之困。

[416] "波知" [puai-tie]，名義待考。

[417] 波知國的位置有數說，似應求諸 Zēbak 附近，蓋在 Wakhan 西南、Chitrāl 之北。[108]

[418]"三池",地望待考。

賒彌國[419],在波知之南。山居。不信佛法,專事諸神。亦附嚈噠。東有鉢盧勒國[420],路嶮,緣鐵鎖而度,下不見底。熙平中,宋雲等竟不能達。[421]

[419] 賒彌國,即本傳所見折薛莫孫國。"賒彌"[sjya-muat] 與 "雙靡" 爲同名異譯。

[420] 鉢盧勒國,應卽前文所見波路國。

[421]《洛陽伽藍記》引"宋雲行紀"載雲等於神龜二年"十一月中旬入賒彌國"。

烏萇國[422],在賒彌南。北有葱嶺,南至天竺。婆羅門胡[423]爲其上族。婆羅門多解天文吉凶之數,其王動則訪決焉。土多林果,引水灌田,豐稻麥。事佛,多諸寺塔,事極華麗。人有爭訴,服之以藥,曲者發狂,直者無恙。[424] 爲法不殺,犯死罪唯徙於靈山[425]。西南有檀特山[426],山上立寺,以驢數頭運食,山下無人控御,自知往來也。[427]

[422] 烏萇國,一般認爲位於以 Manglaor 爲中心的 Swat 河流域。烏萇國朝魏,據《魏書》"本紀",景明三年(502年)、永平三年(510年)九月壬寅、永平四年(511年)三月癸卯和十月丁丑("世宗紀")、神龜元年(518年)閏七月丁未、正光二年(521年)五月

乙酉（"肅宗紀"）各一次。

[423] 婆羅門胡，一說此婆羅門謂婆羅門教，奉梵王爲主，佛教徒視爲外道。[109] 但據同傳"事佛"的記載可知北魏時期的烏萇國主要是信佛的，這似乎表明婆羅門未必是婆羅門教徒。

[424] 服藥以斷曲直，即所謂"神判"，早就流行於南亞。《新唐書·西域傳上》載烏荼（即烏萇）國"國無殺刑，抵死者放之窮山。罪有疑，飲以藥，視溲清濁而決輕重"。《大唐西域記》卷二載印度刑法，有四條裁判對證法，其四曰："毒則以一殺羊，剖其右髀，隨被訟人所食之分，雜諸毒藥置右髀中，實則毒發而死，虛則毒歇而蘇。"[110]

[425] "靈山"，似應據《洛陽伽藍記》卷五改爲"空山"。[111]

[426] "檀特山"，《洛陽伽藍記》卷五作"善（持）[特]山"，應即《大唐西域記》卷二所見彈多落迦（Daṇḍaloka）山，位於 Shahbaz Garhi 東北的 Mekha-Sanda 山。

[427]《酉陽雜俎續集》八："西域厭達國有寺户，以數頭驢運糧上山，無人驅逐，自能往返，寅發午至，不差晷刻。"案：由此可以推知時烏萇國亦役屬厭達（即嚈噠）。

乾陀國[428]，在烏萇西，[429] 本名業波[430]，爲嚈噠所破，因改爲。其王本是敕勒[431]，臨國已二世矣。[432] 好征戰，與罽賓鬬，三年不罷，人怨苦之。[433] 有鬬象七百頭，十人乘一象，皆執兵仗，象鼻縛刀以戰。所都城東南七里有佛塔，高七十丈，周三百步，即所謂"雀離佛圖"也。[434]

[428]"乾陀"[kan(gian)-dai]，一般認爲 Gandhāra 之對譯。同傳另處作"乾陁羅"。據《魏書·世宗紀》，正始四年（507年）十二月丁丑、永平四年（511年）三月癸卯、六月乙亥和十月丁丑均有乾達國遣使朝獻。"乾達"或與本傳所載"乾陀"爲同名異譯。

[429] 乾陀國位於今日以白沙瓦爲中心的喀布爾河中下游地區，與同傳所載小月氏國中心地區相同。

[430]"業波"[ngiap-puai]，似乎可以視爲 Zabul 之對音。蓋乾陀羅在漢代被稱爲罽賓，宋雲時代 Zābul 地區也被稱爲罽賓，因而有乾陀本名業波羅之誤會。

[431]"敕勒"，應據《洛陽伽藍記》卷五改正爲"勅懃"。"勅懃"即"特勤"，嚈噠官稱號。

[432]"臨國已二世"，據《洛陽伽藍記》卷五，可知君臨乾陀之嚈噠王已經是第三代了。若一世以三十年計，嚈噠入侵西北次大陸的年代應爲 450—460 年。

[433]"與罽賓鬭"者，應是嚈噠王摩醯邏矩羅（Mihirakula）。[112]

[434]"雀離（Sula）佛圖"，應即小月氏國的"百丈佛圖"，兩者形制大致仿佛。[113]

■ 注釋

1 參看余太山《嚈噠史研究》，齊魯書社，1986 年，pp. 163-192。
2 白鳥庫吉"西域史上の新研究·大月氏考"，《白鳥庫吉全集·西域史研究（上）》

(卷六),東京:岩波,1970年,pp. 97-227,esp. 133。

3 參看唐長孺"高昌郡紀年",武漢大學歷史系魏晉南北朝隋唐史研究室編《魏晉南北朝隋唐史資料》第3期,1981年,pp. 22-38;注1所引余太山書,pp. 217-244。

4 參看注1所引余太山書,pp. 193-216。

5《魏書·高湖傳》載,高昑曾"與叔徽俱使西域"。

6 見馬雍"巴基斯坦北部所見'大魏'使者的巖刻題記",《西域史地文物叢考》,文物出版社,1990年,pp. 129-137。

7 參看注3所引唐長孺文,pp. 22-38。

8 注1所引余太山書,pp. 217-244。

9 參見白鳥庫吉"大秦傳より見たる西域の地理",《白鳥庫吉全集·西域史研究(下)》,東京:岩波,1971年,pp. 303-402,esp. 369-370。

10 參見榎一雄"魏書粟特國傳と匈奴·フン同族問題",《東洋學報》37~4(1955年),pp. 1-48,以及注1所引余太山書,pp. 217-244。

11 參看余太山《兩漢魏晉南北朝與西域關係史研究》,中國社會科學出版社,1995年,pp. 142-150。

12 參看中華書局標點本《魏書·西域傳》校勘記。

13 趙超《漢魏南北朝墓誌彙編》,天津古籍出版社,1992年,p. 66。

14 注2所引白鳥庫吉文,esp. 194-195。

15 關於于闐玉,見章鴻釗《石雅·寶石說》,上海古籍出版社,1993年,pp. 120-125。

16《資治通鑒·宋紀一四》繋素目伽上表事於明帝泰始六年(北魏顯祖皇興四年)。

17 參看注 1 所引余太山書，pp. 193-216。

18 見注 13 所引趙超書，p. 180。"仙姬"，墓誌稱："西城宇闐國主女也。""西城"，乃"西域"之訛；"宇闐"，無疑即于闐。

19 內田吟風"魏書西域傳原文考釋（上）"，《東洋史研究》29～1（1970 年），pp. 83-106, esp. 102。

20 內田吟風"《魏書》卷一百二西域傳譯注稿"，內田吟風編《中國正史西域傳の譯注》，京都：河北印刷株式會社，1980 年，pp. 1-34。

21 E. Chavannes, "Voyage de Song Yun." *Bulletin de l'Ecole Française d'Extrême-Orient* III (1903), pp. 379-441; A. Stein, *Ancient Khotan, Detailed Report of Archaeological Explorations in Chinese Turkestan*, vol. I. Oxford, 1907, pp. 91-92.

22 本傳稱"太延初"，不確，應爲"太延末"。

23 以上二則均作"朱居槃"，"朱居槃"即悉居半。

24 此則作"末久半"，"末"當是"悉"或"朱"之訛。

25 參看余太山《塞種史研究》，中國社會科學出版社，1992 年，pp. 210-215。

26 傅恒等《欽定皇輿西域圖志》卷一八。

27 據《宋書·大且渠蒙遜傳》，唐契被殺時，其"部曲奔無諱"，或者便是這裏提到的李欽等人。參看注 3 所引唐長孺文。

28 《魏書·唐和傳》："時沮渠安周屯橫截城，和攻拔之，斬安周兄子樹，又克高寧、白力二城，斬其戍主。遣使表狀，世祖嘉其誠款，屢賜和。和後與前部王車伊洛擊破安周，斬首三百。"橫截、高寧、白力三者，均沮渠氏盤踞的高昌城邑。傳文所謂"伊洛又率部衆二千餘人伐高昌"，與"唐和傳"所載"和後與前部王車伊洛擊破安周，斬首三百"，應指同一次戰役；

此役的戰果是"斬首三百";"虜獲男女二百人"云云則似乎是"討破焉耆東關七城"的戰果,不能混為一談。

29 "葬禮依盧魯元故事",這說明魏廷確視伊洛為魏臣。盧魯元事蹟見《魏書》卷三四。

30 參看注3所引唐長孺文。

31 參看注3所引唐長孺文。

32 參看注3所引唐長孺文。

33 黃文弼"焉耆博斯騰湖周圍三個古國考",《黃文弼歷史考古論集》,文物出版社,1989年,pp. 216-221。

34 參看謝弗《唐代外來文明》,吳玉貴漢譯本,中國社會科學出版社,1995年,p. 475,注15所引章鴻釗書,pp. 228-231,以及松田壽男《古代天山の歷史地理學的研究》,東京:早稻田大學出版社,1970,pp. 399-413;張承志"王延德西行記與天山磠砂",《文史》第20輯(1983年),pp. 89-96。

35 鄧紹輝"近代新疆石油工業述略",《新疆經濟開發史研究》(下冊),新疆人民出版社,1995年,pp. 208-220。

36 《魏書·世宗紀》:永平四年十二月戊子,"婆來伽國遣使朝獻"。"婆來伽"可能與《大唐西域記》卷一所載"跋祿迦"為同名異譯。果然,此則得視為姑墨朝魏之記錄。

37 同注4。

38 參見注1所引余太山書,pp. 217-244。

39 注34所引松田壽男書,pp. 188-189,以為本傳之所以提到根本不見前史的"西走康居",可能是因為當時有人傳聞原康居之地有Huns活動而聯想所及。案:這也不失為一種解釋。但客觀上可能存在於康居之地的Huns未必是西遷的北匈奴。詳見注 25 所引余太山書，pp. 242-271。

40 詳見注 25 所引余太山書，pp. 242-271。

41 參見內田吟風"魏書西域傳原文考釋（中）"，《東洋史研究》30 ～ 2（1971 年），pp. 82-101。

42 參看伊瀨仙太郎《中國西域經營史研究》，東京：岩南堂，1968 年，p. 122。

43《大正新脩大藏經》T53, No. 2122, p. 749。

44 同注 43。

45 同注 1。

46 白鳥庫吉"粟特國考"，注 9 所引書，pp. 43-123，esp. 101-102。

47 注 20 所引內田吟風書，pp. 1-34。

48 同注 46。

49 注 41 所引內田吟風文。

50 馬小鶴"米國鉢息德城考"，《中亞學刊》第 2 輯，中華書局，1987 年，pp. 65-75。

51 詳見注 50 所引馬小鶴文。另請參看許序雅《唐代絲綢之路與中亞歷史地理研究》，西北大學出版社，2000 年，pp. 112-115。

52 注 46 所引白鳥庫吉文，esp. 77；以及注 41 所引內田吟風文。

53 詳見注 1 所引余太山書，pp. 44-65。

54 同注 53。

55 宋峴"弗栗恃薩儻那、蘇剌薩儻那考辨"，《亞洲文明》第 3 集，安徽教育出版社，1995 年，pp. 193-201。

56 注 41 所引內田吟風文。

57 白鳥庫吉"拂菻問題の新解釋"，注 9 所引書，pp. 403-596，esp. 433-438。

58 同注 57。

59 注 25 所引余太山書，pp.187-191。

60 注 57 所引見白鳥庫吉文，esp. 441-442。

61 同注 57。

62 注 46 所引白鳥庫吉文，esp. 80。

63 參看注 46 所引白鳥庫吉文，esp. 98。

64 參看余太山"嚈噠史若干問題的再研究"，《中國社會科學院歷史研究所學刊》第 1 集，北京：社會科學文獻出版社，2001 年，pp. 180-210。

65 堀謙德《解說西域記》，國書刊行會，1972 年，p. 70；水谷真成《大唐西域記》，《中國古典文學大系》22，平凡社，1971 年，pp. 30-31。

66 內田吟風"魏書西域傳原文考釋（下）"，《東洋史研究》31～3（1972 年），pp. 58-72。

67 張星烺《中西交通資料彙編》第 4 冊，中華書局，1978 年，pp. 61-62。

68 注 66 所引內田吟風文。

69 J. Marquart, *Ērānšahr*. Berlin: 1901, pp. 223-225，242-243。

70 注 2 所引白鳥庫吉文，esp. 107；注 69 所引 J. Marquart 書，pp. 225, 243-444。

71 參見注 2 所引白鳥庫吉文，esp. 106-112；注 69 所引 J. Marquart 書，pp. 225, 243-244。

72 參見注 2 所引白鳥庫吉文，esp. 113-115；注 69 所引 J. Marquart 書，pp. 245-246。

73 參見注 2 所引白鳥庫吉文，esp. 115-118；注 69 所引 J. Marquart 書，p. 279。

74 參見注 2 所引白鳥庫吉文，esp. 119-120；注 69 所引 J. Marquart 書，pp. 246-248。

75 注1所引余太山書，pp. 70-74。

76 關於 Kidāra 的錢幣見 M. F. C. Martin, "Coins of Kidāra and the Little Kuṣāṇa." *Journal of the Royal Asiatic Society of Bengal, Letters*, vol. 3, 1937, No.2 = *Numismatic Supplement*, No. XLVII, pp. 23-50。

77 大月氏國無疑包括在董、高西使歸國後所作報告之中。不僅在敘述當時通西域的"四道"時涉及大月氏，而且計算大月氏國王治去代距離的方法也和董、高報告中提到的其他西域國家一樣。參看注34所引松田壽男書，pp. 173-186；榎一雄"キダーラ王朝の年代について"，《東洋學報》41～3 (1958年)，pp. 1-52。

78 白鳥庫吉"大秦の木難珠と印度の如意珠"，注9所引書，pp. 597-641, esp. 605-607。

79 白鳥庫吉"西域史上の新研究・康居考"，注2所引書，pp. 58-96, esp. 95-96。

80 注9所引白鳥庫吉文，esp. 370。

81 注66所引內田吟風文。

82 注25所引余太山書，pp. 182-209。

83 《魏書・西域傳》稱大秦國"人務蠶田"，注66所引內田吟風文以爲指 Procopius, Theophanes 等所載東羅馬帝國的養蠶業。案：《魏略・西戎傳》已載大秦國"桑蠶"。又，注20所引內田吟風書以爲安都應指君士坦丁堡，亦未安。

84 白鳥庫吉"大秦傳に現はれたる支那思想"，注9所引書，pp. 237-301, esp. 270-310；注57所引白鳥庫吉文，esp. 405-416。

85 參看注84所引白鳥庫吉文，esp. 279-281。

86 參看注 84 所引白鳥庫吉文，esp. 243-247。

87 勞費爾《中國伊朗編》，林筠因漢譯，商務印書館，1964 年，pp. 113-122。

88 D. D. Leslie, and K. H. J. Gardiner, *The Roman Empire in Chinese Sources*. Roma, 1996, p. 202.

89 白鳥庫吉"罽賓國考"，注 2 所引書，pp. 295-359，esp. 306。

90 注 1 所引余太山書，pp. 66-75。

91 注 1 所引余太山書，pp. 85-87。

92 詳見注 1 所引余太山書，pp. 66-74。

93 注 77 所引榎一雄文。

94 注 89 所引白鳥庫吉文，esp.315-317；注 66 所引內田吟風文。

95 J. Marquart, *Wehrot und Arang*. Leiden, 1938, pp. 35-38；內田吟風"吐火羅（Tukhāra）國史考"，《東方學會創立 25 周年記念東方學論集》，東京：東方學會，1972 年，pp. 91-110。

96 注 46 所引白鳥庫吉文，esp. 90-91。

97 注 95 所引 J. Marquart 書，p. 37。

98 同注 96。

99 注 66 所引內田吟風文。注 46 所引白鳥庫吉文，esp. 91，以爲奇沙卽《隋書·西域傳》所見"史國"（Kešš），疑非是。

100《史記正義》（卷一二三）引萬震《南州志》云："海中斯調洲上有木，冬月往剝取其皮，績以爲布，極細，手巾齊數匹，與麻焦布無異，色小青黑。若垢汙欲浣之，則入火中，便更精潔，世謂之火浣布。"又引《括地志》云："火山國在扶風南東大湖海中。其國中山皆火，然火中有白鼠皮及樹皮，績爲火浣布。"

101 羽田亨"景教經典序聽迷詩所經に就いて",《內藤博士還曆祝賀支那學論叢》,京都:弘文堂,1926年,pp. 117-148。

102 關於嚈噠的名稱,參看注64所引余太山文。

103 參看注1所引余太山書,pp. 8-43。

104 注64所引余太山文。

105 注66所引內田吟風文。

106 船木勝馬"魏書西域傳考——成立と補綴と復原——",《東洋史學》2(1951年),pp. 56-74;"魏書西域傳の復原——魏書西域傳考(二)——",《東洋史學》5(1952年),pp. 1-18,以爲《魏書·西域傳》寫成後,曾有過三次追錄:第一次追錄阿鈎羌至罽賓四國,第二次追錄吐呼羅至拔豆六國,第三次追錄嚈噠以下八國。前二次追錄係魏收所爲,最後一次乃魏收身後他人所爲。案:這一推測旨在彌補關於《魏書·西域傳》諸國乃按董、高所傳"四域"排列之說,頗有未安之處。一則,前二次追錄諸國理應按"四域"次序一一插入。二則,第三次追錄諸國不該多同前文重複。三則,魏收生前讀到宋雲、慧生記事的可能性無法排除。

107 《大正新脩大藏經》T50, No. 2060, p. 435。

108 注69所引J. Marquart書,p. 245,以爲介乎Zēbāk與Čitral之間的山地。另請參看沙畹"宋雲行紀箋注",馮承鈞漢譯,《西域南海史地考證譯叢六編》,商務印書館,1962年,pp. 1-68(收入《西域南海史地考證譯叢》第2卷,商務印書館,1995年);A. Stein, *Ancient Khotan*. Oxford, 1907, p. 14;桑山正進《カーピシー=ガンダーラ史研究》,京都大學人文科學研究所,1990年,pp. 101-103。

109 范祥雍《洛陽伽藍記校注》,上海古籍出版社,1978年,p. 286。

110 參看季羨林等《大唐西域記校注》，1985年，中華書局，p. 205。關於印度的神判法，見《摩奴法論》，蔣忠新漢譯，中國社會科學出版社，1986，pp. 147-148（No. 109-116）。

111《洛陽伽藍記》卷五作："假有死罪，不立殺刑，唯徙空山，任其飲啄。事涉疑似，以藥服之，清濁則驗。隨事輕重，當時即決。"

112 參看注 1 所引余太山書，pp. 85-102。

113 關於乾陀羅佛教，可參看注 109 所引范祥雍書，pp. 317-340。另可參看羽溪了諦《西域之佛教》，賀昌羣漢譯，商務印書舘，1956年，pp. 357-370。

九 《周書·異域傳下》要注

……[1]

[1]《周書》入西域諸國於"異域傳下"。傳首突厥、吐谷渾不屬西域，傳末"史臣曰"意在北狄，均不錄注。

高昌[2]者，車師前王之故地，東去長安四千九百里[3]，漢西域長史及戊己校尉並治於此。[4] 晉以其地爲高昌郡。[5] 張軌[6]、呂光[7]、沮渠蒙遜[8]據河西，皆置太守以統之。[9] 其後有闞爽及沮渠無諱並自署爲太守。[10] 無諱死，茹茹[11]殺其弟安周，以闞伯周爲高昌王，高昌之稱王，自此始也。[12] 伯周之從子首歸，爲高車所滅。[13] 次有張孟明、馬儒相繼王之，並爲國人所害。乃更推立麴嘉爲王。[14] 嘉字靈鳳，金城榆中[15]人，本爲儒右長史。魏太和末立。[16] 嘉死，子堅立。[17]

[2]高昌，其前身當即《漢書·西域傳》所見車師前國"高昌壁"。

[3] "四千九百里"（里數1）：表示自高昌赴長安的行程；亦卽高昌去敦煌1300里（《隋書·西域傳》：高昌"去敦煌十三日行"。）與敦煌去長安3600里之和。

[4] 漢西域長史及戊己校尉：戊己校尉，漢元帝初元元年（前48年）所置，駐地爲車師前王庭卽交河城。最晚至平帝卽位，戊己校尉的治所從交河壁遷至高昌壁。東漢初置則爲戊、己二校尉。蓋《後漢書·耿恭傳》稱："以恭爲戊己校尉，屯後王部金蒲城；謁者關寵爲戊己校尉，屯前王柳中城。"兩"戊己校尉"，其實是戊校尉和己校尉，戊校尉在金蒲城，己校尉在柳中城。永元三年（91年），東漢似乎不再設戊、己二校尉，而恢復了西漢舊制，校尉駐地高昌壁也和西漢後期相同。安帝罷都護時，戊己校尉當亦廢置，何時恢復，不能確知，但應在延光二年（123年）之後。是年，東漢以班勇爲西域長史，出屯柳中，重開西域經營。此後，戊己校尉的駐地很可能還在高昌壁。又，東漢始以西域長史理西域事情，長史駐地不一，班超、徐幹駐疏勒，索班駐伊吾，班勇駐柳中，趙評、王敬駐于闐；餘不詳，但似乎均不在高昌。¹

[5] 西晉和曹魏一樣，也在西域置有稟命於涼州刺史的戊己校尉。校尉治所也在高昌，但並未"以其地爲高昌郡"。

[6] 張軌（255—314年），前涼事實上的創始人。《晉書》卷八六有傳。此處所謂"張軌"乃指前涼政權。繼西晉之後，與西域諸國發生關係的是前涼卽河西張氏政權。一般認爲，該政權自張軌（301—314年在位）始，經張寔（314—320年在位）、張茂（320—324年在位），至張駿（324—346年在位）和張重華（346—353年在位）在位

時臻於極盛,與西域諸國的關係也最爲密切。

[7] 呂光(338—399年),後涼創始人,《晉書》卷一二二有傳。

[8] 沮渠蒙遜(368—433年),北涼創始人,《晉書》卷一二九有傳。

[9] 張涼政權置高昌太守在擒獲西晉所置戊己校尉趙貞之後。據《初學記·州郡部·隴右道》引《地輿志》曰:"晉咸和二年置高昌郡,立田地縣。"也就是說,張駿擒趙貞,置高昌郡在咸和二年年底以前。[2] 呂涼政權時期的高昌太守是楊翰,原來是苻秦的高昌太守。據《晉書·呂光載記》,呂光平定龜茲還軍,"苻堅高昌太守楊翰說其涼州刺史梁熙距守高梧、伊吾二關,熙不從。光至高昌,翰以郡迎降"。北涼草創,勢力已達高昌。嗣後,由於李暠崛起,高昌與北涼關係中斷。李涼亡後,沮渠氏立即控制了高昌。據《晉書·沮渠蒙遜載記》,沮渠氏第一任高昌太守爲隗仁。義熙十一年(415年),湟河司馬隗仁爲"[乞伏]熾磐所擒","在熾磐所五年",始得還姑臧;"及至,蒙遜執其手曰:卿,孤之蘇武也!以爲高昌太守"。

[10]《魏書·高昌傳》:"世祖(424—451年)時,有闞爽者,自爲高昌太守。"闞氏爲高昌大姓,闞爽自稱太守,當在沮渠蒙遜死(433年)後,卽北涼永和二年(434年)、三年。《梁書·高昌傳》:"高昌國,闞氏爲主,其後河西王沮渠茂虔弟無諱襲破之,其王闞爽奔于芮芮。"沮渠無諱襲高昌《資治通鑒·宋紀六》繫於宋元嘉十九年(442年)九月。其事亦見《魏書·沮渠牧犍傳》和《宋書·氐胡傳》。

[11] 茹茹,又作柔然、芮芮、蠕蠕等,是繼匈奴、鮮卑之後,在塞北興起的又一個強大的遊牧政權。自公元402年其首領社崙自建可

汗尊號起,直至555年被突厥破滅,茹茹支配塞北達一個半世紀。在此期間,除不斷南侵中原外,茹茹還向西域擴張,以爭奪商道霸權、壟斷中繼貿易,滿足其遊牧經濟發展的需要。

[12] 據《魏書·高昌傳》,無諱死,弟安周代立。和平元年(460年)爲茹茹所并,茹茹以闞伯周爲高昌王。案:伯周應是闞爽族人。茹茹滅安周,說明它再次通過闞氏控制了高昌。

[13] 據《魏書·高昌傳》,闞伯周死於太和初,子義成立,歲餘,爲其兄首歸所殺,首歸自立爲高昌王。太和十五年(491年),高車王可至羅殺首歸,以敦煌人張孟明爲王。

[14] 太和二十年(496年)³,張孟明爲高昌國人所殺,馬儒代立爲王,以鞏顧禮、麴嘉爲左右長史。馬儒於太和二十一年(497年),遣司馬王體玄奉表朝魏,請師迎接,求舉國內徙。高昌舊人情戀本土,不願東遷,相與殺儒而立麴嘉爲王。事見《魏書·高昌傳》。

[15] 金城郡榆中:金城,郡名,北魏時治榆中(今甘肅榆中附近)。

[16] 麴嘉在位時間,一般認爲在501—524年。⁴ 麴嘉在位時,頒行承平、義熙年號。

[17] "嘉死,子堅立":麴嘉死後,子麴光繼位,見《魏書·孝莊紀》。麴堅之立,在麴光之後,一般認爲在531年。

其地東西三百里[18],南北五百里。國內總有城一十六[19]。官有令尹一人,比中夏相國;次有公二人,皆其王子也,一爲交河公,一爲田地公;次有左右衛;次有八長史,曰吏部、祠部、庫部、倉部、主客、禮部、民部、兵部等長史也；次有建武、威遠、陵江、殿中、伏波等將軍；次有八司馬，長史之副也；次有侍郎、校（書）郎、主簿、從事，階位相次，分掌諸事；次有省事，專掌導引。其大事決之於王，小事則世子及二公隨狀斷決。[20] 平章錄記，事訖即除，籍書之外，無久掌文案。[21] 官人雖有列位，並無曹府，唯每旦集於牙門評議衆事。諸城各有戶曹、水曹、田曹。每城遣司馬、侍郎相監檢校，名爲城令。[22] 服飾，丈夫從胡法[23]，婦人略同華夏。兵器有弓箭刀楯甲矟。文字亦同華夏，兼用胡書。[24] 有《毛詩》、《論語》、《孝經》，[25] 置學官子弟，以相教授。[26] 雖習讀之，而皆爲胡語。[27] 賦稅則計田輸銀錢，[28] 無者輸麻布。[29] 其刑法、風俗、婚姻、喪葬，與華夏小異而大同。[30] 地多石磧，氣候溫暖，穀麥再熟[31]，宜蠶，多五果。有草曰羊刺[32]，其上生蜜焉。

[18] "東西三百里"，《北史·西域傳》作"二百里"。

[19] "有城一十六"，《北史·西域傳》本《魏書·高昌傳》作"國有八城"，《隋書·西域傳》作"有城十八"，蓋郡縣數不斷增長。

[20] 官制：詳"《梁書·西北諸戎傳》要注"。

[21] "平章錄記"云云，從吐魯番出土文書看，有關記載不確。高昌文書類別、公文用語、程式等均因襲內地制度，官府文書用"記識奏諾奉行"的公文用語，即記錄入案、請求批准、奉行之意。[5] 上奏王的文書稱"奏"，王則用"諾"，綜合了王、太子兩種公文形式，體現了麴氏政權的特徵。麴氏王國末期（624—640年）上奏官員姓名

前加"臣"字,並加蓋"奏聞奉信"的官印,反映了麴文泰當政時王權的強化。[6]

[22] 高昌縣、城長官爲縣令或城太守(晚期稱城主),下設常侍、縣司馬、兵曹及田曹錄事、客曹及田曹參軍、田曹及兵曹主簿、省事等官員。[7]

[23] "胡法",似乎是受到北方遊牧民族的影響。

[24] "兼用胡書",從出土文書等可以窺見高昌人除使用漢字外,尚有粟特文、突厥文等。

[25] "有《毛詩》"云云:今吐魯番出土文書中高昌時期經部典籍有《毛詩·關雎序》(阿斯塔那59號墓葬出土)、《毛詩鄭箋》(阿斯塔那524號墓葬出土)、《毛詩·簡兮》(雅爾和圖故城出土)[8]、《詩經·小雅》(Ch. 2254)、《論語》、古寫本《孝經》(阿斯塔那169號墓葬出土)、義熙元年抄本《孝經解》(阿斯塔那313號墓葬出土)等。《孝經》、《論語》爲漢以來學童開蒙讀本,魏晉後仍是當時幼童啟蒙習誦之典,[9]高昌出土多件《孝經》、《論語》殘卷,表明其文化教育與中原同步。

[26] "置學官子弟"云云,出土文書的研究表明,高昌設有官學,有學舍、學官、生徒。阿斯塔那59號墓出土"西涼嘉興四年(420年)殘文書"載及"博士頡",是其一例。[10]

[27] "雖習讀之,而皆爲胡語":吐魯番所出《詩經》、《孝經》及《論語》等,均爲漢語。傳文載以胡語習讀漢文典籍,恐係訛傳。[11]《梁書·西北諸戎傳》載高昌國"國人言語與中國略同",與本傳所載有異,或者較近實際。

九　《周書·異域傳下》要注 | 509

[28] 賦稅：計田輸銀錢，吐魯番出土文書可以證實。"高昌將顯守等田畝得銀錢帳"（阿斯塔那 78 號墓出土）[12] 具體系統地記錄了"計田輸銀"的實施情況。麴氏高昌時期的"計田"，沿襲了北涼的計貲制度，主要以土地肥瘠不同類型而不是單純以面積大小來計算，田租分成俗租、僧租兩種類型，乃地方特色。[13]

[29] "輸麻布"，出土文書尚未發現其例，僅見以麥、粟代銀錢者，疑本傳不確。

[30] "其刑法"云云，按之吐魯番出土文書，麴氏高昌對貪污受賄、偷盜、窩贓等徵收罰金（卽贓錢）。[14] 從吐魯番出土契約及官府文案中，則可見該政權處理民政事務等依據的法律及量刑定罪原則及其與中原法律的承襲關係。其衣、食、住、行、宗教信仰、節慶等雖襲自中原，但因先後臣服于高車、柔然、突厥，居民成份複雜，"胡化"甚爲明顯。其婚姻形式爲一夫一妻、一夫多妻制，家庭穩定，講求禮聘；土葬，墓制由豎穴土坑漸變爲洞穴墓，居喪守禮，有服制，均同中原。

[31] "穀麥再熟"，《北史·西域傳》作"穀麥一歲再熟"。

[32] 羊刺，一說是駱駝刺一類的植物。[15]

　　自嘉以來，世修蕃職於魏。[33] 大統十四年，詔以其世子玄喜爲王。[34] 恭帝二年，又以其田地公茂[35]嗣位。武成元年，其王遣使獻方物。[36] 保定初，又遣使來貢。[37]

[33] 高昌朝魏，據《魏書》"本紀"和"高昌傳"，麴嘉以來，有

永平元年（508年）、永平二年（509年）正月乙未、六月和八月戊申、永平三年（510年）二月丙午、延昌元年（512年）十月、延昌二年（513年）三月丙寅（以上"世宗紀"）、延昌四年（515年）九月庚申、熙平元年（516年）四月戊戌和七月乙酉、神龜元年（518年）五月和是年冬、正光二年（521年）六月己巳和十一月乙未（以上"肅宗紀"和"高昌傳"）。

[34] 玄喜爲堅世子，大統十四年（548年）即位，由西魏封王，年號永平。

[35] "田地公茂"，即吐魯番出土"寧朔將軍麴斌造寺碑"[16]所見"寶茂"，555—560年在位，年號建昌。

[36]《周書·明帝紀》：武成元年（559年）閏五月庚申，"高昌遣使獻方物"。

[37]《周書·武帝紀上》：保定元年（561年），正月癸酉，"高昌並遣使獻方物"。

自燉煌向其國，多沙磧，道里不可准記，唯以人畜骸骨及駝馬糞爲驗，又有魑魅怪異。[38]故商旅來往，多取伊吾路[39]云。

[38] "自燉煌向其國"以下：敦煌向高昌的沙磧路，應即《西州圖經殘卷》所載"大海道"："出柳中縣界，東南向沙州一千三百六十里，常流沙，人行迷誤。有泉井，鹹苦。無草。行旅負水擔糧，履踐沙石，往來困弊。"[17]

[39] 伊吾路，自敦煌經伊吾往赴高昌之路。[18]

鄯善[40]，古樓蘭國也。[41]東去長安五千里[42]，所治城[43]方一里。地多沙鹵，少水草，北卽白龍堆[44]路。[45]魏太武時，爲沮渠安周所攻，其王西奔且末。西北有流沙數百里，夏日有熱風，爲行旅之患。風之欲至，唯老駝知之，卽鳴而聚立，埋其口鼻於沙中，人每以爲候，亦卽將氈擁蔽鼻口。其風迅駛，斯須過盡，若不防者，必至危斃。[46]

[40] 鄯善，西域南道綠洲國，首見《漢書·西域傳》。

[41] "古樓蘭國也"，鄯善前身是樓蘭。據《漢書·西域傳上》，昭帝元鳳四年（前77年），漢遣平樂監傅介子往刺其王，更立親漢的尉屠耆爲王，更名其國爲"鄯善"。

[42] "五千里"（里數2）：表示自鄯善國王治經敦煌赴長安的行程；亦卽鄯善國王治去敦煌1500里，與敦煌去長安3600里之和。"五千里"應爲"五千一百里"之略。案：據《法顯傳》，敦煌至鄯善"可千五百里"，可知傳文所載1500里其實是扞泥城去陽關的距離，蓋據《漢書·西域傳》扞泥城至陽關1600里。[19]

[43] "所治城"，指鄯善國王治。按之傳文所載該城去長安里程，不妨認爲本傳所載鄯善國王治位置與《漢書·西域傳》相同。

[44] 白龍堆指今羅布泊東北雅丹羣。

[45] "地多沙鹵"以下一十三字，乃據《漢書·西域傳》有關記載改寫者。本傳序語稱："其四夷來朝聘者，今竝紀之於後。至於道路遠近，物產風俗。詳諸前史，或有不同。斯皆錄其當時所記，以備遺闕云爾。"知該傳所傳西域諸國均係來朝北周者。而瀏覽全傳，不難

發現，所傳諸事未必前史所無，確切些說，多有採自前史者，特別在"當時所記"甚少、以致不能敷衍成篇之際。

[46]"西北有流沙數百里"至"必至危斃"一段，應該是描述吐谷渾西北的形勢，傳文編者誤採入此處"鄯善傳"者。案：《隋書·西域傳》稱：吐谷渾"地兼鄯善、且末。西北有流沙數百里，夏有熱風，傷斃行旅。風之將至，老駝預知之，則引項而鳴，聚立，以口鼻埋沙中。人見則知之，以氈擁蔽口鼻而避其患"。由此可見本傳依據的原始資料有與《隋書·西域傳》相同者。

大統八年，其王兄鄯米率衆內附。[47]

[47] 此則不見《周書》"本紀"。又，"鄯米"，《北史·西域傳》作"鄯善米"。

焉耆國[48]，在白山[49]之南七十里[50]，東去長安五千八百里[51]。其王姓龍[52]，卽前涼張軌所討龍熙之胤。[53]所治城[54]方二里，部內凡有九城。[55]國小民貧，無綱紀法令。兵有弓刀甲矟。婚姻畧同華夏。死亡者皆焚而後葬，[56]其服制滿七日則除之。丈夫竝剪髮以爲首飾。文字與婆羅門同。[57]俗事天神[58]，竝崇信佛法。尤重二月八日、四月八日，是日也，其國咸依釋教，齋戒行道焉。[59]氣候寒，土田良沃，穀有稻粟菽麥，畜有駝馬牛羊。養蠶不以爲絲，唯充綿纊。俗尚蒲桃酒，兼愛音樂。南去海[60]十餘里，有魚鹽蒲葦[61]之饒。

[48] 焉耆，西域北道綠洲國，首見《漢書·西域傳》。

[49] "白山"，指天山。

[50] "七十里"（里數3.1）：自焉耆國王治北赴白山的行程。

[51] "五千八百里"（里數3.2）：自焉耆國王治經敦煌赴長安的行程；亦即焉耆國王治去敦煌2200里（見《隋書·西域傳》），與敦煌去長安3600里之和。

[52] 龍，焉耆大姓。[20]

[53] "前涼張軌所討龍熙之胤"："張軌"，此處指代前涼張氏政權，其時在位者已是張駿。討龍熙事詳見《晉書·西戎傳》，時在永和元年（345年）。

[54] "所治城"，指焉耆國王治，無妨認爲本傳所載鄯善國王治位置與《漢書·西域傳》相同。

[55] 部內凡有九城：很可能包括被役屬的近鄰小國，如危須、尉犂等。

[56] "焚而後葬"，很可能是受佛教影響。

[57] "文字與婆羅門同"，一說這是焉耆使用梵文的證明。[21]

[58] "俗事天神"：同傳既稱祆教之神爲"火祆神"，則此處"天神"可能是天體自然崇拜或道教的天帝神，目前尚難定論。

[59] 《荊楚歲時記》載："二月八日，釋氏下生之日，迦文成道之時，信捨之家建八關齋戒，車輪、寶蓋、七變八會之燈。平旦，執香花繞城一匝，謂之行城。"又載："四月八日，諸寺設齋，以五色香水浴佛，共作龍華會。"兩者均佛教節日。《俱舍論疏》卷一："略有二理，一以立正異故，婆羅門國以建子立正，此方先時以建寅立正。建

子四月，卽建寅二月，故存梵本者而言四月，依此方者，卽云二月，根本一也。"[22]

[60] 海，指博斯騰湖。

[61] 蒲葦，蘆葦之屬。

保定四年，其王遣使獻名馬。[62]

[62]《周書·武帝紀上》：保定四年（564年）七月戊寅，"焉耆遣使獻名馬"。

龜茲國[63]，在白山之南一百七十里[64]，東去長安六千七百里[65]。其王姓白[66]，卽後涼呂光所立白震之後。[67] 所治城[68]方五六里。其刑法，殺人者死，刼賊則斷其一臂，並刖一足。賦稅，准地徵租，無田者則稅銀錢。婚姻、喪葬、風俗、物產與焉支[69]畧同，唯氣候少溫爲異。又出細氈、麖[70]皮、氍毹[71]、鐃沙[72]、鹽綠[73]、雌黃[74]、胡粉[75]及良馬、封牛[76]等。東有輪臺[77]，卽漢貳師將軍李廣利所屠。[78] 其南三百里有大水東流，號計戍[79]水，卽黃河也。

[63] 龜茲國，西域北道綠洲國，首見《漢書·西域傳》。

[64] "一百七十里"（里數4.1）：自龜茲國王治北赴白山的行程。

[65] "六千七百里"（里數4.2）：自龜茲國王治經焉耆國王治赴長安的行程；亦卽龜茲國王治去焉耆國王治900里（據《隋書·西

域傳》），與焉耆國王治去長安 5800 里之和。又，龜茲國王治去敦煌 3100 里（據《隋書・西域傳》），與敦煌去長安 3600 里之和亦爲 6700 里。

[66] 白，又作"帛"，龜茲大姓。[23]

[67] "後涼呂光所立白震之後"：呂光伐龜茲，逐走其王帛純，立其弟震爲王。時在太元九年（384 年）七月。事見《晉書・呂光載記》。

[68] "所治城"，指龜茲國王治。既然沒有理由否定本傳所描述的焉耆國王治位置與《漢書・西域傳》所述相同，則本傳所載龜茲國王治位置也應與《漢書・西域傳》所載相同。

[69] "焉支"，應卽"焉耆"。[24]

[70] 麜，水鹿或馬鹿。

[71] 氍毺，卽《魏略・西戎傳》所見"氍㲪"。

[72] 鐃沙，氯化銨，原語爲波斯語 nušādir 或 naušādir。

[73] 鹽綠，一說指各種氧化銅。[25]

[74] 雌黃，首見《漢書・西域傳》。

[75] 胡粉，可能用於化妝。

[76] 封牛，首見《漢書・西域傳》。

[77] 輪臺，原北道綠洲國，應卽《史記・大宛列傳》所見侖頭。

[78] 李廣利，西漢貳師將軍，於漢武帝太初年間伐大宛，途經輪臺，輪臺不降，遭屠。事見《史記・大宛列傳》和《漢書・張騫李廣利傳》。

[79] "計戍" [kiet-xiuk]，一說乃 Türk 語 Kaš 之對譯。[26]

保定元年，其王遣使來獻。[80]

[80]《周書·武帝紀上》：保定元年（561年）五月戊辰，"……龜茲並遣使獻方物"。

于闐國[81]，在葱嶺之北二百餘里[82]。東去長安七千七百里[83]。所治城[84]方八九里，部內有大城五，小城數十。[85]其刑法，殺人者死，餘罪各隨輕重懲罰之。自外風俗物產與龜茲畧同。俗重佛法，寺塔僧尼甚衆，王尤信尚，每設齋日，必親自洒掃饋食焉。城南五十里有贊摩寺[86]，即昔羅漢比丘[87]比盧旃[88]爲其王造覆盆浮圖[89]之所，石上有辟支[90]佛跌處，雙跡猶存。[91]自高昌以西，諸國人等多深目高鼻，唯此一國，貌不甚胡，頗類華夏。[92]城東二十里有大水北流，號樹枝水[93]，即黃河也。城西十五里亦有大水，名達利水[94]，與樹枝[水]俱北流，同會於計戍。

[81]于闐國，西域南道綠洲國，首見《漢書·西域傳》。

[82]"二百餘里"（里數5.1）：自于闐國王治南赴葱嶺的行程。

[83]"七千七百里"（里數5.2）：自于闐國王治赴長安的行程，"七千七百里"可能是"七千九百里"之訛，後者可據《魏書·西域傳》推得（9800減去1900里）。

[84]"所治城"，指于闐國王治。案：相較《魏書·西域傳》，本傳所載于闐國王治去長安里數短200里，若非文字訛誤，便是兩代測距

的誤差，不能據以爲兩書所載于闐國王治位置有異。本傳所載里數往往短於《魏書·西域傳》。

[85]"部內有大城五，小城數十"：很可能包括被役屬的近鄰小國，如杆彌等。

[86]"贊摩寺"，即 Tasar-ma Samghārāma（大伽藍）。

[87]"比丘"，即 bhikṣu。

[88]"比盧旃"，即 Vairocana。

[89]"浮圖"，即 stupa。

[90]"辟支佛"，即 Pratyekabudaha。

[91]《洛陽伽藍記》卷五："于闐王不信佛法。有商胡將一比丘名毗盧旃在城南杏樹下，向王伏罪云：今輒將異國沙門來在城南杏樹下。王聞忽怒，即往看毗盧旃。旃語王曰：如來（Tathagāta）遣我來，令王造覆盆浮圖一所，使王祚永隆。王言：令我見佛，當即從命。毗盧旃鳴鍾告佛，即遣羅睺羅變形爲佛，從空而現真容。王五體投地，即於杏樹下置立寺舍，畫作羅睺羅像。忽然自滅，于闐王更作精舍籠之。今覆瓮之影，恆出屋外，見之者無不迴向。其中有辟支佛靴，於今不爛，非皮非綵，莫能審之。"

[92]"自高昌以西"云云，這則記載表明，至遲在傳文描述的時代，高昌以西西域人的體貌特徵是"深目高鼻"者爲主。于闐一國"貌不甚胡"，可能是因爲與氐羌混血的緣故。

[93]樹枝水，即《魏書·西域傳》所見"首枝河"。

[94]達利水，指塔里木河。"達利"應即 Tarim 之對譯。

建德三年，其王遣使獻名馬。[95]

[95]《周書·武帝紀上》：建德三年（574年）十一月戊午，"于闐遣使獻名馬"。

嚈噠國[96]，大月氐之種類，[97]在于闐之西，東去長安一萬百里[98]。其王治拔底延城，蓋王舍城也。[99]其城方十餘里。刑法、風俗，與突厥[100]畧同。其俗又兄弟共娶一妻，夫無兄弟者，其妻戴一角帽；若有兄弟者，依其多少之數，更加帽角焉。[101]其人兇悍，能戰鬭。于闐、安息等大小二十餘國，皆役屬之。[102]

[96]"嚈噠"[ngian-dat]，爲 Nephthalites 或 Ephthalites 之對譯，即《魏書·西域傳》所見嚈噠。

[97]"大月氐之種類"："氐"字應爲"氏"字之訛。案：沒有任何證據表明嚈噠歷史上與大月氏有瓜葛。本傳如是說，祇能認爲是嚈噠西徙中亞後建國於曾被大月氏征服的地區的緣故。[27]

[98]"一萬百里"（里數6）：表示嚈噠國王治經于闐國王治赴長安的行程；亦即嚈噠國王治去于闐國王治二十四日行程（2400里），與于闐國王治去長安7700里之和。

[99]拔底延城，應爲 Bactria 之首府 Bactra。"拔底延"[buat-tyei-jian]，爲 Bāχtriyā（即 Baχtri）之對譯。Baχtri，應即《大唐西域記》卷一所見"縛喝"，據云該城有"小王舍城"之稱，與本傳稱拔底延爲

"王舍城（Rājagṛha）"相合。

[100] 突厥，繼茹茹之後在北亞興起的強大遊牧政權。

[101]"其俗又兄弟共娶一妻"云云，說明在本傳描述的時代嚈噠人實行一妻多夫。案：這是嚈噠西遷中亞之後入鄉隨俗，並非嚈噠固有的習俗。[28]

[102]"于闐、安息"云云，極盛時期的嚈噠曾伸張勢力於中亞大部份地區。《洛陽伽藍記》卷五所謂"南至牒羅[29]，北盡勅勒[30]，東被于闐，西及波斯"。按之下文，此處所謂"安息"似在阿姆河流域。

大統十二年，遣使獻其方物。[103]魏廢帝二年[104]，明帝二年[105]，並遣使來獻。後爲突厥所破，部落分散，[106]職貢遂絕。

[103] 此則不見《周書》"本紀"。

[104] 此則不見《周書》"本紀"。

[105]《周書·明帝紀》：明帝二年（558年）六月癸亥，"嚈噠遣使獻方物"。

[106]"後爲突厥所破"云云，六世紀中，突厥在北亞興起。546年前，其首領土門（？—552年在位）爲柔然擊敗鐵勒，居功求婚，遭柔然可汗阿那瓌（521—552年在位）詈辱，土門怒，斬使與絕，並於552年擊破之，阿那瓌自殺。在突厥的連續打擊下，柔然汗國終於全面崩潰。突厥盡有其地，西境遂同嚈噠鄰接。在西方，庫薩和一世（Khusrau I，531—579年在位）即位後，在政治、經濟、軍事上進行了一系列改革，薩珊波斯國勢於是轉盛。庫薩和一世一面繼續同拜

占庭爭奪地中海等地霸權，一面同突厥聯姻結盟，共謀嚈噠。六世紀五十年代末至六十年代初，突厥、波斯聯軍夾擊嚈噠，嚈噠國破；突厥、波斯以阿姆河爲界中分嚈噠領土。不久，突厥勢力繼續南下，佔有全部嚈噠舊壤。嚈噠餘衆則散處北亞、中亞和次大陸各地。漸與當地諸族融合。[31]

粟特國[107]在葱嶺之西，蓋古之庵蔡，[108]一名溫那沙。[109]治於大澤[110]，在康居西北。[111]

[107] 粟特，首見《魏書·西域傳》，亦卽《後漢書·西域傳》、《晉書·西戎傳》所見"粟弋"，均指 Sogdiana。"粟特"[siok-dək]，爲 Soghd 之對譯。案：本傳所傳西域諸國均係朝貢北周者，但有時並無不同於前史的內容可記，又不能不爲之立傳，便祇能抄襲前史，"粟特國傳"的情況正是這樣。

[108] "古之庵蔡"：傳文編者承《魏書·西域傳》之誤。後者據董、高的報告，認定"粟特"卽"奄蔡"。主要原因可能是董、高西使，在傳聞"粟特"被"匈奴"（嚈噠）所滅的同時，又聽說"庵蔡"卽阿蘭（Alans）爲匈人所滅；由於匈人和"匈奴"名稱相同，匈人滅阿蘭在 370 年左右，和"匈奴"（嚈噠）滅"粟特"的時間也相去不遠，於是推斷"庵蔡"爲"粟特"。[32] "庵蔡"[am-tsat] 與"奄蔡"是同名異譯。

[109] "一名溫那沙"：亦傳文編者承《魏書·西域傳》之誤。[33] "溫那沙"[uən-na-shea]，乃 Hūnashāh 之對譯。Huna 卽一度領有 Sogdiana

之嚈噠，嚈噠一度自稱或被稱爲"匈奴"。

[110]"大澤"，指今鹹海。《史記·大宛列傳》稱：奄蔡國"臨大澤"。

[111] 康居，錫爾河北岸的遊牧部族，首見《史記·大宛列傳》。此處稱粟特國"在康居西北"乃稱"古之庵蔡"而言，並非實情。《史記·大宛列傳》："奄蔡在康居西北可二千里。"

保定四年，其王遣使獻方物。[112]

[112]《周書·武帝紀上》：保定四年（564年）七月戊午，"粟特遣使獻方物"。

安息國[113]在葱嶺之西，治蔚搜城[114]。北與康居[115]、西與波斯[116]相接，東去長安一萬七百五十里[117]。

[113] 安息，指帕提亞波斯，首見《史記·大宛列傳》。但本傳所見"安息"顯然不可能指帕提亞波斯。一說此"安息"即《隋書·西域傳》所見"安國"（Bukhārā）。³⁴ 一說本傳所見"安息"是帕提亞朝的殘餘勢力。³⁵ 案："安息"果係安國，則王治蔚搜城無從落實。故"安息"[an-siək]也可能是 Wakhsh 之異譯，或爲葱嶺以西、嬀水流域一塞人部落。

[114] 蔚搜城，應爲"安息國"之王治，"蔚搜"[iuət-shiu]與國名"安息"一樣，均係 Wakhsh 之音譯。

[115] 此處"康居"可能指 Sogdiana 或該地的 Sarmakand。蓋

Sogdiana 因長期役屬康居，一度被混爲一談。

[116] 波斯，一般認爲指薩珊朝波斯。

[117] "一萬七百五十里"（里數 7）：自蔚搜城赴長安的行程。

天和二年，其王遣使來獻。[118]

[118]《周書·武帝紀上》：天和二年（567年）五月壬申，"……安息並遣使獻方物"。

波斯國，大月（氐）[氏]之別種，[119]治蘇利城[120]，古條支國也。[121]東去長安一萬五千三百里[122]。城方十餘里，戶十餘萬。王姓波斯（氏）[氏][123]。坐金羊床，戴金花冠，[124]衣錦袍、織成帔[125]，皆飾以珍珠寶物。其俗：丈夫剪髮，戴白皮帽，貫頭衫，兩廂近下開之，並有巾帔，緣以織成[126]；婦女服大衫，披大帔，其髮前爲髻，後被之，飾以金銀華，仍貫五色珠，絡之於膊。

[119] "大月氏之別種"：本傳混入了有關貴霜—薩珊政權（Kushano-Sasanians）的資料，故云。蓋貴霜—薩珊朝統治者是薩珊波斯人，自稱"貴霜族諸王之王"，被統治者是貴霜人，且貴霜自東漢以來一直被中原王朝稱呼爲"大月氏"。貴霜—薩珊朝僅存錢幣學資料，其年代尚屬懸案，一說應在三世紀中葉至四世紀中葉[36]，另說爲四世紀中葉至五世紀中葉[37]，存續約一個多世紀。果然，不能不認爲

本傳運用有關資料時沒有進行年代的甄別。

[120] 蘇利城，應卽《魏書・西域傳》所見宿利城。"宿利"[siəuk-liet] 和 "蘇利" [sa-liet]，一般認爲均得視爲 Seleucia 之對譯，位於巴格達之南。[38] 另說爲 Sūrastān 之對譯。[39] 案：《魏書・西域傳》的波斯國旣指薩珊波斯〔神龜中（518—520 年）遣使上書貢物的波斯國王居和多應卽 Kavād 一世（488—496，498—531 年在位）〕，其國都宿利城應卽泰西封。"宿利"與"蘇利"旣得視爲同名異譯，蘇利城的位置應和《魏書・西域傳》所載宿利城相同。

[121] "古條支國也"：稱波斯國爲"古條支國"，似乎暗示其時古條支所在敘利亞地區已經成爲波斯領土。

[122] "一萬五千三百里"（里數 8）：表示自蘇利城赴長安的行程。案：據《隋書・西域傳》，波斯國王治去敦煌 11700 里，與敦煌去長安 3600 里之和爲"一萬五千三百里"。

[123] "王姓波斯氏"，一說係薩珊王朝的發祥地 Pārs（Persis, Parsa）一名的訛傳。[40]

[124] "坐金羊床，戴金花冠"（"床"，《通典・邊防九・西戎五》作"座"[41]）云云，祇可能是貴霜—薩珊朝統治者的服飾；此處誤以爲是薩珊國王的服飾。薩珊國王旣不坐金羊床、也不戴金花冠。[42] 金花一說卽蓮華。[43] 一說是 artichoke（Cynara scolymus）。[44] 案：這類記載正與前文所謂"大月氏之別種"說相呼應。祇是有關服飾以及下文制度、習俗等記載究竟屬於薩珊波斯還是貴霜—薩珊人，頗難分清。

[125] 織成毼，《舊唐書・西戎傳》："〔波斯〕幷有巾毼，多用蘇方青白色爲之，兩邊緣以織成錦。"織成，首見《後漢書・西域傳》。

[126] "織成"二字後，《太平御覽》卷七九四有"錦"字。

王於其國內別有小牙十餘所，猶中國之離宮也。每年四月出遊處之，十月乃還。[127] 王即位以後，擇諸子內賢者，密書其名，封之於庫，諸子及大臣皆莫之知也。王死，乃衆共發書視之，其封內有名者，即立以爲王，餘子各出就邊任，兄弟更不相見也。[128] 國人號王曰翳囋[129]，妃曰防步率[130]，王之諸子曰殺野[131]。大官有摸胡壇[132]，掌國內獄訟；泥忽汗[133]，掌庫藏關禁；地卑勃[134]，掌文書及衆務；次有遏羅訶地[135]，掌王之內事；薛波勃[136]，掌四方兵馬。其下皆有屬官，分統其事。兵有甲稍圓排劔弩弓箭，戰並乘象，每象百人隨之。其刑法：重罪懸諸竿上，射而殺之，次則繫獄，新王立乃釋之；輕罪則劓、刖若髠，或翦半鬚，及繫排於項上，以爲恥辱；犯彊盜者，禁之終身；[137] 姦貴人妻者，男子流，婦人割其耳鼻。[138] 賦稅則准地輸銀錢。[139]

[127] 薩珊波斯都城 Ctesiphon 是該國主要行政中心。入夏，其王每移蹕高爽處。又，Ctesiphon 本一城鎮羣，叙利亞語和阿拉伯語分別稱之爲 Māhōzē 和 al-Madā'in，意皆爲"衆城"。[45] 這些或者便是"離宮"、"小牙十餘所"之類傳述的背景。

[128] 此類王位繼承法似乎不見伊朗史料。[46]

[129] 翳囋，中古波斯語 [pāti]χšāh 的不完全音寫。

[130] 防步率，中古波斯語 bānbišn 的音寫。

[131] 殺野，中古波斯語 šahryār 的音寫。

[132] 摸胡壇，中古波斯語 magupatān 的音寫。

[133] 泥忽汗，一說可能是"渴忽汗"之訛。"渴忽汗"，中古波斯語 ganzwar 的音寫。

[134] 地卑勃，中古波斯語 dipīr 的音寫。

[135] 遏羅訶地，中古波斯語 Argabid。原係家族名，因世掌加冕之職，被誤以爲職官稱號。

[136] 薛波勃，中古波斯語 spāhpat。[47]

[137] 所載刑法，諸如"翦半鬚"、"繫排於項上"之類，似乎均不見載於古代伊朗文獻。[48]

[138] 帕拉維文經典稱通姦是最大的犯罪，比盜竊和搶劫之罪更大。犯通姦罪者，要受到嚴厲的懲罰：男的扔到銅湯鍋裏，女的用鐵梳劃胸脯。[49]

[139] 薩珊波斯的賦稅制度各時期有較大變化，此處籠統而言。[50]

俗事火祆神[140]。婚合亦不擇尊卑，諸夷之中，最爲醜穢矣。[141]民女年十歲以上有姿貌者，王收養之，有功勳人，即以分賜。[142]死者多棄屍於山[143]，一月治服。城外有人別居，唯知喪葬之事，號爲不淨人，若入城市，搖鈴自別。[144]以六月爲歲首[145]，尤重七月七日，十二月一日，其日，民庶以上，各相命召，設會作樂，以極歡娛。[146]又以每年正月二十日[147]，各祭其先死者。

[140] 火祆神，拜火教最高神，即 Ahura Mazda，故此教亦稱 Mazda 教（Mazdeism）。而由於拜火，該教又被稱爲拜火教（Fireworship）。[51]

[141] "婚合亦不擇尊卑"云云：據《阿維斯陀經》，"最爲正直而又正直的人，便是奉我瑪茲達教的信徒，他們一遵我教近親結婚的規矩行事"。[52] 知古代祆教是主張近親結婚的，即雙親和子女結婚，兄弟姊妹自行通婚。

[142] 據《阿維斯陀經》的規定，女子的結婚年齡通常在十五歲左右。[53]

[143] "棄屍於山"，應即所謂天葬。是波斯祆教徒特有的葬俗，最早可以追溯至公元前五世紀阿赫美尼德時期。薩珊時期則有所變通。[54]

[144] "不淨人"：在祆教中，參與葬儀者有祭司、擡棺者、滌屍者和擡屍者等。其中僅擡屍者一職在宗教意義上爲極度危險的。"不淨人"乃指專職擡屍者（nasā-sālār）。按之該教教義和禮俗，此職之設旨在戰勝邪惡。稱之爲"不淨人"，實乃教內外，族內外人立場不同所致誤解。[55]

[145] 波斯新年在夏至日，即六月二十一日。一說這是 New Avestan Calender。[56]

[146] "七月七日"和"十二月一日"之"設會作樂"可能指乞寒戲。此戲分別在夏季和冬季舉行。據慧琳《一切經音義》卷四一，"蘇莫遮，西戎胡語也。正云颯磨遮。此戲本出西[域]龜慈國，至今由有此曲，此國渾脫、大面、撥頭之類也。或作獸面，或像鬼神，

假作種種面具形狀。或以泥水沾灑行人，或持罥索、搭鈎捉人爲戲。每年七月初，公行此戲，七日乃停。土俗相傳云：常以此法攘厭駈趁羅刹惡鬼食啗人民之災也"。[57]而據《周書·宣帝紀》：大象元年（579年）十二月"甲子，還宫。御正武殿，集百官及宫人内外命婦，大列妓樂，又縱胡人乞寒，用水澆沃爲戲樂"。又，《舊唐書·中宗紀》，景龍三年（709年），十二月"乙酉，令諸司長官向醴泉坊看潑胡王乞寒戲"。案：所述龜兹乃至中國的乞寒戲源出波斯。[58]"七月初，公行此戲，七日乃停"，即從七月一日至七月七日。大象元年十二月甲子既是十二月七日，似可見十二月的乞寒也是七天。知傳文稱"七月七日"乃言其止日，稱"十二月一日"則言其始日。[59]

[147] 正月二十日，這一節日待考。[60]

氣候暑熱，家自藏冰，地多沙磧，引水溉灌。其五穀及禽獸等，與中夏畧同，唯無稻及黍秋。土出名馬及駞，富室至有數千頭者。又出白象、師子、大鳥卵[148]、珍珠、離珠[149]、頗黎[150]、珊瑚、琥珀[151]、[車渠][152]、瑠璃[153]、馬瑙[154]、水晶[155]、瑟瑟[156]、金、銀、鍮石[157]、金剛[158]、火齊[159]、鑌鐵[160]、銅、錫、朱沙[161]、水銀、綾、錦[162]、白疊[163]、氍[164]、毾㲪[165]、氍毹[166]、赤麞皮，及熏六[167]、鬱金[168]、蘇合[169]、青木[170]等香，胡椒、蓽撥[171]、石蜜[172]、千年棗[173]、香附子[174]、訶黎勒[175]、無食子[176]、鹽綠[177]、雌黄等物。

[148] 大鳥卵，首見《史記·大宛列傳》。

[149] 離珠，或卽琉璃珠。《夢溪筆談》卷二一："佛書：西域有琉璃珠，投之水中，雖深皆可見，如人仰望虛空月影。"[61]

[150] 頗黎，一說應卽水精。[62] 今案：本傳又載波斯國產瑠璃，一說頗黎應卽 glass，而瑠璃爲 ceramic glazes。[63]

[151] 虎魄，首見《漢書·西域傳》。

[152] 車渠，首見《魏略·西戎傳》。案："車渠"二字據《北史·西域傳》補。

[153] 瑠璃，首見《後漢書·西域傳》。

[154] 馬瑙，首見《魏略·西戎傳》。

[155] 水晶，應卽《魏略·西戎傳》所見"水精"。

[156] 瑟瑟，一說可能就是翡翠。[64] 一說應卽天青石（lazuri）。[65] 一說應卽藍寶石。[66] 一說應卽綠松石。[67]

[157] 鍮石，一般認爲指黃銅。"鍮"，爲波斯語 tūtiya 第一音節之對譯；[68] 另說鍮石是天然氧化鋅和天然硫酸鋅。[69]

[158] 金剛，卽鑽石。[70]《太平御覽》卷八一三引《南州異物志》："金剛，石也，其狀如珠，堅利無疋。外國人好以飾玦環。服之能辟惡毒。"

[159] 火齊，玫瑰之別稱。[71]《太平御覽》卷八〇九引《南州異物志》："火齊出天竺。狀如雲母，色如紫金。離別之節如蟬翼。積之如沙穀重沓。"《梁書·海南諸國傳》："火齊狀如雲母，色如紫金，有光耀，別之則薄如蟬翼，積之則如沙穀之重遝也。"

[160] 鑌鐵，指一種鋼，以特殊的鐵礦石煉成。"鑌"一說是波斯語 spaina 的對譯。[72]

[161] 朱沙，即朱砂。[73]

[162] 錦：波斯錦以金線交織而成，爲其特色。

[163] 白疊，亦見《梁書·西北諸戎傳》。

[164] 毲，毛織物。

[165] 氍毹，即本傳前文所見"氀毹"。

[166] 氀毲，首見《後漢書·西域傳》。

[167] 熏陸，首見《魏略·西戎傳》。

[168] 鬱金，首見《魏略·西戎傳》。

[169] 蘇合，首見《後漢書·西域傳》。

[170] 青木，一說屬係薑屬植物（costus）。[74]

[171] 蓽撥（Piper longum），胡椒之一種，原語是梵語 pippalī。[75]

[172] 石蜜，首見《後漢書·西域傳》。

[173] 千年棗，一般認爲指棗椰樹（Phoenix dactylifera arecaceae）。

[174] 香附子，即 rhizome of nutgrass flatsedge（Cyperus rotundus）。[76]

[175] 訶棃勒，一種果樹（Terminalia chebulla）。"訶棃勒"，梵語 harītakī、波斯語 halīla 之音譯。

[176] 無食子，一說是球狀的樹瘤，由於黃蜂在幾種橡樹上戮刺樹枝樹葉或花苞，產卵其上而長成。"無食"，即中古波斯語 muzak。[77]《酉陽雜俎》卷一八："無石子，出波斯國，波斯呼爲摩賊（mañak），樹長六七丈，圍八九尺，葉似桃葉而長，三月開花，白色，花心微紅。子圓如彈丸。初青，熟乃黃白，蟲食成空者正熟，皮無孔者入藥用。其樹一年生無石子，一年生跋屢子，大如指，長三寸，上有殼，中仁如栗黃，可噉。"

[177] 鹽綠，一說指各種氧化銅。[78]

魏廢帝二年，其王遣使來獻方物。[178]

[178] 此事不載《周書》"本紀"。《北史·西域傳》作："恭帝二年（553年），其王又遣使獻方物。"又，《周書·令狐整傳》提及"波斯使主張道義"，爲北周遣使波斯之確證。

■ 注釋

1 參看余太山《兩漢魏晉南北朝與西域關係史研究》，中國社會科學出版社，1992年，pp. 259-261, 250-252。

2 松田壽男《古代天山の歷史地理學的研究》，東京：早稻田大學出版社，1970年，pp. 127-137；馬雍"新疆所出佉盧文書的斷代問題——兼論樓蘭遺址和魏晉時期的鄯善郡"，《西域史地文物叢考》，文物出版社，1990年，pp. 89-111。

3 《元和郡縣圖志·隴右道下》，中華書局，1983年，p. 1031。

4 王素《高昌史稿·統治篇》，文物出版社，1998年，p. 338。

5 祝總斌"高昌官府文書雜考"，《敦煌吐魯番文獻研究論集》第2輯，北京大學出版社 1983年，pp. 465-501。

6 白須淨真"麴氏高昌國における上奏文書試釋——民部、兵部、都官、屯田等諸官司上奏文書の檢討"，《東洋史苑》23號（1984年），pp. 13-66。

7 同注 5。

8 黃文弼《吐魯番考古記》，中國科學院印行，1954 年，pp. 18-19。

9 周一良《魏晉南北朝史劄記》，中華書局，1985 年，pp. 41-43。

10 文書見《吐魯番出土文書》第一冊，文物出版社，1981 年，p. 34。參見唐長孺"吐魯番文書中所見高昌郡縣行政制度"，《山居存稿》，中華書局，1989 年，pp. 344-361。

11 馬雍"突厥與高昌麴氏王朝始建交考"，注 2 所引書，pp.151-152。

12 文書見《吐魯番出土文書》第四冊，文物出版社，1983 年，pp. 68-70。

13 盧開萬"試論麴氏高昌時期的賦役制度"，《敦煌吐魯番文書初探》，武漢大學出版社，1983 年，pp. 66-99。

14 盧向前"論麴氏高昌臧錢"，《敦煌吐魯番文書論稿》，江西人民出版社，1992 年，pp. 201-216。

15 說詳勞費爾《中國伊朗編》，林筠因漢譯，商務印書館，1964 年，pp. 167-173；王炳華《吐魯番的古代文明》，新疆人民出版社，1989 年，pp. 140-142。

16 注 8 所引黃文弼書，pp. 51-53。

17 王仲犖《敦煌石室地志殘卷考釋》，上海古籍出版社，1993 年，p. 210；王去非"關於大海道"，《向達先生紀念論文集》，新疆人民出版社，1986 年，pp. 485-493。

18 注 2 所引松田壽男書，pp. 56-57。

19 參看余太山《塞種史研究》，中國社會科學出版社，1992 年，pp. 236-237。

20 參看榮新江"龍家考"，《中亞學刊》第 4 輯，北京大學出版社，1995 年，pp. 144-160。

21 參看季羨林"龜茲研究三題",《燕京學報》新第 10 期 (2001 年),北京大學出版社,pp. 57-69。

22《大正新脩大藏經》T41, No. 1822, p. 453。

23 參看 H. W. Bailey, "Ttaugara." *Bulletin of the School of Oriental Studies* 8 (1935-37), pp. 883-921;馮承鈞"中亞新發現的五種語言與支白安康尉遲五姓之關係"《西域南海史地考證論著彙輯》,中華書局香港分局,1976 年,pp. 158-175。

24 參看標點本《周書·異域傳下》校勘記。

25 注 15 所引勞費爾書,pp. 339-340;佐藤圭四郎"北魏時代における東西交涉",《東西文化交流史》,雄山閣,1975 年,pp. 378-393。

26 白鳥庫吉《西域史上の新研究·大月氏考》,《白鳥庫吉全集·西域史研究(上)》(卷六),東京:岩波,1970 年,pp. 97-227, esp. 194-196。

27 參看余太山《嚈噠史研究》,齊魯書社,1986 年,pp. 8-43。

28 詳見注 27 所引余太山書,pp. 26-27, 155-156。

29 "牒羅",應卽《魏書·西域傳》所見"疊伏羅"之異譯。在 Zābulistān (Gazna)。

30 "勅勒",此處指代高車,特指 487 年西遷至今吐魯番西北自立之高車副伏羅部。

31 參看注 27 所引余太山書,pp. 103-113。

32 詳見注 27 所引余太山書,pp. 44-65。

33 同注 32。

34 R. A. Miller, *Accounts of Western Nations in the History of the Northern Chou Dynasty*. University of California Press, Berkeley and Los Angeles: 1959, pp. 36-37。

35 內田吟風"魏書西域傳原文考釋(下)",《東洋史研究》31～3(1972 年),pp. 58-72。

36 E. Herzfeld, *Kushano-Sasanian Coins*. Memoirs of the Archaeological Survey of India No. 38. Calcutta, 1930, pp. 41-50; A. D. H. Bivar, "Sasanians and Turks in Central Asia." In G. Hambly, ed., *Central Asia*, New York, 1969, pp. 49-62.

37 R. Göbl, "Zwei neue Termini für ein zentrales Datum der Alten Geschichte Mittelasiens, das Jahr I des Kušānkönigs Kaniška." *Anzeiger der phil-hist. Klasse der Österreichischen Akademie der Wissenschaften*, 1964, pp.137-151; *Documente zur Geschichte der Iranischen Hunnen in Baktrien und Indien*, I-IV. Wiesbaden, 1967, Bd. I, pp. 15-21, Bd. III, Tafel 1-4; V. G. Lukonin, "Kushano-Sasanidskie Monety." *Epigraphika Vostoka* 18 (1967), pp. 14-31.

38 內田吟風 "魏書西域傳原文考釋（中）"，《東洋史研究》30～2（1971），pp. 82-101。

39 宋峴 "弗栗恃薩儻那、蘇剌薩儻那考辨"，《亞洲文明》第3集，安徽教育出版社，1995年，pp. 193-201。

40 注38所引內田吟風文。

41 金羊座或金羊床的形制見田邊勝美 "ローマと中國の史書に秘められたクシャノ・ササン朝"，《東洋文化研究所紀要》124（1994年），pp. 33-101。

42 詳見注41所引田邊勝美文。

43 注36所引 E. Herzfeld 書（出處同）。M. L. Carter, "A Numismatic Reconstruction of Kushano-Sasanian History." *Museum Notes* 30 (1985), pp. 215-261, Pls. 47-52.

44 A. D. H. Bivar, "The Kushano-Sassanian Coin Series." *Journal of the Numismatic Society of India* 18 (1956), pp. 13-42.

45 E. Yarshater, ed., *The Cambridge History of Iran*, Vol 3 (1). Cambridge University Press 1983, pp. 120-121.

46 薩珊朝沙普爾一世（Shāpūr I, 240—270 年在位）曾分封諸子與兄弟鎮守周邊，似亦"出就邊任"之例；見注 45 所引 E. Yarshater 書，p. 126。

47 以上有關波斯職官名義的比定，見注 25 所引佐藤圭四郎文。另請參看注 15 所引勞費爾書，pp. 358-364；堀謙德"西曆第六世紀の波斯"，《史學雜誌》19～1（1908 年），pp. 40-53；注 34 所引 R. A. Miller 書，pp. 38-40。

48 關於波斯刑法，參看 E. Yarshater, ed., *The Cambridge History of Iran*, Vol 3 (2). Cambridge University Press 1983, pp. 627-631。

49 E. W. West, tr., Pahlavi Texts, Part II, *The Dādistān-i Dīnīk and The Epistles of Mānūskīhar*. In F. Max Müller ed., *The Sacred Books of the East*, vol. XVIII, Oxford University Press, 1882, pp. 217, 228. 參見林悟殊《波斯拜火教與古代中國》，臺北：新文豐出版社，1995 年，p. 73。

50 有關薩珊時期賦稅制度，可參看注 48 所引 E. Yarshater 書，pp. 744-746。

51 關於波斯拜火教，可參看注 48 所引 E.Yarshater 書，pp. 866-908。

52 E. W. West, tr., Pahlavi Texts, Part I, *The Bundahis-Bahman Yast, and Shāyast Lā-Shāyast*. In F. Max Müller, ed., *The Sacred Books of the East*, vol. V, Oxford University Press, 1880, p. 213. 參見注 49 所引林悟殊書，p. 73。另請參看注 48 所引 E. Yarshater 書，pp. 646-650。

53 J. Darmesteter tr., *The Zend-Avesta*, Part I, *The Vendīdād*. In F. Max Müller, ed., *The Sacred Books of the East*, vol. IV, Oxford University Press, 1887, p.171. 參見注 49 所引林悟殊書，p. 76。

54 關於波斯、特別是薩珊波斯時期葬俗，詳見注 49 所引林悟殊書，pp. 85-94。

55 張小貴"古波斯'不净人'考"，《中山大學學報》2002 年第 5 期，pp. 68-75。

56 見葉奕良"伊朗曆法縱談",《伊朗學在中國論文集》第 2 集,北京大學出版社,1998 年, pp. 122-133。關於伊朗曆法,另請參看 C. B. Wakeman, *His Jung (the Western Barbarians): An Annotated Translation of the Five Chapters of the "T'ung Tien" on the Peoples and Countries of Pre-Islamic Central Asia*. UMI, 1990, pp. 821-823。

57 《大正新脩大藏經》T54, No. 2128, p. 576。

58 見向達《唐代長安與西域文明》,三聯書店,1957 年, pp. 71-75;岑仲勉《隋唐史》,中華書局,1982 年, p. 676;韓儒林"潑寒胡戲與潑水節的起源——讀史隨筆",注 17 所引《向達先生紀念論文集》, pp. 100-103;姜伯勤《敦煌藝術宗教與禮樂文明》,中國社會科學出版社,1996 年, pp. 537-539。

59 關於薩珊波斯的節日,參看注 48 所引 E. Yarshater 書, pp. 792-815。

60 參見蔡鴻生《唐代九姓胡與突厥文化》,中華書局,1998 年, pp. 34-35,以及 S. A. Nigosian, *The Zoroastrian Faith: Tradition and Modern Research*. McGill-Queen's University Press 1993, p. 115。

61 胡道靜校注本,中華書局,1963 年, p. 216。

62 章鴻釗《石雅・寶石說》,上海古籍出版社,1993 年, pp. 42-48。另見白鳥庫吉"罽賓國考",注 26 所引書, pp. 295-359, esp. 356-358。

63 B. Laufer, *The Beginnings of Porcelain in China*. Chicago, 1917, p. 138; 注 34 所引 R. A. Miller 書, p. 15. 關於玻璃和琉璃的區別,可參看謝弗《唐代外來文明》,吳玉貴漢譯,中國社會科學出版社,1995 年, pp. 508-510。

64 注 15 所引勞費爾書, pp. 345-348。

65 注 15 所引勞費爾書, pp. 499-506。

66 注 62 所引章鴻釗書，pp. 65-93。

67 宋峴"波斯醫藥與古代中國"，《伊朗學在中國論文集》第 2 集，北京大學出版社，1998 年，pp. 91-100。

68 說見注 15 所引勞費爾書，pp. 340-344；注 62 所引章鴻釗書，p. 353；林梅村"鍮石入華考"，《古道西風——考古新發現所見中西文化交流》，三聯書店，2000 年，pp. 210-239；周衛榮"'鍮石'考述"，《文史》第 53 輯（2001 年），pp. 79-89。

69 注 67 所引宋峴文。

70 詳見注 62 所引章鴻釗書，pp. 93-105。

71 注 62 所引章鴻釗書，pp. 51-57。

72 參看注 15 所引勞費爾書，pp. 344-345；盧勳、李根蟠《民族與物質文化史考略》，民族出版社，1991 年，pp. 398-401。

73 F. Hirth, *China and the Roman Orient*. Shanghai & Hongkong, 1885 (reprinted 1939), p. 41; D. D. Leslie and K. H. J. Gardiner, *The Roman Empire in Chinese Sources*. Roma, 1996, p. 49.

74 見注 15 所引勞費爾書，pp. 289-291，注 63 所引謝弗書，pp. 365-366。

75 詳見注 15 所引勞費爾書，p. 201。

76 注 15 所引勞費爾書，pp. 204-205。

77 注 15 所引勞費爾書，pp. 193-195。

78 注 15 所引勞費爾書，pp. 339-340；注 25 所引佐藤圭四郎文。

一〇 《隋書·西域傳》要注

漢氏初開西域，有三十六國，其後分立五十五王，[1] 置校尉、都護以撫納之。[2] 王莽篡位，西域遂絕。[3] 至於後漢，班超所通者五十餘國，西至西海，東西四萬里，皆來朝貢，復置都護、校尉以相統攝。[4] 其後或絕或通，漢朝以爲勞弊中國，其官時廢時置。[5] 暨魏、晉之後，互相吞滅，不可詳焉。[6]

[1] "漢氏初開西域"云云，說本《漢書·西域傳上》："西域以孝武時始通，本三十六國，其後稍分至五十餘。"

[2] "置校尉、都護以撫納之"：校尉，指戊己校尉，元帝初元元年（前48年）初置，駐地爲車師前王庭卽交河城。¹ 都護，指西域都護，宣帝地節二年（前68年）始建"都護"之號，神爵二年（前60年）立府施政，治烏壘城。²

[3] "王莽篡位，西域遂絕"：據《漢書·王莽傳中》等，莽篡位後，遣使至西域，盡改其王爲侯。始建國五年（13年），以莽積失恩信，焉耆先畔，殺都護但欽。天鳳三年（16年），莽遣大使五威將王

駿、西域都護李崇將戊己校尉出西域，諸國皆郊迎貢獻。因前殺都護但欽事，駿欲襲之，命佐帥何封、戊己校尉郭欽別將。焉耆詐降，伏兵擊駿等，皆死。欽、封後到，襲擊老弱，從車師還入塞。西域自此絕。

[4]"至於後漢"云云，據《後漢書·西域傳》，永元六年（94年），班超擊破焉耆，於是西域五十餘國悉納質內屬。而條支、安息諸國至于海瀕四萬里外，皆重譯貢獻。九年，班超遣其掾甘英出使大秦，臨西海（地中海）而還。

[5]"其後"云云，乃指東漢之西域經營。《後漢書·西域傳》稱："自建武至于延光，西域三絕三通。"

[6]"魏、晉之後"云云，乃指曹魏以降西域南北道綠洲大國割據稱霸的局面，蓋當時中原或河西政權其實無力控制西域。[3]

煬帝時，遣侍御史韋節、司隸從事杜行滿使於西蕃諸國。[7]至罽賓[8]，得碼磁杯；王舍城[9]，得佛經；史國[10]，得十儛女[11]、師子皮、火鼠毛[12]而還。[13]帝復令聞喜公裴矩[14]於武威、張掖間往來以引致之。[15]其有君長者四十四國。[16]矩因其使者入朝，啗以厚利，令其轉相諷諭。[17]大業年中，相率而來朝者三十餘國，[18]帝因置西域校尉以應接之。[19]尋屬中國大亂，朝貢遂絕。然事多亡失，今所存錄者，二十國焉。[20]

[7]韋節、杜行滿西使，一說韋、杜啓程於大業元年（605年）。[4]另說韋、杜啓程當在大業三年之後。蓋司隸臺始置於大業三年四月，

故韋、杜西使應啓程在此之後。⁵ 又，韋節著有《西蕃記》。《隋書·經籍二》載："《諸蕃國記》十七卷。"韋節進《西蕃記》的年代最早應在大業五年。今全書已佚，僅《通典·邊防九·西戎五》收有若干斷簡殘句。

[8] 罽賓，應即迦濕彌羅。蓋本傳僅稱漕國爲"漢時罽賓國也"，未必指隋代罽賓爲漕國。《舊唐書·西戎傳》"罽賓條"載："隋煬帝時，引致西域，前後至者三十餘國，唯罽賓不至。"而漕國曾於大業年間朝隋，知隋人心目中罽賓與漕國有別。《大唐西域記》卷三注迦濕彌羅（Kāśmīra）曰："舊曰罽賓，訛也。""舊"應指隋代。⁶

[9] 王舍城，佛教所謂第一次結集之地，即《大唐西域記》卷九所見曷羅闍姞利呬城，梵文 Rājagṛha、巴利文 Rājagaha 之意譯。⁷

[10] 史國，位於今撒馬爾罕南 Shahri-Sabz。"史"[shiə]，乃其別稱 Kešš（Kesh）之略譯。

[11] 儛女，一說可能是以胡騰舞、胡旋舞著稱的 Sogdiana 舞女。⁸

[12] 火鼠毛，一說便是石綿，火浣布的原料。⁹

[13] 韋、杜西使，除到達罽賓、王舍城和史國外，還可能抵達康國、悒怛國和安國三國。蓋本傳明確記載杜行滿曾抵達安國。《通典·邊防九·西戎五》所存韋節《西蕃記》佚文表明韋節曾身臨康國、挹怛國。

[14] 裴矩（547—627 年），河東聞喜（今山西聞喜東北）人，字弘大。歷仕北齊、北周。入隋，爲給事郎，領元帥記室。煬帝時，一度掌與西域交市事。降唐後，任民部尚書，卒官。《隋書》卷六七有傳。

[15]《隋書·裴矩傳》："煬帝即位，營建東都，矩職修府省，九旬而就。時西域諸蕃，多至張掖，與中國交市，帝令矩掌其事。"案：裴矩至張掖掌交市，在大業元年（605年）。

[16]"四十四國"：《隋書·裴矩傳》載裴矩《西域圖記》序有曰："臣既因撫納，監知關市，尋討書傳，訪採胡人，或有所疑，即詳眾口。依其本國服飾儀形，王及庶人，各顯容止，即丹青模寫，爲《西域圖記》，共成三卷，合四十四國。"

[17]《隋書·裴矩傳》載："帝復令矩往張掖，引致西蕃，至者十餘國。"時在大業三年。又載："帝將巡河右，復令矩往敦煌。矩遣使說高昌王麴伯雅及伊吾吐屯設等，啗以厚利，導使入朝。及帝西巡，次燕支山，高昌王、伊吾設等，及西蕃胡二十七國，謁於道左。皆令佩金玉，被錦罽，焚香奏樂，歌儛諠譟。復令武威、張掖士女盛飾縱觀，騎乘填咽，周亘數十里，以示中國之盛。帝見而大悅。"時在大業五年。[10]"吐屯設"，即突厥語官稱號 tudun 和 šad 之音譯，一說伊吾城主這一稱號可能是鐵勒授予的。[11] 案：伊吾一地，在隋初一度服屬突厥。《隋書·西突厥傳》："西突厥者，木杆可汗（553—572年在位）之子大邏便（581—587年在位）也。與沙鉢略[12]有隙，因分爲二，漸以強盛。東拒都斤[13]，西越金山[14]，龜茲、鐵勒、伊吾及西域諸胡悉附之。"而據《新唐書·西域傳下》："伊吾城者，漢宜禾都尉所治。商胡雜居，勝兵千，附鐵勒。人驍悍，土良沃。隋末內屬，置伊吾郡。天下亂，復臣突厥。貞觀四年（630年），城酋來朝。頡利[15]滅，舉七城[16]降，列其地爲西伊州[17]"。伊吾屬隋前在附鐵勒的同時也附突厥，所謂"貳屬"。因此，伊吾城主的稱號"吐屯設"究竟是

鐵勒、抑或是突厥所賜，無從確知。

[18]"三十餘國"：具體國名不得而知。案：大業年間（605—617年）朝隋諸國中，可以判定爲西域國家的有高昌（大業三年、五年）、伊吾、安國（大業五年、十一年）、曹國（大業十年、十一年）、烏那曷、波臘、吐火羅、俱慮建、忽論、訶多、沛汗、龜茲、疎勒、于闐、曹國、何國、穆國、畢、范延（Bamiyan）、伽折（以上大業十一年）以及漕國、史國、米國、挹怛、波斯、焉耆、康國等（以上具體年代不明），凡二十七國。其中，波臘（Pataliputra）[18]、俱慮建（"俱德建"之訛，卽 Quwadhiyan）[19]、忽論（Kharun）、訶多（Khuttal）、伽折（Gachi）五國不見本傳。又，《通典・邊防九・西戎五》："隋煬帝志通西域，遣裴矩應接西蕃諸國，多有至者，唯天竺不通，帝以爲恨。"而《太平寰宇記・四夷一二・西戎五》"大秦傳"："隋煬帝欲通之，竟不能致。""大秦"，應指拜占庭。

[19]西域校尉，《通典・邊防七・西戎三》作"西戎校尉"。案："西域校尉"設置的具體年代不詳。但很可能是較早負責應接西域使臣的職官。大概由於其職能不久劃歸了"四方館"中的"西戎使者"（見《隋書・百官志下》），這一職官存在的時間很短，以致其詳情在今天無從探究。當然，"西域校尉"治所在瓜州或張掖的可能性也不能排除。果然，"西域校尉"與在京師的"西戎使者"之間並無繼承關係。

[20]"二十國"：本傳存錄二十三國，其中有三國不屬西域。案：裴矩《西域圖記》所傳達四十四國，大業年間相率而來朝者就有三十餘國，而本傳僅傳二十餘國，似與編者沒有取材裴書有關，不僅僅因

爲隋末之亂檔案喪失。[20]

……[21]

[21] 高昌前有吐谷渾、党項兩傳，不屬"西域"，茲不録注。案：本傳共記二十三國，其中吐谷渾、党項、附國、女國可歸入一組，高昌、焉耆、龜茲、于闐、疏勒可以歸入一組，漕國、鏺汗、石國、米國、史國、康國、曹國和何國，以及安國、烏那曷、穆國、波斯可以歸入相鄰的兩組，其餘諸國可以歸入一組，但次序混亂，表明編者不熟悉西域地理。又，韋、杜西使一行很可能抵達康國後分道揚鑣，韋節經由史國、挹怛，抵達罽賓和王舍城。杜行滿則往赴安國，並偕安國使者於大業五年（609年）歸朝。與韋、杜一起出發的李昱則先隨杜行滿抵達安國，復自安國往赴波斯。[21] 這似乎可以解釋傳文不恰當的西域諸國排列次序。質言之，由於傳文編者不諳西域事情，無法協調來自不同使者的報告，以致形成了某些局部有序、但整體無序這樣一種奇怪的結果。

高昌國者，則漢車師前王庭也，[22] 去敦煌十三日行[23]。其境東西三百里，南北五百里，四面多大山。昔漢武帝遣兵西討，師旅頓敝，其中尤困者因住焉。[24] 其地有漢時高昌壘，故以爲國號。[25] 初，蠕蠕[26]立闞伯周爲高昌王。[27] 伯周死，子義成立，爲從兄首歸所殺。首歸自立爲高昌王，又爲高車[28] 阿伏至羅所殺。以敦煌人張孟明爲主。[29] 孟明爲國人所殺，更以馬儒爲王，以鞏顧[30]、麴嘉二人爲左右長史。[31]儒又通使後魏，請內屬。[32]內屬人皆戀土，不願東遷，相與殺儒，立嘉爲王。[33]嘉字靈鳳，金城榆中[34]人，既立，又臣于茹茹。及茹茹主爲高車所殺，嘉又臣于高車。[35]屬焉耆[36]爲挹怛[37]所破，衆不能自統，請主於嘉。[38]嘉遣其第二子爲焉耆王，由是始大，益爲國人所服。嘉死，子堅立。[39]

[22]"高昌國者，則漢車師前王庭也"，此說不確。漢車師前王庭乃交河城，非高昌。高昌前身爲車師前國高昌壁。見《漢書·西域傳下》。

[23]"十三日行"（里數1）：自高昌赴敦煌的行程，卽1300里，蓋以馬行一日百里計。按此乃經由"大海道"之行程。

[24]"昔漢武帝遣兵西討"云云，《通典·州郡四·西州》記作："因興師西討，軍中羸憊者留居之地，形高敞，遂名高昌壘。"此說不見前史，或係傳聞。

[25]高昌國因車師國高昌壁而得名。"高昌"與"車師"得視爲同名異譯。

[26]蠕蠕，應卽下文所見茹茹。北亞遊牧部族，曾試圖控制高昌，與拓跋魏爭奪西域。此處出現"蠕蠕"這一稱呼，應該是本傳編者參考《魏書·高昌傳》留下的痕跡。

[27]茹茹"以闞伯周爲高昌王"，此據《北史·高昌傳》。其事《資治通鑑·宋紀一一》繫於和平元年（460年）。

[28]高車，遊牧部族。此處指原來役屬於蠕蠕的高車副伏羅部。

該部於487年自漠北西遷，佔領了準噶爾盆地一帶。

[29] 太和十五年（491年），高車副伏羅部控制了高昌，殺死其王闞首歸，另立敦煌人張孟明爲王。

[30] "鞏顧"，《北史・高昌傳》作"鞏顧禮"。

[31] 孟明爲高昌國人所殺，馬儒代立爲王，時在太和二十年（496年）。[22]

[32] 《魏書・高祖紀下》：太和二十一年（497年）十二月，"高昌國遣使朝貢"。馬儒遣使請內屬當在此年。

[33] 麴嘉之立，一般認爲在501年。

[34] 金城榆中：金城，郡名，北魏時治榆中（今甘肅榆中附近）。

[35] 據《北史・西域傳》"高昌條"，麴嘉"既立，又臣于蠕蠕那蓋（492—506年在位）。顧禮與義舒隨安保至洛陽。及蠕蠕主伏圖（506—508年在位）爲高車所殺，嘉又臣高車"。

[36] 焉耆，西域北道綠洲國，首見《漢書・西域傳》。

[37] 挹怛，即《魏書・西域傳》所見嚈噠，原係塞北遊牧部族，後西遷中亞，立國於阿姆河流域。《通典・邊防九・西戎五》原注引韋節《西蕃記》云："親問其國人，並自稱挹闐。""挹闐"與"挹怛"爲同名異譯。

[38] 挹怛破焉耆年代已不可詳考，當在六世紀最初五、六年內。[23]

[39] 《魏書・孝莊紀》：建義元年（528年），六月癸卯，"以高昌王世子光爲平西將軍、瓜州刺史，襲爵泰臨縣開國伯、高昌王"，知麴嘉死後，子麴光繼之。麴堅之立，在麴光之後。《魏書・出帝紀》：永熙二年（533年），"冬十月癸未，以衛將軍、瓜州刺史、泰臨縣開

國伯、高昌王麴子堅爲儀同三司，進爵郡王"。麴堅即位，一般認爲在531年。

其都城[40]周迴一千八百四十步，於坐室畫魯哀公問政於孔子之像。[41]國內有城十八。[42]官有令尹一人，次公二人，次左右衛，次八長史，次五將軍，次八司馬，次侍郎、校郎、主簿、從事、省事。[43]大事決之於王，小事長子及公評斷，不立文記。[44]男子胡服，婦人裙襦，頭上作髻。其風俗政令與華夏略同。地多石磧，氣候溫暖，穀麥再熟，宜蠶，多五果。有草名爲羊刺[45]，其上生蜜，而味甚佳。出赤鹽如朱，白鹽如玉[46]。多蒲陶酒。俗事天神[47]，兼信佛法。國中羊馬牧於隱僻之處，以避外寇，非貴人不知其所。北有赤石山[48]，山北七十里有貪汗山[49]，夏有積雪。此山之北，鐵勒[50]界也。從武威[51]西北，有捷路，度沙磧千餘里，四面茫然，無有蹊徑。欲往者，尋有人畜骸骨而去。路中或聞歌哭之聲，行人尋之，多致亡失，蓋魑魅魍魎也。[52]故商客往來，多取伊吾路[53]。

[40] 都城，位於今吐魯番市東南40公里三堡鄉哈喇和卓村的高昌故城。[24]

[41] "魯哀公問政於孔子"，事見《史記·孔子世家》、《荀子·哀公》、《說苑·政理》等。曹魏以後，釋奠學禮以孔子、顏回爲先聖、先師，廟堂畫孔子及眾弟子像。[25]高昌都城坐室畫像與中原釋奠先聖、先師像不同，更注重孔子與政治的關係。

[42]"有城十八":城數《魏書‧高昌傳》作八,《周書‧異域傳》作十六,《舊唐書‧西戎傳》和《新唐書‧西域傳上》作二十一。高昌郡縣數量,不斷發展變化。高昌郡時期(327—449年),有一郡(高昌郡)、五縣(高昌縣、田地縣、橫截縣、白芀縣、高寧縣),北涼政權至闞、張、馬氏王國時(450—501年),增至三郡(高昌、田地、交河)、八縣(高昌、田地、交河、橫截、白芀、高寧、威神、酒泉)。麴氏王朝前期(502—561年)高昌境內有四郡(高昌、田地、交河、橫截)、二十縣(高昌、田地、交河、橫截、南平、武城、白芀、新興、寧戎、高寧、酒泉、臨川、安樂、洿林、永安、柳婆、鹽城、無半、始昌、篤進)。其後(562—612年),減少了橫截一郡,南平、酒泉、無半、始昌、篤進五縣,增加永昌、威神二縣,形成三郡、十七縣的格局。麴氏王朝後期(613—640年),高昌境內有五郡(高昌、田地、交河、南平、橫截)、二十二縣(高昌、田地、交河、橫截、南平、武城、白芀、永昌、威神、寧戎、高寧、酒泉、臨川、安樂、龍泉、洿林、永安、鹽城、無半、安昌、始昌、篤進)。[26]

[43]官制:詳"《梁書‧西北諸戎傳》要注"。

[44]"不立文記"云云:詳"《周書‧異域傳下》要注"。

[45]羊刺,已見《周書‧異域傳》。

[46]赤鹽、白鹽,一說雜色鹽可能是不純的鹽,或是其它礦物。[27]

[47]天神,究竟是否祆教之神,抑或天體自然崇拜、道教的天帝神,學界曾翻覆討論,囿於資料,目前尚未得出一致結論。[28]

[48]赤石山,吐魯番盆地北緣的小山脈,或即 Fire Mountains。[29]

[49]貪汗山,指 Bogdo ola。一說"貪汗"應作"貪汙","貪汙"

乃突厥語 Tulga（兜鍪）之對譯。[30]

[50] 鐵勒，遊牧部族，部落甚多。據《隋書·鐵勒傳》，鐵勒諸部位於"伊吾以西，焉耆之北"，"傍白山"分佈。又載："大業元年（605年），突厥處羅可汗（603—611年在位）擊鐵勒諸部，厚稅歛其物，又猜忌薛延陀等，恐爲變，遂集其魁帥數百人，盡誅之。由是一時反叛，拒處羅，遂立俟利發俟斤契弊歌楞爲易勿真莫何可汗，居貪汗山。復立薛延陀內俟斤，字也咥，爲小可汗。處羅可汗既敗，莫何可汗始大。莫何勇毅絕倫，甚得眾心，爲鄰國所憚，伊吾、高昌、焉耆諸國悉附之。"

[51] 武威，郡名，治今武威市。案：此處"武威"應爲"敦煌"之誤。

[52] 敦煌西北之"捷路"應即《西州圖經殘卷》所載"大海道"。[31]《史記正義》（卷一二三）引裴矩《西域[圖]記》云：鹽澤"在西州高昌縣東，東南去瓜州一千三百里，並沙磧之地，水草難行，四面危，道路不可準記，行人唯以人畜骸骨及馳馬糞爲標驗。以其地道路惡，人畜卽不約行。曾有人於磧內時聞人喚聲，不見形，亦有歌哭聲，數失人，瞬息之間不知所在，由此數有死亡。蓋魑魅魍魎也"。又，《太平寰宇記·隴右道七·西州》："柳中路。裴矩《西域[圖]記》云：自高昌東南去瓜州一千三百里，並沙磧，乏水草，人難行，四面茫茫，道路不可準記，唯以六畜骸骨及馳馬糞爲標驗，以知道路。若大雪卽不得行。兼有魑魅。以是商客往來多取伊吾路。"

[53] 伊吾路，指自敦煌經伊吾往赴高昌之路。《隋書·劉權傳》載權於"大業五年，從征吐谷渾"，曾"率眾出伊吾道"。案：《太平寰

宇記‧隴右道七‧西州》："又有一路，自縣東南行，經大海之東，又東南度磧，入伊州界，卽裴矩所謂伊吾路也。"據此，一說伊吾路亦出諸裴矩《西域圖記》。案：伊吾路又見《周書‧異域傳》，雖本傳資料來源與之相同的可能性不能排除，但亦難遽斷此則爲裴著獨有。蓋北周時已有類似記載的可能性也同樣存在。

開皇十年，突厥[54]破其四城，有二千人來歸中國。堅死，子伯雅立。[55]其大母本突厥可汗女，其父死，突厥令依其俗，伯雅不從者久之。突厥逼之，不得已而從。[56]

[54] 突厥，此處指阿波系西突厥。[32]

[55] "堅死，子伯雅立"，本傳此處記載不確。《舊唐書‧西戎傳》"高昌條"云："其王麴伯雅，卽後魏時高昌王嘉之六世孫也。"從麴嘉至麴伯雅之間尚有麴光（年號甘露）、麴堅（年號章和）、麴玄喜（年號永平）、麴□□（年號和平）、麴寶茂（年號建昌）、麴乾固（年號延昌）等六王。[33] 伯雅於義和元年（602年）卽位。

[56] 伯雅大母（祖母）爲麴寶茂之妻。寶茂死，乾固曾妻之；乾固死，突厥又逼伯雅妻之。[34]《隋書‧突厥傳》："父兄死，子弟妻其羣母及嫂。"

煬帝嗣位，引致諸蕃。[57]大業四年，遣使貢獻，[58]帝待其使甚厚。明年，伯雅來朝。[59]因從擊高麗。[60]還，尚宗女華容公主。[61]八年冬歸蕃，下令國中曰：夫經國字人，以保存爲貴，寧邦緝政，以全濟爲大。先者以國處邊荒，境連猛狄，同人無咎[62]，被髮左袵。今大隋統御，宇宙平一，普天率土，莫不齊向。孤既沐浴和風，庶均大化，其庶人以上皆宜解辮削袵。帝聞而甚善之，下詔曰：彰德嘉善，聖哲所隆，顯誠遂良，典謨貽則。光祿大夫、弁國公、高昌王伯雅[63]識量經遠，器懷溫裕，丹款夙著，亮節遐宣。本自諸華[64]，歷祚西壤，昔因多難，淪迫獯戎，數窮毀冕，翦爲胡服，自我皇隋平一宇宙，化偃九圍[65]，德加四表。伯雅踰沙忘阻，奉贄來庭，觀禮容於舊章，慕威儀之盛典。於是襲纓解辮，削袵曳裾，蠻夷從夏，義光前載，可賜衣冠之具，仍班製造之式。[66]并遣使人部領將送。被以采章，復見車服之美，棄彼氈毳，還爲冠帶之國。然伯雅先臣鐵勒，而鐵勒恒遣重臣在高昌國，有商胡往來者，則稅之送於鐵勒。[67]雖有此令取悅中華，然竟畏鐵勒而不敢改也。[68]自是歲令使人貢其方物。[69]

[57]《隋書·裴矩傳》："煬帝卽位……時西域諸蕃，多至張掖，與中國交市，帝令矩掌其事。矩知帝方勤遠略，諸商胡至者，矩誘令言其國俗山川險易，撰《西域圖記》三卷，入朝奏之……帝大悅，賜物五百段。每日引矩至御坐，親問西方之事。矩盛言胡中多諸寶物，吐谷渾易可并吞。帝由是甘心，將通西域，四夷經略，咸以委之。轉民部侍郎，未視事，遷黃門侍郎。帝復令矩往張掖，引致西蕃，至者十餘國。"據《隋書·煬帝紀上》，大業三年（607年）六月"己亥，吐谷渾、高昌並遣使貢方物"。高昌等遣使，卽为裴矩招致的结果。

[58]《隋書·煬帝紀上》載：大業五年，四月壬寅，高昌"遣使來朝"。案：《隋書·裴矩傳》記："大業三年（607年），帝有事於恒岳"，西域諸朝貢國"咸來助祭"。結合前注引《隋書·煬帝紀上》的記載，助祭諸國中包括高昌。

[59] 此麴伯雅首次朝隋。據《隋書·煬帝紀上》，大業五年（609年），六月"壬子，高昌王麴伯雅來朝，伊吾吐屯設等獻西域數千里之地，上大悅。……丙辰，上御觀風行殿，盛陳文物，奏九部樂，設魚龍曼延，宴高昌王、[伊吾]吐屯設於殿上，以寵異之。其蠻夷陪列者三十餘國"。大業五年，九月，麴伯雅隨煬帝返回長安。同年，麴伯雅返回高昌，留子文泰於東都爲質。[35] 又據《隋書·音樂志下》，"[大業]六年[36]，高昌獻聖明樂曲，帝令知音者，於館所聽之，歸而肄習。及客方獻，先於前奏之，胡夷皆驚焉。其歌曲有善善摩尼，解曲有婆伽兒，舞曲有小天，又有疏勒鹽。其樂器有豎箜篌、琵琶、五弦、笙、笛、簫、篳篥、毛員鼓、都曇鼓、答臘鼓、腰鼓、羯鼓、雞婁鼓、銅拔、貝等十五種，爲一部。工二十人"。[37]

[60]"從擊高麗"，指麴伯雅第二次來朝事。大業七年（611年）五月，麴伯雅偕西突厥處羅可汗經武威入隋，《隋書·西突厥傳》云："[射匱]興兵襲處羅，處羅大敗，棄妻子，將左右數千騎東走。在路又被刼掠，遁於高昌東，保時羅漫山（今哈密附近，即天山）。高昌王麴伯雅上狀，帝遣裴矩將向氏親要左右，馳至玉門關晉昌城。矩遣向氏使詣處羅所，論朝廷弘養之義，丁寧曉諭之，遂入朝，然每有怏怏之色。"《隋書·樊子蓋傳》載："時處羅可汗及高昌王欸塞，復以子蓋檢校武威太守，應接二蕃。"由此可知麴氏與處羅可汗同時入

朝。大業八年（612年）三月，隋煬帝親征高麗，麴伯雅等從行。

[61]"尚宗女華容公主"：《隋書·煬帝紀下》：大業八年（612年），"十一月己卯，以宗女華容公主嫁于高昌王"。³⁸《元和郡縣圖志·隴右道下·西州》（卷四〇）云："伯雅來朝，隋煬帝以宇文氏女玉波爲華容公主，妻之。"

[62]"同人無咎"：《周易·同人》："初九，同人于門，無咎。象曰：出門同人，又誰咎也。"

[63]"光祿大夫"云云，《冊府元龜·外臣八·封冊一》（卷九六三）："煬帝大業五年，高昌王麴伯雅來朝，拜左光祿大夫，車師太守，封弁國公。"據《唐六典·吏部》（卷二），"煬帝改光祿大夫爲從一品，左光祿大夫正二品，右光祿大夫從二品"，知光祿大夫品級高於左光祿大夫。麴伯雅可能在第二次來朝時，品階升遷了一級。

[64]"本自諸華"，麴氏爲榆中漢族世家。³⁹

[65]"九圍"，即九州，隋於開皇九年（589年）滅陳，結束長期以來南北對峙的局面，一統全國。

[66]煬帝派遣的送"衣冠之具"及"製造之式"的使臣，最早在大業九年（613年）下半年到達高昌。⁴⁰

[67]時鐵勒人雄踞高昌以北，所以麴伯雅臣服鐵勒，向鐵勒交納絲路貿易上的稅收。徵稅是遊牧部族對西域綠洲國家的統治方式。一說吐魯番文書中多次出現的"阿都莫"，即鐵勒派駐高昌的官員。⁴¹

[68]"襲纓解辮，削衽曳裾"，即改變胡服髮式，變胡爲漢。這一變革不僅表明高昌要加入以隋爲中心的禮儀秩序，也意味著脫離突厥、鐵勒等遊牧部族的羈絆，⁴²因而遭到鐵勒的反對及阻撓，不能真正實施。

[69]"自是歲令使人貢其方物"云云，在隋代史籍中不見記載。麴伯雅變服易髮，加深了與鐵勒矛盾，亦引發高昌内部衝突，導致所謂"義和政變"，麴伯雅與世子文泰等避難西突厥。直至延和十九年（619年）麴氏父子復辟，纔恢復與中原王朝的聯繫。[43]

康國[70]者，康居之後也。遷徙無常，不恒故地，然自漢以來相承不絶。其王本姓溫，月氏人也。[71]舊居祁連山北昭武城，因被匈奴所破，西踰葱嶺，遂有其國。支庶各分王，故康國左右諸國並以昭武爲姓，示不忘本也。[72]王字代失畢[73]，爲人寬厚，甚得衆心。其妻突厥達度可汗[74]女也。都於薩寶水[75]上阿祿迪城[76]，城多衆居。大臣三人共掌國事。其王索髮[77]，冠七寶金花，衣綾羅錦繡白疊[78]。其妻有髻，幪以皂巾。丈夫翦髮[79]錦袍。名爲强國，而西域諸國多歸之。米國[80]、史國、曹國[81]、何國[82]、安國[83]、小安國[84]、那色波國[85]、烏那曷國[86]、穆國[87]皆歸附之。有胡律，置於祆祠，決罰則取而斷之。重罪者族，次重者死，賊盜截其足。[88]

[70] 康國："康"，不妨認爲是 [Samar]kand 之略譯。之所以選用"康"這一漢字，也可能是因爲隋代人知道該國舊爲康居屬土；換言之，未必譯爲"康"國後再聯想爲"康居之後"。一說傳世 Sogdiana 語文書載有 γ'n = Xān 和 'n = Ān，說明漢地"康"和"安"這些名稱已傳入 Sogdiana，以致當地人亦稱撒馬爾罕和布哈拉爲"康"和"安"。[44] 案：Sogdiana 人原來就稱之爲 γ'n = Xān 和 'n = Ān 也未可知。

[71]"康居之後"云云：包括 Samarkand 在内的索格底亞那地區至少自張騫首次西使起直至東漢末一直役屬康居，故傳文稱："康國者，康居之後也。"從政治隸屬關係來看，這種提法即使不十分確切，也無可厚非。近代學者誤指康居屬土 Sogdiana 爲康居本土，不應由本傳編者負責，這位編者其實並沒有說康居本土在 Sogdiana。即使僅因"康"而誤以爲"康居之後"，仍不失爲歪打正著。據《史記·大宛列傳》，大月氏西徙，"過宛，西擊大夏而臣之"，很可能經過 Samarkand，因爲該地是自 Ferghāna 赴吐火羅斯坦的必由之途。因此，大月氏遺民該處，這些遺民後來稱王 Samarkand，成爲昭武姓之祖的可能性也就不能排除。所謂"遷徙無常，不恒故地"，應是最初的情況。故論其地，是"康居之後"；論其王，是月氏之裔。又，《新唐書·西域傳下》載貞觀年間入貢的安國王詞陵迦，曾炫耀其王統之悠久，"自言一姓相承二十二世"，同時入貢的東安國也有"子姓相承十世"之說，兩國均係康國王支庶，可知康國王統更爲悠久，Samarkand 的昭武姓起源甚古。但是，不能因此認爲 Samarkand 的昭武姓稱王該地最早可以上溯至月氏爲匈奴所逐"西踰葱嶺"之時，本傳"遂有其國"不過籠統而言。也不能因此遽斷《漢書·西域傳上》所載康居五小王均爲 Samarkand 昭武姓之支庶。但從傳文所謂"自漢以來相承不絕"來看，最遲在漢末已立國於 Samarkand 了。又，Samarkand 的月氏遺民由小到大，自稱王一地到分王各處，應有一個過程，祇是因爲囿於資料，連同他們和其南北鄰大月氏、康居的關係等都不得而知。另外，康國等昭武姓國家中，王族是月氏人，臣民當係土著；來華的昭武姓中，自然也有冒用王姓的土著，可能由於王族與土著人種相同

或相近,漢土無法甄別。至於傳文所謂"其王本姓溫"之類記載,則反映了索格底亞那諸國一度淪爲挹怛屬國這一事實。[45]

[72] "舊居祁連山北昭武城"云云,近人多斥爲無稽之談。[46] 案:月氏舊居,據《漢書‧西域傳上》,在"敦煌、祁連間"。漢"敦煌"指今祁連山,漢"祁連"指今天山。[47] 而據《漢書‧地理志下》,昭武縣屬張掖郡,位於今祁連山北,蓋隋時已稱今祁連山爲祁連山。案之《晉書‧地理志下》,昭武縣在西晉時因"避文帝諱"已易名"臨澤"。由此可見,隋人不可能也毫無必要把這個久已湮滅無聞的古縣名硬加到索格底亞那諸王頭上。換言之,傳文稱康國等國國王爲月氏人,均姓昭武,並溯源於"昭武城"必有依據,很可能得諸當時來華的昭武姓國人。"昭武",一説 Javuga 之音譯,亦即《漢書‧西域傳》所見"翎侯"之異譯。[48]

[73] 代失畢,《北史‧西域傳》作"世夫畢"。"世"作"代"乃避唐諱改,"失"、"夫"形近易訛。一説"畢"即烏孫昆莫名所見"靡",bäg 之對譯。[49]

[74] 達度可汗,西突厥可汗,公元 576—603 年在位。

[75] 薩寶水,指今 Zarafšan 河。[50] "薩寶"[sat-pəu],譯自索格底亞那語 s'rtp'w,指信仰祆教的伊朗人聚落的首領。[51] Zarafšan 河得名"薩寶",一説與康國祆教信仰有關。[52] 案:"薩寶"一名得自 Samar[kand] 亦未可知。

[76] 阿祿迪城,應即《魏書‧西域傳》所見悉萬斤國王治"悉萬斤城",該傳所載悉萬斤城去迷密國王治里數與本傳所載康國王治去米國王治里數相同可以爲證。果然,其城位於今 Samarkand 東北

Afrasiab 高地上。[53] 案："阿祿迪" [a-liok-diek]，可能是 Sogdiana 語 γrδmn（← garō dəmana）之對譯，意爲"天國"。

[77] 索髮，一說其王本應翦髮，服屬突厥後始從其俗而索髮。[54]

[78] 白疊，亦見《梁書·西北諸戎傳》。

[79] "翦髮"，《慧超往五天竺國傳》："此等胡國，並剪鬚髮。"一說由此可知九姓胡並未染上突厥"披髮"之俗，而是沿襲波斯"斷髮"舊制。[55]

[80] 米國，王治位於今噴赤幹。"米" [miei]，Māymurgh（Sogdiana 語 m'ymrγc）之對譯。[56]

[81] 曹國，一般認爲應卽撒馬爾罕西北的 Ištīkhan（澤拉夫善河的支流 Ak-darya 沿岸、Katta Kurgan 和 Čiläk 之間）。[57] 蓋《新唐書·西域傳下》稱："西曹國，隋時曹也。南接史及波覽（名義、地望無考），治瑟底痕城（Ištīkhan）。東北越于底城（名義、地望無考）有得悉神祠，國人事之，有金器具，款其左曰：漢時天子所賜。"[58] "曹" [dzô]，或卽 Sutrūshana 之略譯。Sutrūshana 乃《新唐書·西域傳下》所謂"東曹"。唐人一度將 Sutrūshana 與之相混，[59]Sutrūshana 旣稱"東曹"，Ištīkhan 遂被命名爲"西曹"或"曹國"。

[82] 何國，"何" [hai]，可能是 Kuṣānīka 之略譯。一說乃 Kuṣānīka 的別稱 Qayy 或 Qayyi 之音譯。[60]

[83] 安國，一般認爲位於今布哈拉（Buchārā）。"安"，一般認爲是"安息"的省略，蓋據本傳，安國被認爲漢代安息國的後身。案："安" [an]，可能是 'n = Ān 的漢譯。

[84] 小安國，位於那密水之北。《新唐書·西域傳下》："東安，或

曰小［安］國，曰喝汗，在那密水之陽，東距何二百里許，西南至大安四百里。治喝汗城，亦曰籛斤。"案："大安"即安國。"喝汗"[hat-han]和"籛斤"[ho-kiən]均係Kharghānkath之對譯。[61]

[85] 那色波國，位於Ğaiχun河（今Amu河）與Samarkand之間，亦稱Nakhšab。其地東接Buchārā，北接Samarkand，東南以Baïsun-tagh山脈與Toχārestan的Čaghāniyān爲界。"那色波"[na-shiək-puai]，Naχšab或Našaf的對音。[62]

[86] 烏那曷國，一說位於今Andchûi。[63] "烏那曷"[a-na-hat]，名義無考。

[87] 穆國，一說位於今Čardjui；"穆"[miəuk]，爲Āmrda（Āmul）之略譯。[64]

[88] "胡律"，《大慈恩寺三藏法師傳》卷二有關於颯秣建國即康國胡律施行情況的記載："王及百姓不信佛法，以事火爲道。有寺兩所，迥無僧居，客僧投者，諸胡以火燒逐不許停住。法師初至，王接猶慢。經宿之後，爲說人、天因果，讚佛功德，恭敬福利，王歡喜請受齋戒，遂致殷重。所從二小師往寺禮拜，諸胡還以火燒逐。沙彌還以告王，王聞令捕燒者，得已，集百姓令截其手。法師將欲勸善，不忍毀其肢體，救之。王乃重笞之，逐出都外。"一說胡律"置於祆祠"標識康國政教勢力的結合，既反映了祆教的正統性，又反映了胡律的神聖性。[65]

人皆深目、高鼻、多鬚髯。善於商賈，[89] 諸夷交易多湊其國。有大小鼓、琵琶、五絃、箜篌、笛。[90] 婚姻喪制與突厥同。

國立祖廟,以六月祭之,[91]諸國皆來助祭。俗奉佛,[92]爲胡書。氣候溫,宜五穀,勤修園蔬,樹木滋茂。出馬、駝、騾、驢、封牛[93]、黃金、鐃沙[94]、貤香[95]、阿薩那香[96]、瑟瑟[97]、麖皮[98]、氍毹[99]、錦、疊。多蒲陶酒,富家或至千石,連年不敗。

[89]《通典·邊防九·西戎五》引韋節《西蕃記》云:"康國人並善賈,男年五歲則令學書,少解則遣學賈,以得利多爲善。"

[90]《通典·邊防九·西戎五》引韋節《西蕃記》云:"其人好音聲。"《隋書·音樂志下》:"康國,起自周武帝娉北狄爲后,得其所獲西戎伎,因其聲。歌曲有戢殿農和正,舞曲有賀蘭鉢鼻始、末奚波地、農惠鉢鼻始、前拔地惠地等四曲。樂器有笛、正鼓、加鼓、銅拔等四種,爲一部。工七人。"⁶⁶

[91]"國立祖廟,以六月祭之",或與康國以六月一日爲歲首有關。《通典·邊防典·西戎五》引韋節《西蕃記》:"[康國]以六月一日爲歲首,至此日,王及人庶並服新衣,翦髮鬚。在國城東林下七日馬射,至欲罷日,置一金錢於帖上,射中者則得一日爲王。"《唐會要·波斯國傳》(卷一〇〇):"俗事天地水火諸神。西域諸胡事火袄者,皆詣波斯受法焉。……以六月一日爲歲首。"

[92]《通典·邊防九·西戎五》引韋節《西蕃記》云:"俗事天神,崇敬甚重。云神兒七月死,失骸骨,事神之人每至其月,俱著黑疊衣,徒跣撫胸號哭,涕淚交流。丈夫婦女三五百人散在草野,求天兒骸骨,七日便止。國城外別有二百餘戶,專知喪事,別築一院,院內養狗。每有人死,即往取屍,置此院內,令狗食之,肉盡收骸骨,

埋殯無棺槨。"慧超《往五天竺國傳》："此六國（安、曹、史、石騾、米、康）惣事火祆，不識仏法。唯康國有一寺，有一僧，又不解敬也。"前引《大慈恩寺三藏法師傳》卷二所載亦可參看。

[93] 封牛，首見《漢書·西域傳》。

[94] 鐃沙，已見《周書·異域傳》。

[95] 貼香，卽甘松香。[67]

[96] 阿薩那香，無考。今本《魏書·西域傳》"康國條"作"阿薛那"，未知孰是。

[97] 瑟瑟，已見《周書·異域傳》。

[98] 麖皮，已見《周書·異域傳》。

[99] 氍毹，應卽《魏略·西戎傳》所見氍㲪。

大業中，始遣使貢方物，後遂絕焉。[100]

[100] 此則不見載於《隋書·煬帝紀》。

安國，漢時安息國也。[101] 王姓昭武氏，與康國王同族，字設力登。妻，康國王女也。[102] 都在那密水[103] 南，城有五重，環以流水。宮殿皆爲平頭。[104] 王坐金駝座[105]，高七八尺。每聽政，與妻相對，大臣三人評理國事。風俗同於康國。[106] 唯妻其姊妹，及母子遞相禽獸，此爲異也。[107] 煬帝卽位之後，遣司隸從事杜行滿使於西域，至其國，得五色鹽[108] 而返。

[101]"漢時安息國也":這似乎表明安息曾一度佔領阿姆河右岸的 Bukhāra 地區。然而這亦可能是隋人稱該地爲"安國"而產生的誤解。又,《冊府元龜·國史七·地理》(卷五六〇)載,貞元十七年(801 年),賈耽上"海內華夷圖及古今郡國縣道四夷述表"曰:"前《西戎志》以安國爲安息,今則改入康居。凡諸舛謬,悉從釐正。"可見唐人已知其誤。

[102] 安國王娶康國王女,可視爲昭武姓王室內部聯姻。[68]

[103] 那密水,一般認爲即 Zarafšan 河,而"那密"[na-miet] 是伊朗語 namīdh 或 namiq 之音譯。

[104]"宮殿皆爲平頭":片治肯特古城及其他遺址,可證當時 Sogdiana 地區流行平頂建築。[69]

[105] 金駝座,指座足爲駝足。[70]

[106] 安國風俗既"同於康國",其人亦"好音聲"無疑。《隋書·音樂志下》:"安國,歌曲有附薩單時,舞曲有末奚,解曲有居和祇。樂器有箜篌、琵琶、五弦、笛、簫、篳篥、雙篳篥、正鼓、和鼓、銅拔等十種,爲一部。工十二人。"[71]

[107]"妻其姊妹,及母子遞相禽獸",指祆教的近親結婚習俗。《阿維斯陀經》稱:"最爲正直而又正直的人,便是奉行我瑪兹達教的信徒,他們一遵我較近親結婚之規矩行事。"(II, 61)經文且視近親結婚爲一種功德和虔誠的善行。如此提倡的目的似乎是爲了保持教團的統一與純潔。[72]

[108] 五色鹽,含各種化學成份的鹽類。[73]

國之西百餘里[109]有畢國[110],可千餘家[111]。其國無君長[112],安國統之。

[109]"百餘里"(里數2):自畢國去安國王治的行程。案:安國王治是計算去畢國、烏那曷國、穆國乃至波斯國行程的基準點。

[110] 畢國,卽 Baikand,位於那密水南,今烏茲別克西境。[74] "畢"[piet],Baik 之對譯。

[111] "千餘家",盡爲商販,行商中國及海外(裏海沿岸),獲利甚豐。[75]

[112] "無君長",反映了該國獨特的行政體制,實際上是商民自治的"自由市"。

大業五年,遣使貢獻。[113]後遂絕焉。[114]

[113] 此則不見"本紀"。

[114] "後遂絕焉",不確。蓋據《隋書·煬帝紀下》,安國於大業十一年(615年)正月甲午朔遣使朝貢。

石國[115],居於藥殺水[116],都城方十餘里。其王姓石,名涅。國城之東南立屋,置座於中,正月六日、七月十五日以王父母燒餘之骨,金甕盛之,置于牀上,巡遶而行,散以花香雜果,王率臣下設祭焉。[117]禮終,王與夫人出就別帳,臣下以次列坐,享宴而罷。有粟麥,多良馬。其俗善戰。曾貳於突厥,射匱可汗[118]興兵滅之，令特勤[119]甸職攝其國事。[120]南去鏺汗[121]六百里[122]，東南去瓜州[123]六千里[124]。

[115] 石國，"石"[zjyak]，Šaš 之對譯。一般認爲位於今 Tashkend。

[116] 藥殺水，指錫爾河。"藥殺"[jiak-sheat]，一般認爲是該河古稱 Iaxartes 之對譯。

[117] 禮俗：九姓胡雖無棺槨，但有收葬骸骨的葬具，即所謂"盛骨甕"。與王者用金甕不同，民間則用陶質骨甕。這有別於波斯祆教。[76]

[118] 射匱可汗，西突厥可汗，公元 605—617 年在位，達度可汗之孫。《隋書·裴矩傳》載：大業十一年（615 年），"射匱可汗遣其猶子，使率西蕃諸胡朝貢，詔矩慰接之"。

[119] 特勤，官稱號。一般認爲是突厥語 teqin 的漢譯。

[120] "曾貳於突厥"云云，《新唐書·西域傳下》作："隋大業初，西突厥殺其王，以特勒甸職統其國。""特勒"係"特勤"之訛，"匐"與"甸"未知孰是。

[121] 鏺汗，位於 Ferghāna。"鏺汗"[puat-han]，即 Ferghāna 之對譯。

[122] "六百里"（里數 3.1）：石國王治赴鏺汗國王治的行程。據下文可知此"六百里"應爲"五百里"（里數 8.4）之訛。又，據《魏書·西域傳》，者舌（石國）去破洛那 1000 里。

[123] 瓜州，北魏置，治敦煌（今敦煌西南）。據《元和郡縣圖志·隴右道下》（卷四〇），隋大業三年（607 年）改爲敦煌郡。由此

可見本傳以瓜州爲基準的里程記載均依據大業三年前的資料。

[124]"六千里"（里數3.2）：自石國王治經鏺汗國王治赴瓜州的行程，亦即石國王治去鏺汗國王治600里與鏺汗國王治去瓜州5500里之和。"六千里"或爲約數或奪"一百里"。

匋職以大業五年遣使朝貢，其後不復至。[125]

[125] 此則不見"本紀"。案：射匱因受處羅可汗的擠迫而西遷錫爾河流域，遂滅石國。

……[126]

[126] 焉耆前爲"女國傳"，不屬"西域"，茲不錄注。

焉耆國，都白山[127]之南七十里[128]，漢時舊國也。其王姓龍[129]，字突騎[130]。都城方二里。國内有九城，勝兵千餘人。國無綱維。其俗奉佛，書類婆羅門[131]。婚姻之禮有同華夏。死者焚之，持服七日。男子剪髪。有魚鹽蒲葦之利。東去高昌九百里[132]，西去龜茲[133]九百里[134]，皆沙磧。東南去瓜州二千二百里[135]。大業中，遣使貢方物。[136]

[127] 白山，今天山。

[128] "七十里"（里數4.1）：自焉耆國王治至白山的行程。案：

此里數與《周書·異域傳下》所載相同。

[129] 龍，焉耆王族之姓。77

[130]"字突騎"："突騎"係《舊唐書·突厥傳下》所見西突厥十姓之一"突騎施"。王"字突騎"說明其時焉耆已爲突厥所統。78

[131] 婆羅門，此處似指婆羅門國即印度。

[132]"九百里"（里數4.2）：自焉耆國王治至高昌的行程。案：據《漢書·西域傳下》，焉耆國王治至車師前國王治交河城835里，又據《元和郡縣圖志·隴右道·西州》（卷四十），交河城至高昌80里，知"九百里"乃經由交河城的行程，不過約數。

[133] 龜茲，西域北道綠洲國，首見《漢書·西域傳》。

[134]"九百里"（里數4.3）：自焉耆國王治至龜茲國王治的行程。案：據《漢書·西域傳》，自焉耆國王治員渠城經尉犁國王治赴烏壘城的行程400里，自烏壘城赴龜茲國王治延城350里。兩者之和僅750里。

[135]"二千二百里"（里數4.4）：自焉耆國王治赴瓜州的行程，亦即焉耆國王治去高昌900里，與高昌去敦煌1300里之和。

[136] 此則不見"本紀"。

龜茲國，都白山[137]之南百七十里[138]，漢時舊國也。其王姓白[139]，字蘇尼咥。[140]都城方六里。勝兵者數千。俗殺人者死，劫賊斷其一臂，并刖一足。俗與焉耆同。[141]王頭繫綵帶，垂之於後，坐金師子座。土多稻、粟、菽、麥，饒銅、鐵、鉛、麢皮、氍毹、鐃沙、鹽綠[142]、雌黃、胡粉[143]、安息香[144]、良馬、封牛。東去焉耆九百里[145]，南去于闐[146]千四百里[147]，西去疏勒[148]千五百里[149]，北去突厥牙[150]六百餘里[151]，東南去瓜州三千一百里[152]。大業中，遣使貢方物。[153]

[137] 白山，此處特指 Ak tag（《新唐書·西域傳上》所見"阿羯田山"）。

[138] "百七十里"（里數 5.1）：自龜茲國王治至白山的行程。案：《周書·異域傳下》：龜茲國在"在白山之南一百七十里"。

[139] 白，龜茲王族之姓，最早見於《後漢書·班超傳》。[79]

[140] "字蘇尼咥"："蘇尼咥"係《舊唐書·突厥傳下》所見西突厥十姓之一—"鼠尼施"，與突騎施同屬五咄陸部。王"字蘇尼咥"說明其時龜茲已為突厥所統。[80]案：據前引《隋書·西突厥傳》，可知龜茲與突厥關係最早可以追溯至阿波可汗（581—587 年在位）時。

[141] "俗與焉耆同"，指男子剪髮。[81]

[142] 鹽綠，已見《周書·異域傳》。

[143] 胡粉，已見《周書·異域傳》。

[144] 安息香，一說指小安息香樹（Btyrax benjoin）的一種香樹脂。[82]

[145] "九百里"（里數 5.2）：自龜茲國王治至焉耆國王治的行程。

[146] 于闐，西域南道綠洲國，首見《漢書·西域傳》。

[147] "千四百里"（里數 5.3）：自龜茲國王治至于闐國王治的行程。

[148] 疏勒，西域北道綠洲國，首見《漢書·西域傳》。

[149]"千五百里"（里數 5.4）：自龜茲國王治至疏勒國王治的行程。案：據《漢書·西域傳》，疏勒、龜茲去烏壘分別爲 2210 和 670 里，龜茲去疏勒應爲 2210 和 670 里之差：1540 里。

[150] 突厥牙：《隋書·西突厥傳》："處羅可汗居無恒處，然多在烏孫故地。復立二小可汗，分統所部。一在石國北，以制諸胡國。一居龜茲北，其地名應娑。"《新唐書·突厥傳下》稱：唐高宗顯慶二年（657 年），"蘇定方擊［阿史那］賀魯別帳鼠尼施于鷹娑川"。此處所謂"突厥牙"即位於應娑或鷹娑川，即大裕勒都斯河谷。"賀魯別帳"類似處羅所設"小可汗"。據研究，大裕勒都斯河谷也是達度可汗、射匱可汗的基地。[83]

[151] "六百餘里"（里數 5.5）：自龜茲國王治至突厥國王治的行程。

[152] "三千一百里"（里數 5.6）：自龜茲國王治經焉耆國王治赴瓜州的行程，亦即龜茲國王治去焉耆國王治 900 里，與焉耆國王治去瓜州 2200 里之和。

[153] 據《隋書·煬帝紀下》，龜茲國於大業十一年（615 年）正月甲午朔遣使朝貢。又，《隋書·音樂志下》："始開皇初定令，置七部樂：一曰國伎，二曰清商伎，三曰高麗伎，四曰天竺伎，五曰安國伎，六曰龜茲伎，七曰文康伎。……及大業中，煬帝乃定清樂、西涼、龜茲、天竺、康國、疎勒、安國、高麗、禮畢，以爲九部。樂器工衣創造既成，大備於兹矣。"又載："龜茲者，起自呂光滅龜茲，因得其聲。呂氏亡，其樂分散，後魏平中原，復獲之。其聲後多變易。至隋有西國龜茲、齊朝龜茲、土龜茲等，凡三部。"

疏勒國，都白山南百餘里[154]，漢時舊國也。其王字阿彌厥，手足皆六指。產子非六指者，即不育。都城方五里，國內有大城十二，小城數十。勝兵者二千人。王戴金師子冠。土多稻、粟、麻、麥、銅、鐵、錦、雌黃，每歲常供送於突厥。[155]南有黃河，西帶蔥嶺，東去龜茲千五百里[156]，西去鏺汗國千里[157]，南去朱俱波[158]八九百里[159]，東北至突厥牙[160]千餘里[161]，東南去瓜州四千六百里[162]。大業中，遣使貢方物。[163]

[154]"百餘里"（里數 6.1）：自疏勒國王治至白山的行程。

[155]"每歲常供送於突厥"：突厥收取貢稅，是塞北遊牧政權統治西域諸國的典型方式。

[156]"千五百里"（里數 6.2）：自疏勒國王治至龜茲國王治的行程。

[157]"千里"（里數 6.3）：自疏勒國王治至鏺汗國王治的行程。

[158]朱俱波，即漢代子合國之後身，在葉爾羌河與 Asgan-sal 河匯合地點以上 Kosrāb 附近的河谷。[84]"朱俱波"[tjio-kio-puai]，一般認爲是 čakukalka 的對譯。

[159]"八九百里"（里數 6.4）：自疏勒國王治至朱俱波國王治的行程。

[160] 突厥牙，一說此處所謂"突厥牙"在碎葉城（Suy-âb，今 Tokmak 城西南 8 公里處之 Ak-Beshim Ruin），自統葉護可汗以降成爲西突厥王庭。所謂"東北至突厥牙千餘里"，乃指自疏勒溯 Toyun 河而上，由 Turgat dawān 越天山，經 Chatyr-kul（Chadyr köl）湖畔，渡 Naryn 河支流 At-bashi 河和 Naryn 河主流，在 Dolon dawān 再次橫斷

天山，北行抵達楚河河畔。[85] 案：《舊唐書·突厥傳下》稱統葉護可汗"移庭於石國北之千泉（今 Merke）"。而據《大唐西域記》卷二，至遲在唐太宗貞觀二年（628年），統葉護可汗的王庭已在碎葉城。《隋書·西突厥傳》述處羅可汗所置小可汗之一王庭亦在石國之北，祇是不知是千泉還是碎葉。

[161] "千餘里"（里數 6.5）：自疏勒國王治至碎葉城的行程。

[162] "四千六百里"（里數 6.6）：自疏勒國王治經龜茲國王治赴瓜州的行程，亦即疏勒國王治去龜茲國王治 1500 里，與龜茲國王治去瓜州 3100 里之和。

[163] 《隋書·煬帝紀下》：大業十一年（615年）春正月甲午朔疏勒遣使朝貢。又，《隋書·音樂志》載："疎勒，歌曲有亢利死讓樂，舞曲有遠服，解曲有鹽曲。樂器有豎箜篌、琵琶、五弦、笛、簫、篳篥、答臘鼓、腰鼓、羯鼓、雞婁鼓等十種，為一部，工十二人。"

于闐國，都葱嶺之北二百餘里[164]。其王姓王，字卑示閉練。都城方八九里。國中大城有五，小城數十。勝兵者數千人。俗奉佛，尤多僧尼，王每持齋戒。城南五十里有贊摩寺[165]者，云是羅漢比丘[166]比盧旃[167]所造，石上有辟支佛[168]徒跣之跡。于闐西五百里有比摩寺[169]，云是老子化胡成佛之所。[170] 俗無禮義，多盜賊淫縱。王錦帽，金鼠冠，妻戴金花。其王髮不令人見，俗云，若見王髮，年必儉。土多麻、麥、粟、稻、五果，多園林，山多美玉。東去鄯善[171]千五百里[172]，南去女國[173]三千里[174]，西去朱俱波千里[175]，北去龜茲千四百里[176]，東北去瓜州二千八百里[177]。大業中，頻遣使朝貢。[178]

[164]"二百餘里"（里數 7.1）：自于闐國王治至葱嶺的行程。

[165]"贊摩寺"，卽 Tasar-ma Samghārāma（大伽藍）。

[166]"比丘"，卽 bhikṣu。

[167]"比盧旃"，卽 Vairocana。

[168]"辟支佛"，卽 Pratyekabudaha。

[169]比摩寺：據宋謝守灝編《混元聖記》卷八載，萬歲通天元年（696 年）丙申，東都福先寺僧惠澄表乞除毀《老子化胡經》，敕秋官侍郎集成均監、弘文館學士詳議，太中大夫、守秋官侍郎、上柱國劉如璿議曰："《皇朝實錄》云：于闐國西五百里有毗摩伽藍，是老子化胡之所建。老子至是白日昇天，與群胡辭決"云云。[86]案："毗摩"與本傳"比摩"爲同名異譯，很可能是 Bhīmā 的音譯，亦卽《大唐西域記》卷一二所見"媲摩"。[87]

[170]"老子化胡成佛"：除本傳外，類似記載也見於《世說新語·文學篇》注、《魏書·釋老志》、《隋書·經籍志四》、法琳《辯正論》卷五、《太平御覽·四夷部》、《史記正義》（卷一二三）等。指比摩寺爲老子化胡成佛之所無非附會而已。

[171]鄯善，西域南道綠洲國，首見《漢書·西域傳》。《隋書·地理志上》："鄯善郡，大業五年平吐谷渾置，置在鄯善城，卽古樓蘭城也。并置且末、西海、河源，總四郡。"一說此時所置鄯善郡，所治當在漢伊循城，卽今 Charkhlik。[88]

[172]"千五百里"（里數 7.2）：自于闐國王治至鄯善國王治的行程。

[173] 女國，即《大唐西域記》卷四所見蘇伐剌瞿呾羅國（Suvarna-gotra），位於今喜馬拉雅山之北，和闐以南、拉達克以東。[89]

[174] "三千里"（里數 7.3）：自于闐國王治至女國王治的行程。

[175] "千里"（里數 7.4）：自于闐國王治至朱俱波國王治的行程。

[176] "千四百里"（里數 7.5）：自于闐國王治至龜茲國王治的行程。

[177] "二千八百里"（里數 7.6）：此里數有誤。

[178] 《隋書·煬帝紀下》，于闐國於大業十一年（615 年）正月甲午朔遣使朝貢。

鏺汗國，都蔥嶺之西五百餘里[179]，古渠搜國也。[180] 王姓昭武，字阿利柒。都城方四里。勝兵數千人。王坐金羊牀，妻戴金花。俗多朱砂、金、鐵。東去疏勒千里[181]，西去蘇對沙那國[182]五百里[183]，西北去石國五百里[184]，東北去突厥牙[185]二千餘里[186]，東去瓜州五千五百里[187]。大業中，遣使貢方物。[188]

[179] "五百餘里"（里數 8.1）：自鏺汗國王治至蔥嶺的行程。案：鏺汗國王治是計算去石國、蘇對沙那、米國、史國、康國、曹國、何國乃至小安國行程的基準點。

[180] "古渠搜國也"："渠搜"可能是塞種之一部 Asii 之異譯，其進入 Ferghāna 的時間可能早於 Tochari。Ferghāna 因後者得名"大宛"。而進入該地的 Asii 人很可能在《隋書·西域傳》描述的年代取代原來的吐火羅人，成爲 Ferghāna 地區的宗主，"渠搜"一名始得顯彰。中

國史籍將"大宛"改稱"破洛那"（《魏書·西域傳》）或"鏺汗"也許與這一變動有關。[90] 案：《史記正義》引《西域圖記》云："鉢汗，古渠搜也。"（見《玉海·地理·異域圖書》）這雖與本傳記載相符，但不能看作本傳取材《西域圖記》的證據，蓋鏺汗前身爲渠搜有可能是一種當時流行的說法。

[181] "千里"（里數 8.2）：自鏺汗國王治至疏勒國王治的行程。

[182] 蘇對沙那國，一般認爲位於今 Ura-tüpä，"蘇對沙那"是 Ošrūsana 或 Satrušna 的對譯。

[183] "五百里"（里數 8.3）：自鏺汗國王治至蘇對沙那國王治的行程。

[184] "五百里"（里數 8.4）：自鏺汗國王治至石國王治的行程。此里數與"石國條"（里數 3.1）有異，似乎應以此爲準。

[185] 突厥牙，位於碎葉城，與疏勒傳所傳位置相同。[91]

[186] "二千餘里"（里數 8.5）：表示鏺汗國王治去碎葉城的行程。據《大唐西域記》卷一，可知自素葉城至千泉 400 餘里，自千泉至怛邏斯城（Talas，今哈薩克斯坦 Zhambul）140 至 150 里，自怛邏斯城至白水城（Isbījāb，今 Sayram，Chimkent 以東 15 公里處）200 餘里，自白水城至恭御城（Chach-Ilak，在 Syr Darya 支流 Chirchik 河與 Angren 河流域）200 餘里，自恭御城至笯赤建國（Nujakth，Tashkend 地區之 Ханабад）40 至 50 里，從笯赤建國之赭時國 200 餘里，自赭時國（Šaš，可能在 Binkath，去 Chirchik 河不遠）至怖捍國（Ferghāna）1000 餘里。

[187] "五千五百里"（里數 8.6）：自鏺汗國王治赴瓜州的行程。

"五千五百里"或係"五千四百里"之訛。

[188]《隋書·煬帝紀下》作"沛汗",載該國於大業十一年(615年)正月甲午朔遣使朝貢。

吐火羅國[189],都葱嶺西五百里[190],與挹怛雜居。[191]都城方二里。勝兵者十萬人,皆習戰。其俗奉佛。兄弟同一妻,迭寢焉,每一人入房,戶外挂其衣以爲志。生子屬其長兄。[192]其山穴中有神馬,每歲牧牝馬於穴所,必產名駒。南去漕國[193]千七百里[194],東去瓜州五千八百里[195]。大業中,遣使朝貢。[196]

[189] 吐火羅國,一般認爲指 Tokhāristān。一說本傳的"吐火羅"僅包括今天 Kunduz 北方的 Qal'a-ye Zāl 地區,亦即見諸阿拉伯地理書的 Warwālīz。[92]

[190] "五百里"(里數 9.1):自吐火羅國王治至葱嶺的行程。

[191] "與挹怛雜居":挹怛部落原遊牧於塞北,西遷後以吐火羅斯坦爲統治中心,此時其政權爲突厥、波斯聯盟所破,餘衆乃與土著雜居。

[192] 婚俗:據《慧超往五天竺國傳》,"其吐火羅國,乃至罽賓國(Kashmira)、犯引國(Bamiyan)、謝颭國(Zābulistān)等,兄弟十人、五人、三人、兩人共娶一妻、不許各娶一婦,恐破家計"。由此可知此風流行甚廣,而其成因主要是經濟的,即所謂"恐破家計"。

[193] 漕國,應即《大唐西域記》所見迦畢試(Kāpiśī)。[93] "漕"

[dzô]，一說係 Zābul 之對譯。Zābul 國（首府 Gazna）的版圖一度自乾陀羅伸展至 Kāpiśī，以致 Kāpiśī 被稱爲"漕國"。[94]

[194]"千七百里"（里數 9.2）：自吐火羅國王治至漕國王治的行程。

[195]"五千八百里"（里數 9.3）：自吐火羅國王治至瓜州的行程，經由不明。《通典・邊防九・西戎五》作"東去瓜州六千七百里"。

[196] 據《隋書・煬帝紀下》，吐火羅國於大業十一年（615 年）正月甲午朔遣使朝貢。

挹怛國，都烏滸水[197]南二百餘里，[198]大月氏之種類也。[199]勝兵者五六千人。俗善戰。先時國亂，突厥遣通設字詰強領其國。[200]都城方十餘里。多寺塔，皆飾以金。兄弟同妻。婦人有一夫者，冠一角帽，夫兄弟多者，依其數爲角。[201]南去漕國千五百里[202]，東去瓜州六千五百里[203]。大業中，遣使貢方物。[204]

[197] 烏滸水，卽阿姆河。"烏滸" [a-xu]，Oxus 之對譯。

[198] "二百餘里"（里數 10.1）：自挹怛國王治至烏滸水的行程。挹怛國王治位於 Balkh 附近。[95]

[199] "大月氏之種類"：已知挹怛與大月氏並無關係，但因爲挹怛人自塞北西遷中亞後，統治中心便移至吐火羅斯坦，該處自東漢以來曾先後在貴霜和寄多羅貴霜的統治之下，而中國對貴霜和寄多羅貴霜一直如《後漢書・西域傳》所言"本其故號"，稱之爲"大月氏"，

故本傳誤以爲挹怛亦是"大月氏之種類"。《周書·異域傳下》和本傳所述皆爲挹怛定都阿姆河以南後的情況，故有可能以爲挹怛人從來就定居該處。

[200] 與突厥關係：據《隋書·突厥傳》，"木杆勇而多智，遂擊茹茹，滅之；西破挹怛，東走契骨，北方戎狄悉歸之，抗衡中夏"。案：事實上"西破挹怛"的是室點密，並非木杆本人。僅僅因爲木杆當時係突厥最高可汗，《隋書·突厥傳》纔以破挹怛之功歸之。室點密卽西史所見 Silzibul，曾奉木杆可汗之命，與其子達度等率所部西征挹怛，於 558 年前與薩珊波斯 Khusrau 一世（531—579 年在位）聯兵破滅其國，以阿姆河爲界中分其土。[96] 又，《隋書·突厥傳》所載開皇三年（583 年）詔有云："達頭前攻酒泉，其後于闐、波斯、挹怛三國一時卽叛。"達頭（卽本傳所見達度可汗）攻酒泉，在宣政元年（578 年）。此處所謂"國亂"，或卽挹怛殘部乘達度東進之機騷動。此亂平定之後，突厥乃遣通設名詰强者監領其國。案："通設"，應卽"吐屯設"；"吐屯"聯讀便成"通"字。

[201] 婚俗：按之《魏書·西域傳》"嚈噠條"原文，挹怛人最初並無一妻多夫之俗。而據本傳有關吐火羅人婚俗的記載，可知挹怛人染有此風當係進入中亞後受土著影響所致。[97]

[202] "千五百里"（里數 10.2）：自挹怛國王治至漕國王治的行程。案：漕國王治有可能是計算去挹怛國、吐火羅國行程的基準點。

[203] "六千五百里"（里數 10.3）：自挹怛國王治至瓜州的行程，經由不明。

[204] 此則不見"本紀"。

米國，都那密水西，[205] 舊康居之地也。[206] 無王。其城主姓昭武，康國王之支庶，字閉拙[207]。都城方二里。勝兵數百人。西北去康國百里[208]，東去蘇對沙那國五百里[209]，西南去史國二百里[210]，東去瓜州六千四百里[211]。大業中，頻貢方物。[212]

[205]《新唐書·西域傳下》："米，或曰彌末，曰弭秣賀。北百里距康。其君治鉢息德城，永徽時爲大食所破。"鉢息德城，位於今噴赤幹（Penjikent）。[98] "鉢息德"可能是 Sogdiana 語 ptsγtk 之對譯。[99]

[206] "舊康居之地"：Sogdiana 曾是康居屬土。[100]

[207] "閉拙"，一說應即見諸穆格山 Sogdiana 文書中的 Penjikent 領主 Ck'yn cwr 之父 Pycwtt。《新唐書·西域傳下》："顯慶三年，以其地爲南謐州，授其君昭武開拙爲刺史，自是朝貢不絕。""開拙"應卽"閉拙"，形近致訛。[101]

[208] "百里"（里數 11.1）：自米國王治至康國王治的行程。

[209] "五百里"（里數 11.2）：自米國王治至蘇對沙那國王治的行程。

[210] "二百里"（里數 11.3）：自米國王治至史那國王治的行程。

[211] "六千四百里"（里數 11.4）：自米國王治經由鏺汗國去瓜州的行程，亦即米國王治去蘇對沙那 500 里、蘇對沙那王治去鏺汗國王治 500 里，和鏺汗國王治去瓜州 5400 里之和。

[212] 此則不見"本紀"。

史國，都獨莫水[213]南十里[214]，舊康居之地也。[215]其王姓昭武，字迣遮，亦康國王之支庶也。都城方二里。勝兵千餘人。俗同康國。北去康國二百四十里[216]，南去吐火羅五百里[217]，西去那色波國二百里[218]，東北去米國二百里[219]，東去瓜州六千五百里[220]。大業中，遣使貢方物。[221]

[213] 獨莫水，Kaškarūd 河。[102] "獨莫" [dok-mak]，一說伊朗語 tūmu（突厥語 tūmāq，有力、暴漲）之音譯。[103]

[214] "十里"（里數 12.1）：自史國王治至獨莫水的行程。

[215] "舊康居之地也"：史國之前身可能就是《漢書・西域傳上》所載康居五小王之一蘇䩭王。[104]

[216] "二百四十里"（里數 12.2）：自史國王治至康國王治的行程。

[217] "五百里"（里數 12.3）：自史國王治至吐火羅國王治的行程。

[218] "二百里"（里數 12.4）：自史國王治至那色波國王治的行程。

[219] "二百里"（里數 12.5）：自史國王治至米國王治的行程。

[220] "六千五百里"（里數 12.6）：自史國王治經由米國赴瓜州的行程，亦即史國王治至米國 200 里，和米國王治至瓜州 6400 里之和。"六千五百里"或係"六千六百里"之訛。

[221] 此則不見"本紀"。據《新唐書・西域傳下》，"隋大業中，其君狄遮始通中國"。

曹國，都那密水南數里[222]，舊是康居之地也。國無主，康國王令子烏建領之。都城方三里。勝兵千餘人。國中有得悉神[223]，自西海[224]以東諸國並敬事之。其神有金人焉，金破羅[225]闊丈有五尺，高下相稱。每日以駝五頭、馬十匹、羊一百口祭之，常有數千人食之不盡。東南去康國百里[226]，西去何國百五十里[227]，東去瓜州六千六百里[228]。大業中，遣使貢方物。[229]

[222] "數里"（里數 13.1）：自曹國王治至那密水的行程。

[223] 得悉神，應爲祆教司星辰雨水之女神。"得悉"爲 Sogdiana 語 txs'yc 之對譯。105

[224] 西海，指地中海。

[225] "金破羅"，飲酒器。"破羅"，伊朗語 patrōd 之對譯。106

[226] "百里"（里數 13.2）：自曹國王治至康國王治的行程。

[227] "百五十里"（里數 13.3）：自曹國王治至何國王治的行程。

[228] "六千六百里"（里數 13.4）：自曹國王治經由康國、米國王治赴瓜州的行程，亦卽曹國王治至康國王治 100 里、康國王治至米國王治 100 里，和米國王治至 6400 里之和。

[229] 據《隋書·煬帝紀下》，曹國於大業十年（614 年）七月乙卯、十一年正月甲午朔來朝貢。

何國，都那密水南數里[230]，舊是康居之地也。[231]其王姓昭武，亦康國王之族類，字敦。都城方二里。勝兵千人。其王坐金羊座。東去曹國百五十里[232]，西去小安國三百里[233]，東去瓜州六千七百五十里[234]。大業中，遣使貢方物。[235]

[230]"數里"（里數 14.1）：自何國王治至那密水的行程。

[231]"舊是康居之地"：何國之前身可能就是《漢書·西域傳上》所載康居五小王之一附墨王。[107]

[232]"百五十里"（里數 14.2）：自何國王治至曹國王治的行程。

[233]"三百里"（里數 14.3）：自何國王治至小安國王治的行程。

[234]"六千七百五十里"（里數 14.4）：自何國王治經由曹國王治至瓜州的行程，亦即何國王治至曹國王治 150 里和曹國王治至瓜州 6600 里之和。

[235]據《隋書·煬帝紀下》，何國於大業十一年（615 年）正月甲午朔遣使朝貢。

烏那曷國，都烏滸水西，舊安息之地也。[236] 王姓昭武，亦康國種類，字佛食。都城方二里。勝兵數百人。王坐金羊座。東北去安國四百里[237]，西北去穆國二百餘里[238]，東去瓜州七千五百里[239]。大業中，遣使貢方物。[240]

[236]"安息之地"：烏那曷國既在阿姆河南，可能一度是安息屬土。

[237]"四百里"（里數 15.1）：自烏那曷國王治至安國王治的行程。

[238]"二百餘里"（里數 15.2）：自烏那曷國王治至穆國王治的行程。

[239]"七千五百里"（里數 15.3）：經由安國王治赴瓜州的行程。由此可以推知安國王治去瓜州 7100 里，亦即烏那曷國王治去瓜州 7500 里與烏那曷國王治去安國王治 400 里之差。

[240] 據《隋書・煬帝紀下》，烏那曷於大業十一年（615 年）正月甲午朔遣使朝貢。

穆國，都烏滸河之西，亦安息之故地，[241] 與烏那曷爲鄰。其王姓昭武，亦康國王之種類也，字阿濫密。都城方三里。勝兵二千人。東北去安國五百里[242]，東去烏那曷二百餘里[243]，西去波斯國[244]四千餘里[245]，東去瓜州七千七百里[246]。大業中，遣使貢方物。[247]

[241]"安息之故地"：穆國既在阿姆河南，可能一度是安息屬土。

[242]"五百里"（里數 16.1）：自穆國王治至安國王治的行程。

[243]"二百餘里"（里數 16.2）：自穆國王治至烏那曷國王治的行程。

[244] 波斯國，指薩珊波斯。

[245]"四千餘里"（里數 16.3）：自穆國王治至波斯國王治的行程。

[246]"七千七百里"（里數 16.4）：自穆國王治經由烏那曷國王治赴瓜州的行程，亦即穆國王治至烏那曷國王治 200 里，和烏那曷國王治去瓜州 7500 里之和。

[247] 據《隋書・煬帝紀下》，穆國於大業十一年（615 年）正月甲午朔遣使朝貢。

波斯國，都達曷水[248]之西蘇藺城[249]，即條支之故地也。[250]其王字庫薩和[251]。都城方十餘里。勝兵二萬餘人。乘象而戰。國無死刑，或斷手刖足，沒家財，或剃去其鬚，或繫排於項，以爲標異。[252]人年三歲已上，出口錢四文。妻其姊妹。[253]人死者，棄屍于山，[254]持服一月。王著金花冠，坐金師子座[255]，傅金屑於鬚上以爲飾。衣錦袍，加瓔珞於其上。土多良馬，大驢，師子，白象，大鳥卵[256]，真珠、頗黎[257]、獸魄[258]、珊瑚、瑠璃、碼碯、水精、瑟瑟、呼洛羯[259]、呂騰[260]、火齊[261]、金剛[262]、金、銀、鍮石[263]、銅、鑌鐵[264]、錫、錦、疊、細布、氍毹、氀毼[265]、護那[266]、越諾布[267]、檀、金縷織成[268]、赤麖皮、朱沙、水銀、薰陸[269]、鬱金[270]、蘇合[271]、青木[272]等諸香，胡椒、蓽撥[273]、石蜜[274]、半蜜[275]、千年棗[276]、附子[277]、訶黎勒[278]、無食子[279]、鹽綠、雌黄。突厥不能至其國，亦羈縻之。波斯每遣使貢獻。[280]西去海[281]數百里[282]，東去穆國四千餘里[283]，西北去拂菻[284]四千五百里[285]，東去瓜州萬一千七百里[286]。

[248] 達曷水，指底格里斯河。"達曷"[dat-hat]，Diglat 之（Tigris 之土稱）對譯。[108]

[249] 蘇藺城，位於巴格達之南。"蘇藺"[sa-lien]，得視爲 Seleucia 之對譯。[109] 另說爲 Sūrastān 之對譯。[110]

[250] "條支之故地"，Seleucia 所在敘利亞地區原係"條支"即塞琉古王國的統治區。

[251] 庫薩和，即薩珊波斯國王 Khusrau 一世，531—579 年在位。

[252] 剃鬚、繫排之類刑法，本《周書·異域傳下》。

[253] "妻其姊妹"，指祆教主張的近親結婚。

[254] "棄屍于山"，指波斯祆教徒特有的葬俗，即所謂天葬。

[255] "金師子座"，《舊唐書·西戎傳》作"獅子牀"。至少阿爾達希一世（Ardashīr I，224—240 年在位）等頒發的錢幣反面所刻王座確以獅足爲座足。[111]

[256] 大鳥卵，首見《史記·大宛列傳》。

[257] 頗黎，已見《周書·異域傳》。

[258] 獸魄，應即《漢書·西域傳》所見"虎魄"，避唐諱改。

[259] 呼洛羯，一說即硼砂；"呼洛羯"，或係中古波斯語 furak。[112]

[260] 呂騰，無考。

[261] 火齊，已見《周書·異域傳》。

[262] 金剛，已見《周書·異域傳》。

[263] 鍮石，已見《周書·異域傳》。

[264] 鑌鐵，已見《周書·異域傳》。

[265] 氍毹，首見《後漢書·西域傳》。

[266] 護那，一種織物。"護那"，一說可擬爲伊朗語 γuna 或 guna。[113]

[267] "越諾"，指錦緞。一說其詞源爲波斯語 varnax。[114]

[268] 織成，首見《後漢書·西域傳》。

[269] 薰陸，首見《魏略·西戎傳》。

[270] 鬱金，首見《魏略·西戎傳》。

[271] 蘇合，首見《後漢書·西域傳》。

[272] 青木，已見《周書·異域傳》。

[273] 畢撥，卽蓽撥，已見《周書·異域傳》。

[274] 石蜜，首見《後漢書·西域傳》。

[275] 半蜜，無考。

[276] 千年棗，已見《周書·異域傳》。

[277] 附子，卽 monkshood。[115]

[278] 訶黎勒，一種果樹（Terminalia chebulla）。"訶黎勒"，梵語 harītakī、波斯語 halīla 之音譯。

[279] 無食子，已見《周書·異域傳》。

[280] 與突厥關係：六世紀中，突厥、波斯聯盟，滅亡了挹怛。挹怛破滅之初，突厥控制了中亞北部，隔阿姆河與波斯爲鄰。由於貿易等方面的原因，兩國很快就發生了衝突。突厥勢力不久就沿阿姆河南下，遲至七世紀二十年代，拓地直至罽賓，佔有了全部挹怛舊壤。據彌南（10, 3）記載，突厥於 568 年首次遣使拜占庭共謀波斯，並企圖開闢直接同西方貿易的路線。[116] 此處所謂"波斯每遣使貢獻"，當發生在統葉護可汗在位期間。此所以《舊唐書·突厥傳下》稱："統葉護可汗，勇而有謀，善攻戰。遂北幷鐵勒，西拒波斯，南接罽賓，悉歸之，控弦數十萬，霸有西域，據舊烏孫之地。又移庭石國北之千泉。其西域諸國王悉授頡利發（Iltäbär），幷遣吐屯一人監統之，督其征賦。西戎之盛，未之有也。"[117]

[281] "海"，指波斯灣。

[282] "數百里"（里數 17.1）：自波斯國王治去地中海東岸的行程。

[283] "四千餘里"（里數 17.2）：自波斯國王治至穆國王治的行程。

[284] 拂菻，指東羅馬。"拂菻"，一說乃 Rūmi 的伊朗語訛讀 Fūrūmi（意指羅馬領土）之對譯。[118]

[285] "四千五百里"（里數 17.3）：自波斯國王治往赴拂菻國王治的行程。

[286] "萬一千七百里"（里數 17.4）：自波斯國王治經由穆國赴瓜州的行程，亦即波斯國王治去穆國王治 4000 里，和穆國王治去瓜州 7700 里之和。

煬帝遣雲騎尉李昱使通波斯，[287] 尋遣使隨昱貢方物。[288]

[287] "煬帝遣雲騎尉李昱使通波斯"，一說李昱是和前述韋、杜同行的，中途分手後，韋節等南下印度，李昱則西赴波斯。[119] 案：李昱應先隨杜行滿抵達安國，復自安國往赴波斯。[120]

[288] 波斯國使"隨昱貢方物"，不見"本紀"。

漕國，在葱嶺之北，[289] 漢時罽賓國也。[290] 其王姓昭武，字順達，康國王之宗族。[291] 都城方四里。勝兵者萬餘人。國法嚴整，殺人及賊盜皆死。其俗淫祠。葱嶺山有順天神[292]者，儀制極華，金銀鍱為屋，以銀為地，祠者日有千餘人。祠前有一魚脊骨，其孔中通，馬騎出入。[293] 國王戴金魚頭冠[294]，坐金馬座。土多稻、粟、豆、麥；饒象，馬，封牛，金，銀，鑌鐵，氀毹，朱砂，青黛，[295] 安息、青木等香，石蜜，半蜜，黑鹽，阿魏[296]，没藥[297]，白附子[298]。北去帆延[299]七百里[300]，東去刱國[301]六百里[302]，東北去瓜州六千六百里[303]。大業中，遣使貢方物。[304]

[289] "在葱嶺之北"，《通典·邊防八·西戎四》："至隋時，謂之漕國，在葱嶺之西南。"《新唐書·西域傳上》"罽賓條"："罽賓，隋漕國也，居葱嶺南。"《舊唐書·西戎傳》"罽賓條"亦稱："罽賓國，在葱嶺南。"案：《通典·邊防八·西戎四》所記最爲確切。"葱嶺"，此處指興都庫什山。

[290] 漢代罽賓國在喀布爾河中下游，[121] 故隋人將迦畢試（喀布爾河上游）稱爲漢代罽賓，不確。這是時人對漢代罽賓位置迷惑所致。

[291] "其王姓昭武"云云，可能是將"漕國"和"曹國"混淆而導致的誤解。

[292] 順天神，應即《大唐西域記》卷一二"漕矩咤國條"所見"穆那天"，婆羅門教天神之一。"順"與"穆那"爲同名異譯，均係 Śunā 之對譯。

[293]《大唐西域記》卷一"迦畢試國條"："曷蔽多伐剌祠城南三十餘里，至阿路猱（Aruṇa）山，崖嶺峭峻，巖谷杳冥。其峰每歲增高數百尺，與漕矩咤（Jāguḍa）國穆那呬羅（Śunaśilā）山髣髴相望，便即崩墜。聞諸土俗曰：初，穆那天神自遠而至，欲止此山，山神震恐，搖蕩谿谷。天神曰：不欲相舍，故此傾動，少垂賓主，當盈財寶。吾今往漕矩咤國穆那呬羅山，每歲至我受國王、大臣祀獻之時，宜相屬望。故阿路猱山增高既已，尋即崩墜。"《大唐西域記》卷一二漕矩

吒國條載："其天神昔自迦畢試國阿路猱山，徙居此國南界稺那呬羅山中，作威作福，爲暴爲惡。信求者遂願，輕蔑者招殃，故遠近宗仰，上下祗懼。隣國異俗君臣僚庶，每歲嘉辰，不期而會，或齎金銀奇寶，或以羊馬馴畜，競興貢奉，俱伸誠素。所以金銀布地，羊馬滿谷，無敢覬覦。惟修施奉，宗事外道，克心苦行。天神授其咒術，外道遵行多効，治療疾病，頗蒙痊癒。"由此可見順天神信仰之一斑。

[294] "金魚頭冠"，《北史·西域傳》、《通典·邊防八·西戎四》均作"金牛頭冠"。一說證之漕國所頒發的錢幣，作"魚頭"者非是。[122]

[295] 青黛，卽靛青，用於婦女化妝。《通典·邊防八·西戎四》引杜環《經行記》："從此（拔汗那國）至西海……婦人不飾鉛粉，以青黛塗眼而已。"[123]

[296] 阿魏，一種樹脂。"阿魏"，一說係吐火羅語 aṅkwa 之音譯。[124]

[297] 没藥，一種樹脂，古埃及人用於屍體防腐的香料。"没"，一說閃語 murr 之音譯。[125]

[298] 白附子，首見《魏略·西戎傳》。

[299] 帆延，一般認爲卽 Bamiyan。

[300] "七百里"（里數 18.1）：自漕國王治去帆延的行程。

[301] 刼國，一說位於 Mastūj。[126] 又，《通典·邊防九·西戎五》："刼國，隋時聞焉，在蔥嶺中，西與南俱與賒彌國（今 Chitral 和 Mastuj 間）界接，西北至挹怛國，去長安萬二千里。有户數萬。氣候熱，有稻、麥、粟、豆、羊、馬。出洛沙、青黛。婚姻同突厥。死亡棄於山。"所記應該就是本傳所見刼國。

[302] "六百里"（里數 18.2）：漕國王治去刼國王治的行程。

[303] "六千六百里"（里數 18.3）：自漕國王治赴瓜州的行程，經由不明。

[304] 此則不見"本紀"。

……[305]

[305] "史臣曰"前有附國傳，不屬"西域"，茲不錄注。

史臣曰[306]：自古開遠夷，通絕域，必因宏放之主，皆起好事之臣。張騫鑿空[307]於前，班超投筆[308]於後，或結之以重寶，或懾之以利劍，投軀萬死之地，以要一旦之功，皆由主尚來遠之名，臣殉輕生之節。是知上之所好，下必有甚者也。煬帝規摹宏侈，掩吞秦、漢，裴矩方進《西域圖記》[309]以蕩其心，故萬乘親出玉門關，[310]置伊吾[311]、且末[312][郡]，而關右罄於流沙，騷然無聊生矣。若使北狄無虞，東夷告捷，[313]必將修輪臺之戍，築烏壘之城，[314]求大秦之明珠，[315]致條支之鳥卵，[316]往來轉輸，將何以堪其敝哉！古者哲王[317]之制，方五千里，務安諸夏，不事要荒。豈威不能加，德不能被？蓋不以四夷勞中國，不以無用害有用也。是以秦戍五嶺，[318]漢事三邊，[319]或道殣相望，或戶口減半。隋室恃其強盛，亦狼狽於青海。[320]此皆一人失其道，故億兆罹其毒。若深思卻叙之義[321]，固辭都護之請，[322]返其千里之馬，[323]不求白狼之貢，[324]則七戎九夷，候風重譯，雖無遼東之捷，[325]豈及江都之禍乎！[326]

[306] "史臣曰"：《通典·邊防九·西戎五》篇末所載"魏徵論曰"文字與此略同，知"史臣"乃魏徵本人。

[307] "張騫鑿空"：見《史記·大宛列傳》。

[308] "班超投筆"：事詳《後漢書·班超傳》。

[309] 《西域圖記》：《隋書·經籍志二》："《隋西域圖》三卷，裴矩撰。"書完成於大業二年。文字之外還有圖（肖像和地圖）。書已佚失，序文保存在《隋書·裴矩傳》，佚文散見於《通典》、《太平寰宇記》、《玉海》、《史記正義》等書。[127] 一般認爲《西域圖記》是本傳重要資料來源之一，[128] 但無確證。[129]

[310] "萬乘親出玉門關"，指大業五年，煬帝親征吐谷渾，歸途在燕支山接見西域諸國使節。此行僅抵張掖，未出玉門關。[130]

[311] 伊吾郡，治今新疆哈密。《通典·邊防七·西戎三》：伊吾於"隋末內屬，置伊吾郡"。《沙州伊州地志》殘卷："隋大業六年，於城東買地置伊吾郡。隋亂復沒於胡。"《元和郡縣圖志·隴右道下·西州》（卷四〇）："隋大業六年（610年）得其地，以爲伊吾郡。"[131] 據《隋書·煬帝紀上》，大業五年（609年）四月壬寅，伊吾"遣使來朝"，同年六月壬子伊吾設再次朝隋，獻"西域數千里之地"。丙辰，煬帝"宴高昌王、[伊吾]吐屯設於殿上"。然所謂獻地之類不過是象徵性舉動，於是有薛世雄平定伊吾之役。據《隋書·薛世雄傳》，大業六年，"以世雄爲玉門道行軍大將，與突厥啓民可汗（599—611年在位）連兵擊伊吾。師次玉門，啓民可汗背約，兵不至，世雄孤軍度磧。伊吾初謂隋軍不能至，皆不設備，及聞世雄兵已度磧，大懼，請降，詣軍門上牛酒。世雄遂於漢舊伊吾城東築城，號新伊吾，留銀青光祿大

夫王威，以甲卒千餘人戍之而還"。伊吾郡之設，當在此役之後。要之，伊吾於大業五年六月"內屬"，隋於大業六年置伊吾郡。而據《隋書·食貨志》，"九年，詔又課關中富人，計其貲產出驢，往伊吾、河源、且末運糧。多者至數百頭，每頭價至萬餘"。可知伊吾等新郡也成了隋朝沉重的包袱。[132]

[312] 且末郡，據《隋書·吐谷渾傳》，煬帝於大業五年平定吐谷渾後，"自西平臨羌城以西，且末以東，祁連以南，雪山以北，東西四千里，南北二千里，皆爲隋有"。於是，如《隋書·地理志上》所言："更置四郡。……東西九千三百里，南北萬四千八百一十五里，東南皆至於海，西至且末，北至五原，隋氏之盛，極於此也。"其中，"且末郡置在古且末城（今且末縣西南）。有且末水（Charchen darya）、薩毗澤（圖孜布拉克附近）。統縣二"。案：所致鄯善、且末、伊吾等郡，無非屯戍而已。隋祚復短，或尚不及建設。

[313] "東夷告捷"，指煬帝大業八、九、十一年三次遠征高句麗（事實上均以失敗告終）。

[314] "修輪臺之戍，築烏壘之城"：事詳《漢書·西域傳下》。

[315] "大秦之明珠"："大秦"，首見《後漢書·西域傳》。據載，"土多金銀奇寶，有夜光璧、明月珠"。在《後漢書·西域傳》描述的時代，大秦指羅馬帝國。

[316] "條支之鳥卵"："條支"，首見《史記·大宛列傳》。據載，"有大鳥，卵如甕"。在《史記·大宛列傳》描述的時代，條支指塞琉古朝叙利亞王國。

[317] 《詩·大雅·下武》（卷一六）："下武維周，世有哲王。""哲

王",鄭箋:"明知之王。"[133]

[318]"秦戍五嶺":《史記·秦始皇本紀》,三十三年,"以適遣戍"。《史記集解》引徐廣曰:"五十萬人守五嶺。"《史記正義》引《廣州記》云:"五嶺者,大庾、始安、臨賀、揭楊、桂陽。"又引《輿地志》云:"一曰臺嶺,亦名塞上,今名大庾;二曰騎田;三曰都龐;四曰萌諸;五曰越嶺。"

[319]"漢事三邊":《史記·律書》:"高祖有天下,三邊外畔。""三邊"指東邊朝鮮、南邊南越、北邊匈奴。武帝即位,於元朔二年(前127年)開始征伐匈奴,元鼎六年(前111年)伐南越,元封三年(前108年)定朝鮮。

[320]"狼狽於青海",指大業五年(609年)煬帝親征吐谷渾事。

[321]"即敘之義":《尚書·禹貢》:"西戎即敘。"

[322]"固辭都護之請",指東漢光武帝事,見《後漢書·西域傳》。

[323]"返其千里之馬",事詳《漢書·賈捐之傳》。

[324]"白狼之貢":據《國語·周語上》,穆王將征犬戎,祭公謀父諫,"王不聽,遂征之,得四白狼、四白鹿以歸。自是荒服者不至"。韋注:"白狼、白鹿,犬戎所貢。"又注:"穆王責犬戎以非禮,暴兵露師,傷威毀信,故荒服者不至。"

[325]"遼東之捷",指大業年間遠征高句麗。

[326]"江都之禍",指江都(今江蘇揚州)兵變和煬帝被殺,見《隋書·煬帝本紀下》。

■ 注釋

1 余太山《兩漢魏晉南北朝與西域關係史研究》，中國社會科學出版社，1995 年，pp. 258-270。

2 注 1 所引余太山書，pp. 233-257。

3 余太山《兩漢魏晉南北朝正史西域傳研究》，中華書局，2003 年，pp. 495-507。

4 長澤和俊"韋節・杜行滿の西使"，《シルクロード史研究》，國書刊行會，1979 年，pp. 481-488。

5 北村高"《隋書・西域傳》について——その成立と若干の問題——"，《龍谷史壇》78（1980 年），pp. 31-45。

6 桑山正進《カーピシー＝ガンダーラ史研究》，京都大學人文科學研究所，1990 年，pp. 172-173。

7 關於王舍城，參看季羡林等《大唐西域記校注》，中華書局，1985 年，pp. 743-744。

8 注 4 所引長澤和俊文。

9 《藝文類聚》卷八〇引《抱朴子》曰："有白鼠，大者重數斤，毛長三寸，居空木中。其毛亦可績爲布。"《初學記》卷二九引束晳《發蒙記》曰："西域有火鼠之布，東海有不灰之木。"

10 内田吟風"隋裴矩撰《西域圖記》遺文纂考"，《藤原弘道先生古稀記念史學佛教學論集》，内外印刷株式會社，1973 年，pp. 115-128。

11 松田壽男《古代天山の歷史地理學的研究》，東京：早稻田大學出版社，1970 年，pp. 455-456。

12 沙鉢略，突厥可汗，581—587 年在位。

13 "都斤"，指杭愛山。

14 金山，指阿爾泰山。

15 頡利，突厥可汗，620—630 年在位。

16 "七城"：《沙州伊州地志》殘卷載有"小伊吾城"。《新唐書·地理志四》載"伊州伊吾郡"有"縣三"：伊吾、柔遠、納職，還提及納職縣西有羅護、赤亭、獨山三守捉，三者或因城而置。

17 西伊州，貞觀六年（632 年）更名伊州，治今哈密附近。

18 波腊，一說當位於 Tashkend 西北，見注 10 所引內田吟風文。案："波腊"也可能是《新唐書·西域傳下》所見位於西曹之南的波覽。

19 俱慮建，一說當位於阿姆河北支流 Kafirnigan 河下游，見注 10 所引內田氏文。

20 參看余太山"《隋書·西域傳》的若干問題"，《新疆師範大學學報》2004 年第 3 期，pp. 50-54。

21 余太山"隋與西域諸國關係述考"，《文史》第 69 輯（2004 年），pp. 49-57。

22 見《元和郡縣圖志·隴右道下》，中華書局，1983 年，p. 1031。

23 參看余太山《嚈噠史研究》，齊魯書社，1986 年，p. 212。

24 參看王炳華《吐魯番的古代文明》，新疆人民出版社，1989 年，pp.105-106；侯燦"吐魯番學與吐魯番考古研究概述"，《高昌樓蘭研究論集》，新疆人民出版社，1990 年，pp.181-218, esp. 189。

25 高明士《東亞教育圈形成史論》，上海古籍出版社，2003 年，pp. 52-68。

26 王素《高昌史稿·交通篇》，文物出版社，2000 年，pp. 26-57。

27 參看勞費爾《中國伊朗編》，林筠因漢譯，商務印書館，1964 年，p. 340；又見章鴻釗《石雅·寶石說》"石鹽"條，上海古籍出版社，1993 年，pp.

187-189；以及佐藤圭四郎"北魏時代における東西交涉"，《東西文化交流史》，雄山閣，1975年，pp. 378-393。

28 見榮新江"祆教初傳中國年代考"，《國學研究》第3卷（1995年），pp. 335-353。

29 注11所引松田壽男書，p. 212。

30 注11所引松田壽男書，pp. 235-236。

31 王仲犖《敦煌石室地志殘卷考釋》，上海古籍出版社，1993年，p. 210；王去非"關於大海道"，《向達先生紀念論文集》，新疆人民出版社，1986年，pp. 485-493。

32 參看吳玉貴《突厥汗國與隋唐關係史研究》，中國社會科學出版社，1998年，pp. 38-78。

33 大谷勝真"高昌麴氏王統考"，《京城帝國大學創立十周年記念論文集·史學篇》第5輯，東京：大阪屋書店，1936年，pp. 26-28。

34 馮承鈞"高昌事輯"，《西域南海史地考證論著彙輯》，中華書局香港分局，1976年，pp. 48-83，esp. 72。

35 關於麴氏父子使隋次數與時間的考證，見王素"麴氏高昌'義和政變'補說"，《敦煌吐魯番研究》第1卷，1996年，pp. 177-194。

36 高昌獻聖明樂事，《冊府元龜·掌禮八·夷樂》（卷五七〇）繫於"[開皇]六年（586年）"。

37 關於高昌樂，參看饒宗頤"穆護歌考——兼論火祆教入華之早期史料及其對文學、音樂、繪畫之影響"，《饒宗頤史學論著選》，上海古籍出版社，1993年，pp. 404-441。

38《隋書·蘇夔傳》："其年，高昌王麴伯雅來朝，朝廷妻以公主。夔有雅望，令主婚焉。"

39 馬雍"突厥與高昌麴氏王朝始建交考",《西域史地文物叢考》,文物出版社,1990年,pp. 146-153,esp. 149。

40 關尾史郎"'義和政変'前史——高昌國王麴伯雅の改革を中心として",《東洋史研究》52~2(1993年),pp. 153-174,esp. 166。

41 孟憲實、姚崇新"從'義和政变'到'延壽改制'——麴氏高昌晚期政治史探微",《敦煌吐魯番研究》第2卷,1997年,pp. 163-188,esp. 173。

42 注40所引關尾史郎文,esp. 157。

43 吳震"麴氏高昌國史索隱——從張雄夫婦墓誌談起",《文物》1981年1期,pp. 38-46。

44 W. B. Henning, "The Sogdian Texts of Paris." *Bulletin of the School of Oriental & African Studies* 11 (1946), pp. 713-740, esp.736.

45 注23所引余太山書,pp. 44-65。

46 例如白鳥庫吉"粟特國考",《白鳥庫吉全集·西域史研究(下)》(卷七),東京:岩波,1971年,pp. 43-123,esp. 70-71。

47 余太山《塞種史研究》,中國社會科學出版社,1992年,pp. 53-56。

48 J. Marquart, *Die Chronologie der alttürkischen Inschriften*. Tübingen: 1898, pp. 70-71. 岑仲勉《西突厥史料補闕及考證》,中華書局,1958年,pp. 130-138。

49 注46所引白鳥庫吉文,esp. 72-73。案:說者指 bäg 爲突厥語,未必然。

50《新唐書·西域傳下》載康國"在那密水南",知"薩寶水"即下文所見"那密水"。

51 吉田豊"ソグド語雑録",《オリエント》31~2(1988年),pp. 165-176;榮新江"薩寶與薩薄:北朝隋唐胡人聚落首領問題的爭論與辨析",《伊朗

學在中國論文集》第3集，北京大學出版社，2003年，pp. 128-143。

52 E. Chavannes, *Documents sur les Tou-Kiue Occidentaux*. St. Pétersbourg, 1903, p. 132, n. 5. 注46所引白鳥庫吉文，esp. 77-78。

53 注7所引季羨林等書，p. 88。

54 說本注46所引白鳥庫吉文，esp. 72。白鳥庫吉"亞細亞北族の辮髪に就いて"，《白鳥庫吉全集・塞外民族史研究（下）》（第5卷），東京：岩波，1970年，pp. 231-301。

55 蔡鴻生《唐代九姓胡與突厥文化》，中華書局，1998年，p. 30。

56 桑山正進編《慧超往五天竺國傳研究》，京都大學人文科學研究所，1992年，pp. 163-166。

57 藤田豐八《慧超往五天竺國傳殘卷箋證》，北京：1910年，p. 69；水谷真成《大唐西域記》，《中國古典文學大系》22，平凡社，1975年，pp. 26-28。

58 注7所引季羨林等書，pp. 91-92。

59 參看許序雅《唐代絲綢之路與中亞歷史地理研究》，西北大學出版社，2000年，pp. 95-98。

60 注48所引J. Marquart書，p. 60；注7所引季羨林等書，pp. 92-93。

61 V. Minorsky, *Ḥudūd al-'Ālam 'the Regions of the World'*, *A Persian Geography (372 A. H. - 982 A. D.)*. London: 1970, p. 112. W. Barthold, *Turkestan, down to the Mongol Invasion*, 4th ed. by C. E. Bosworth. London, 1977, p. 98; 注7所引季羨林等書，pp. 93-94。

62 注46所引白鳥庫吉文，esp. 98-99。

63 注48所引J. Marquart書，p. 65；注46所引白鳥庫吉文，esp. 95-96。

64 J. Marquart, *Ērānšahr*. Berlin: 1901, pp. 310-311. 沙畹《西突厥史料》，馮承

鈞漢譯本，中華書局，2004 年，p. 254。

65 注 55 所引蔡鴻生書，pp. 8-10。

66 關於康國樂，參看龔方震"隋唐歌舞曲名中所見粟特語"，葉奕良編《伊朗學在中國論文集》第 2 集，北京大學出版社，1998 年，pp. 25-28。以及注 37 所引饒宗頤文。

67 注 27 所引勞費爾書，pp. 280-281。

68 《冊府元龜·外臣一六·朝貢四》（卷九七一）所載"天寶二年（743 年）十二月，石國王特勤遣女婿康國大首領康染顛獻物"，亦是一例。參看注 55 所引蔡鴻生書，pp. 22-24。

69 注 55 所引蔡鴻生書，p. 27。

70 見田邊勝美"安國の金駝座と有翼雙峯駱駝"，《オリエント》25～1（1982 年），pp. 50-72。

71 關於安國音樂，參看注 37 所引饒宗頤文。

72 E. W. West, tr., *Pahlavi Texts*, Part I, *The Bundahis-Bahman Yast, and Shāyast Lā-Shāyast*, In F. Max Müller, ed., *The Sacred Books of the East*, vol. V, Oxford University Press, 1880, p.213；林悟殊《波斯拜火教與古代中國》，臺北：新文豐出版公司，1995 年，p. 73。

73 五色鹽，見注 27 所引勞費爾書，p.340。案：紅鹽，見《新五代史》卷七四附錄三"于闐國條"。青鹽、紫鹽見《太平御覽》卷八六五引《廣志》。黑鹽，又見本傳曹國條。參見注 4 所引長澤和俊文。

74 關於畢國，參看注 55 所引蔡鴻生書，pp. 74-80。

75 R. N. Frye, *The History of Bukhara*. Cambridge, 1954, p. 18。

76 參看注 55 所引蔡鴻生書，p. 26。

77 參看榮新江"龍家考",《中亞學刊》第 4 輯,北京大學出版社,1995 年,pp. 144-160。

78 注 11 所引松田壽男書,pp. 277-278。

79 關於龜茲白姓,參看馮承鈞"中亞新發現的五種語言與支白安康尉遲五姓之關係",注 34 所引書,pp. 158-175。

80 注 11 所引松田壽男書,pp. 278-279。

81 注 11 所引松田壽男書,p. 276。

82 注 27 所引勞費爾書,pp. 291-294。謝弗《唐代外來文明》,吳玉貴漢譯,中國社會科學出版社,1995 年,pp. 360-362。

83 說見注 11 所引松田壽男書,pp. 248-291。

84 參看注 3 所引余太山書,pp. 211-212。

85 注 11 所引松田壽男書,pp. 286-290。

86 《正統道藏》第 30 冊,藝文印書館,1977 年,pp. 23824-23825。

87 關於"媲摩",參見注 7 所引季羨林等書,pp. 1028-1029。

88 藤田豐八"扜泥城と伊循城",《東西交涉史の研究・西域篇》,星文館,1943 年,pp. 253-263。

89 周偉洲"蘇毗與女國",《大陸雜誌》第 92 卷第 4 期(1996 年),pp. 1-11。

90 參看余太山《古族新考》,中華書局,2000 年,pp. 111-124。

91 注 11 所引松田壽男書,pp. 286-290。

92 注 6 所引桑山正進書,pp. 399-411。

93 注 6 所引桑山正進書,pp. 165-177,297-308。以下有關漕國的注釋多採此書。注 56 所引桑山正進書,p. 117。

94 注 64 所引 J. Marquart 書,p. 285。

95 余太山"嚈噠史若干問題的再研究",《中國社會科學院歷史研究所學刊》第1集,社會科學文獻出版社,2001年,pp. 180-210。

96 參看注 23 所引余太山書,pp. 103-113。

97 參看注 23 所引余太山書,pp. 26-27, 155-156。

98 馬小鶴"米國鉢息德城考","中亞學刊"第 2 輯,中華書局,1987 年,pp. 65-75。

99 注 56 所引桑山正進書,pp. 165-166。

100 注 47 所引余太山書,pp. 98-101。

101 注 56 所引桑山正進書,p. 165。

102 注 64 所引沙畹書,p. 135。

103 W. Tomaschek, "Die Centralasiatische Studien I, Sogdiana." *Sitzungsberichte der Sitzungsberichte der Philosophisch-historischen Classe der Kaiserlichen Akademie der Wissenschaften*, Bd. 87 (1877), Wien, pp. 85-86.

104 注 47 所引余太山書,pp. 98-108。

105 W. B. Henning, "A Sogdian God." *Bulletin of the School of Oriental & African Studies*, 28~2 (1965), pp. 242-254.

106 注 55 所引蔡鴻生書,pp. 11-14。

107 注 47 所引余太山書,pp. 98-108。

108 内田吟風"魏書西域傳原文考釋(中)",《東洋史研究》30~2(1971年),pp. 82-101,esp. 96。

109 注 108 所引内田吟風文。

110 宋峴"弗栗恃薩儻那、蘇剌薩儻那考辨",《亞洲文明》第 3 集,安徽教育出版社,1995 年,pp. 193-201。

111 見田邊勝美"帝王騎馬牡獅子二頭狩の成立",《東洋文化研究所紀要》120（1993年），pp. 1-47（figs. 11，12）。

112 注 27 所引勞費爾書，pp. 332-333。

113 注 27 所引勞費爾書，p. 325。

114 注 27 所引勞費爾書，pp. 323-325。另請參看注 55 所引蔡鴻生書，p. 65。

115 注 27 所引勞費爾書，pp. 204-205，以爲附子即費氏烏頭。

116 R. C. Blockley, *The History of Menander the Guardsman, Introductory Essay, Text, Translation, and Historiographical Notes.* Published by Francis Cairns Ltd., Printed in Great Britain by Redwood Burn Lid. Trowbridge, Wiltshire, 1985, pp. 117-121.

117 參看內田吟風《北アジア史研究・鮮卑柔然突厥篇》,京都：同朋舍,1988年,pp. 470-475。

118 白鳥庫吉"拂菻問題の新解釋",注 46 所引書,pp. 403-596, esp. 433-438。

119 北村高"《隋書》卷八十三西域傳序・跋譯注稿",內田吟風編《中國正史西域傳の譯注》,龍谷大學文學部,河北印刷株式會社,1980年,pp. 51-57。

120 參看注 21 所引余太山文。

121 白鳥庫吉"罽賓國考",《白鳥庫吉全集・西域史研究（上）》（卷六），東京：1970年，pp. 295-359，esp. 350-358。

122 說見注 6 所引桑山正進書，pp. 176-177。案：中華書局標點本《通典》據《隋書・西域傳》改"牛頭"爲"魚頭"，非是。

123 注 55 所引蔡鴻生書，p. 62。

124 注 27 所引勞費爾書，pp. 178-189；注 82 所引謝弗書，pp. 405-406。

125 注 82 所引謝弗書，pp. 363-364。

126 注 121 所引白鳥庫吉文，esp. 355-358。

127 注 10 所引內田吟風文，pp. 115-128。

128 例如：白鳥庫吉"大秦傳及び拂菻國に就きて"，注 46 所引書，pp. 125-203，esp. 144。

129 參看注 20 所引余太山文。

130 參看佐藤長"吐谷渾における諸根據地"，《チベット歷史地理研究》，東京：岩波，1978 年，pp. 194-267。

131 有關考說詳見注 11 所引松田壽男書，pp. 452-459。

132 關於伊吾，以下記載可以參看：《舊唐書・李大亮傳》（卷六二）載大亮疏："至于隋室，早得伊吾，兼統鄯善，既得之後，勞費日甚，虛內致外，竟損無益。"《舊唐書・地理志三》："隋伊吾郡。隋末，西域雜胡據之。貞觀四年，歸化，置西伊州。"以及前引《新唐書・西域傳下》關於"伊吾城"的記載。隋代設伊吾郡之後，不堪重負。

133《毛詩註疏》卷二三。

一一 《南史·西域諸國傳》[1] 要注

玉門以西達于西海[2]，考之漢史，通爲西域，高昌迄于波斯，則其所也。[3]自晉、宋以還，雖有時而至，論其風土，甚未能詳。今略備西域諸國，編之于次云。

[1] 本傳的主要内容録自《梁書·西北諸戎傳》而有所省略。[1] 兹臚列兩傳主要異文，不復出注。

[2] 西海，應爲地中海。

[3] "玉門以西"云云，乃就本傳所及範圍而言，於"西域"本義則不確。蓋"西海"或波斯之西仍爲"西域"。

高昌國，初[4]闞氏爲主，其後爲河西王沮渠茂虔弟無諱襲破之，其王闞爽奔于蠕蠕[5]。無諱據之稱王，一世而滅於魏[6]。其國人又推麴氏爲王，名嘉，魏[7]授爲車騎將軍、司空公、都督秦州諸軍事、秦州刺史、金城郡公[8]。在位二十四年卒，國謚曰昭武王。子子堅，子堅嗣位，[9]魏授使持節、驃騎大將軍、散騎常侍、都督瓜州刺史、西平郡公、開府儀同三司、[10]高昌王。

[4]"初",《梁書·西北諸戎傳》無此字。

[5]"蠕蠕",《梁書·西北諸戎傳》作"芮芮"。下同。

[6]"一世而滅於魏",《梁書·西北諸戎傳》無"於魏"二字。

[7]"魏",《梁書·西北諸戎傳》作"元魏"。下同。

[8]"金城郡公",《梁書·西北諸戎傳》作"金城郡開國公"。

[9]"子子堅,子堅嗣位",標點本校勘記:"各本作'子堅,堅嗣位',據《梁書》補正。"由此可知,嘉子之名本傳諸本作"堅",與《周書·異域傳下》、《隋書·高昌傳》、《北史·高昌傳》同。

[10]"都督瓜州刺史、西平郡公、開府儀同三司",《梁書·西北諸戎傳》作"都督瓜州諸軍事、瓜州刺史、河西郡開國公、儀同三司"。

其國蓋車師之故地,南接河南,東近敦煌[11],西次龜茲,北隣敕勒。置四十六鎮,交河、田地、高寧、臨川、橫截、柳婆、洿林、新興、由寧[12]、始昌、篤進、白力[13]等鎮。官有四鎮將軍,及置雜號將軍,長史,司馬,門下校郎,中兵校郎,通事舍人,通事令史,諮議,諫議[14]、校尉,主簿。國人言語與華[15]略同。有五經、歷代史、諸子集。面貌類高麗,辮髮垂之於背,著長身小袖袍、縵襠袴。女子頭髮辮而不垂,著錦纈纓珞環釧。昏姻有六禮。其地高燥,築土爲城,架木爲屋,土覆其上。寒暑與益州相似。備植九穀,人多噉麵[16]及牛羊肉。出良馬、蒲桃[17]酒、石鹽。多草木,有草實如繭,繭中絲如細罐，名曰白疊子，國人取織以爲布。布甚軟白，交市用焉。有朝烏者，旦旦集王殿前，爲行列，不畏人，日出然後散去。

[11]"敦煌"，《梁書·西北諸戎傳》作"燉煌"。

[12]"由寧"，標點本校勘記稱："各本作'寧由'，據《梁書》改。"案："寧由"，吐魯番文書作"寧戎"（參見《梁書·西北諸戎傳》要注）。

[13]"白力"，應卽《北史·高昌傳》所見"白棘"，吐魯番文書作"芀"。[2]

[14]"諫議"，《梁書·西北諸戎傳》無此二字。

[15]"華"，《梁書·西北諸戎傳》作"中國"。

[16]"麪"，《梁書·西北諸戎傳》作"麨"。下同。

[17]"蒲桃"，《梁書·西北諸戎傳》作"蒲陶"。

梁[18]大同中，子堅遣使獻鳴鹽枕、蒲桃、良馬、氍毹[19]等物。

[18]"梁"，《梁書·西北諸戎傳》無，乃李延壽所加。下同。

[19]"氍毹"，《梁書·西北諸戎傳》作"氍毹"。

滑國者，車師之別種也。漢永建元年，八滑從班勇擊北虜有功，勇上八滑爲後部親漢侯。自魏、晉以來，不通中國。至梁天監十五年，其王厭帶夷栗陁始遣使獻方物。普通元年，遣使獻黃師子、白貂裘、波斯錦等物。七年，又奉表貢獻。

魏之居代都，[20]滑猶爲小國，屬蠕蠕。後稍强大，征其旁國波斯、渴盤陀[21]、罽賓、焉耆、龜茲、疏勒、姑墨、于闐、句般[22]等國，開地千餘里。土地溫暖，多山川，少樹木，[23]有五穀。國人以麵及羊肉爲糧。其獸有師子、兩脚駱駝，野驢有角。人皆善騎射，著小袖長身袍，用金玉爲帶。女人被裘，頭上刻木爲角，長六尺，以金銀飾之。少女子，兄弟共妻。無城郭，氈屋爲居，東向開戶。其王坐金牀，隨太歲轉，與妻並坐接客。無文字，以木爲契。與旁國通，則使旁國胡爲胡書，羊皮爲紙。無職官。事天神、火神，每日則出戶祀神而後食。其跪一拜而止。葬以木爲槨。父母死，其子截一耳，葬訖卽吉。其言語待河南人譯然後通。

[20]"魏之居代都"句，《梁書‧西北諸戎傳》作："元魏之居桑乾也。"

[21]"渴盤陀"《梁書‧西北諸戎傳》作"盤盤"。案：這是一則重要異文。

[22]"句般"，《梁書‧西北諸戎傳》作"句盤"。

[23]"多山川，少樹木"，《梁書‧西北諸戎傳》作："多山川、樹木。"

呵跋檀、周古柯、胡密丹[24]等國，並滑旁小國也。凡滑旁之國，衣服容貌皆與滑同。普通元年，使使隨滑使來貢獻方物。[25]

[24]"胡密丹",《梁書·西北諸戎傳》作"胡蜜丹"。

[25]此則節略《梁書·西北諸戎傳》呵跋檀、周古柯、胡蜜丹三則而成。

白題國,王姓支名史稽毅,其先蓋匈奴之別種胡也。漢灌嬰與匈奴戰,斬白題騎一人是也[26]。在滑國東[27]。去滑六日行,西極波斯。土地出粟、麥、瓜果,食物略與滑同。普通三年,遣使獻方物。

[26]"是也"兩字《梁書·西北諸戎傳》無。
[27]"在滑國東",《梁書·西北諸戎傳》"在"字前有"今"字。

龜茲者,西域之舊國也。自晉度江不通,[28]至梁普通二年,王尼瑞摩珠那勝遣使奉表貢獻。[29]

[28]"自晉度江不通",是李延壽的文字。《梁書·西北諸戎傳》作:"晉太康中,遣子入侍。……光立帛純弟震爲王而歸。自此與中國絕不通。"
[29]此則節略《梁書·西北諸戎傳·龜茲傳》而成。

于闐者,西域之舊國[30]也。梁天監九年,始通江左,[31]

遣使獻方物。十三年，又獻波羅婆步鄣。十八年，又獻瑠璃罌。大同七年，又獻外國刻玉佛。[32]

[30] "西域之舊國"，《梁書·西北諸戎傳》作"西域之屬"。
[31] "始通江左"，《梁書·西北諸戎傳》無此四字，乃李延壽所加。下同。
[32] 此則節略《梁書·西北諸戎傳·于闐傳》而成。

渴盤陁國，于闐西小國也。西鄰滑國，南接罽賓國，北連沙勒國。都[33]在山谷中。城周回十餘里，國有十二城。風俗與于闐相類。衣古貝布，著長身小袖袍，小口袴。地宜小麥，資以爲糧。多牛馬駱駝羊等。出好氈[34]。王姓葛沙氏。梁中大同元年，始通江左，遣獻方物。

[33] "都"，《梁書·西北諸戎傳》作"所治"。
[34] "出好氈"，《梁書·西北諸戎傳》作："出好氊、金、玉。"

末國，漢世且末國也。勝兵萬餘戶。北與丁零，東與白題，西與波斯接。土人剪髮，著氈帽，小袖衣，爲衫則開頸而縫前。多牛羊騾驢。其王安末深盤，梁普通五年，始通江左，遣使來貢獻。

波斯國，其先有波斯匿王者，子孫以王父字爲氏，因爲國號。國有城，周回三十二里。城高四丈，皆有樓觀。城內屋宇數百千間，城外佛寺二三百所。西去城十五里有土山，山非過高，其勢連接甚遠，中有鷲鳥噉羊，土人極以爲患。國中有優鉢［羅］、曇花，鮮華可愛。出龍駒馬。鹹池生珊瑚樹，長一二尺。亦有武魄[35]、馬腦、真珠、玫瑰[36]等，國內不以爲珍。市買用金銀。昏姻法：下娉財訖[37]，女婿將數十人迎婦，婿著金線錦袍，師子錦袴，戴天冠，婦亦如之。婦兄弟便來捉手付度，夫婦之禮，於茲永畢。國東與滑國、西及南俱與（娑）［婆］羅門國、北與泛慄[38]國接。梁中大通二年，始通江左，遣使獻佛牙。

[35]"武魄"，《梁書·西北諸戎傳》作"琥珀"，本傳避唐諱改。

[36]"玫瑰"，《梁書·西北諸戎傳》作"玫珂"。

[37]"下娉財訖"，《梁書·西北諸戎傳》作"下聘訖"。

[38]"泛慄"，《梁書·西北諸戎傳》作"汎慄"。

■ 注釋

1 參看小田義久"《南史》卷七十九夷貊下西域傳譯注稿"，載內田吟風《中國正史西域傳の譯註》，京都龍谷大學文學部，河北印刷株式會社，1980年，pp. 35-40。

2 參見李格非"釋'芳'、'棘'"，武漢大學歷史系魏晉南北朝隋唐史研究室編《魏晉南北朝隋唐史資料》第5期（1983年），pp. 12-13。

一二 《北史·西域傳》[1] 要注

《夏書》稱："西戎卽序。"班固云：就而序之，非盛威武致其貢物也。[2] 漢氏初開西域，有三十六國。其後，分立五十五王，置校尉、都護以撫之。王莽篡位，西域遂絕。至於後漢，班超所通者五十餘國，西至西海，東西萬里，皆來朝貢，復置都護、校尉以相統攝。其後或絕或通，漢朝以爲勞弊中國，其官時置時廢。暨魏晉之後，互相吞滅，不可復詳記焉。[3]

[1]《北史·西域傳》的内容主要採自《魏書·西域傳》、《周書·異域傳下》和《隋書·西域傳》，本注要在就此作出具體說明。因上述三傳文字另已有注，除本傳特有的部份外，不再加注。

[2] "夏書稱"以下至"致其貢物也"一段採自《魏書·西域傳》。[1]

[3] "漢氏初開西域"以下至"不可復詳記焉"一段採自《隋書·西域傳》。蓋與後者序語大致相同，差異僅"東西萬里"與"東西四萬里"，"不可復詳記矣"與"不可詳焉"之類。

道武初，經營中原，未暇及於四表。既而西戎之貢不至，有司奏依漢氏故事，請通西域，可以振威德於荒外，又可致奇貨於天府。帝曰：漢氏不保境安人，乃遠開西域，使海內虛耗，何利之有？今若通之，前弊復加百姓矣。遂不從。歷明元世，竟不招納。[4]

[4] 上一節採自《魏書·西域傳》。"道武"原作"太祖"。"保境安人"原作"保境安民"，"民"字避唐諱改，下同。"明元"即"太宗"。

太延中，魏德益以遠聞，西域龜茲、疏勒、烏孫、悅般、渴槃陀、鄯善、焉耆、車師、粟特諸國王始遣使來獻。太武以西域漢世雖通，有求則卑辭而來，無欲則驕慢王命，此其自知絕遠，大兵不可至故也。若報使往來，終無所益，欲不遣使。有司奏：九國不憚遐險，遠貢方物，當與其進，安可豫抑後來？乃從之。於是始遣行人王恩生、許綱等西使，恩生出流沙，爲蠕蠕所執，竟不果達。又遣散騎侍郎董琬、高明等多齎錦帛，出鄯善，招撫九國，厚賜之。初，琬等受詔，便道之國，可往赴之。琬過九國，北行至烏孫國，其王得魏賜，拜受甚悅，謂琬等曰：傳聞破洛那、者舌皆思魏德，欲稱臣致貢，但患其路無由耳。今使君等既到此，可往二國，副其慕仰之誠。琬於是自向破洛那，遣明使者舌。烏孫王爲發導譯，達二國，琬等宣詔慰賜之。已而琬、明東還，烏孫、破洛那之屬遣使與琬俱來貢獻者十有六國。自後相繼而來，不間于歲，國使亦數十輩矣。[5]

[5] 上一節採自《魏書·西域傳》。"太武"原作"世祖"。下同。

初，太武每遣使西域，常詔河西王沮渠牧犍，令護送。至姑臧，牧犍恒發使導路，出於流沙。後使者自西域還至武威，牧犍左右謂使者曰：我君承蠕蠕吳提妄說，云：去歲魏天子自來伐我，士馬疫死，大敗而還，我擒其長弟樂平王丕。我君大喜，宣言國中。又聞吳提遣使告西域諸國：魏已削弱，今天下唯我爲強，若更有魏使，勿復恭奉。西域諸國亦有貳[者]。且牧犍事主，稍以慢墮。使還，具以狀聞，太武遂議討牧犍。涼州既平，鄯善國以爲脣亡齒寒，自然之道也。今武威爲魏所滅，次及我矣。若通其使人，知我國事，取亡必近，不如絕之，可以支久。乃斷塞行路，西域貢獻，歷年不入，後平鄯善，行人復通。[6]

[6] 上一節採自《魏書·西域傳》。"者"字據今本《魏書·西域傳》補。

始，琬等使還京師，具言凡所經見及傳聞傍國，云：西域自漢武時五十餘國，後稍相并，至太延中爲十六國，分其地爲四域。自蔥嶺以東、流沙以西爲一域；蔥嶺以西、海曲以東爲一域；者舌以南、月氏以北爲一域；兩海之間、水澤以南爲一域。內諸小渠長蓋以百數。其出西域本有二道，後更爲四：出自玉門，度流沙，西行二千里至鄯善爲一道；自玉門度流沙，北行二千二百里至車師爲一道；從莎車西行一百里至葱嶺，葱嶺西一千三百里至伽倍爲一道；自莎車西南五百里，葱嶺西南一千三百里至波路爲一道焉。自琬所不傳而更有朝貢者，紀其名，不能具國俗也。[7]

[7] 上一節採自《魏書·西域傳》。"不能具國俗也"句後，似可據今本《魏書·西域傳》補"其與前使所異者錄之"一句。

東西魏時，中國方擾，及於齊、周，不聞有事西域，故二代書並不立記錄。[8]

[8] 上一節係李延壽文字。

隋開皇、仁壽之間，尚未云經略。[9]煬帝時，乃遣侍御史韋節、司隸從事杜行滿使於西藩諸國，至罽賓得瑪瑙盃，王舍城得佛經，史國得十舞女、師子皮、火鼠毛而還。帝復令聞喜公裴矩於武威、張掖間往來以引致之。其有君長者四十四國，矩因其使者入朝，啗以厚利，令其轉相諷諭。大業中，相率而來朝者四十餘國，帝因置西戎校尉以應接之。尋屬中國大亂，朝貢遂絕。然事亡失，書所存錄者二十國焉。[10]魏時所來者，在隋亦有不至，今總而編次，以備前書之"西域傳"云。至於道路遠近，物產風俗，詳諸前史，或有不同。斯皆錄其當時，蓋以備其遺闕爾。[11]

[9]"隋開皇"以下一十二字係李延壽文字。

[10]"煬帝時"至"書所存錄者二十國焉"一段採自《隋書·西域傳》。蓋與今本《隋書·西域傳》文字相同。

[11]"魏時"至"蓋以備其遺闕爾"一段係李延壽文字。

鄯善國，都扜泥城，[12]古樓蘭國也。[13]去代七千六百里，[14]所都城方一里。[15]地多沙鹵，少水草，北卽白龍堆路。[16]至太延初，始遣其弟素延耆入侍。及太武平涼州，沮渠牧犍弟無諱走保敦煌。無諱後謀渡流沙，遣其弟安周擊鄯善，王比龍恐懼欲降。會魏使者自天竺、罽賓還，俱會鄯善，勸比龍拒之，遂與連戰，安周不能剋，退保東城。後比龍懼，率衆西奔且末，其世子乃應安周。[17]

[12]"鄯善國"以下七字採自《魏書·西域傳》。"都"字《魏書·西域傳》原文應爲"治"；李延壽避唐諱改。"扜泥城"，今本《魏書·西域傳》作"抒泥城"。

[13]"古樓蘭國也"五字採自《周書·異域傳下》。

[14]"去代"以下七字採自《魏書·西域傳》。

[15]"所都城方一里"六字採自《周書·異域傳下》。

[16]"地多沙鹵"至"白龍堆路"一段採自《周書·異域傳下》。《周書·異域傳下》好述諸國都城規模。

[17]自"至太延初"至"其世子乃應安周"一段採自《魏書·西域傳》。

[其後，魏遣使使西域，道經其國，][18]鄯善人頗剽劫之，令不得通。太武詔散騎常侍、成周公萬度歸乘傳發涼州兵討之，度歸到敦煌，留輜重，以輕騎五千渡流沙，至其境。時鄯善人衆布野，度歸勅吏卒不得有所侵掠，邊守感之，皆望旗稽服。其王真達面縛出降，度歸釋其縛，留軍屯守，與真達詣京都。太武大悅，厚待之。是歲，拜交趾公韓拔爲假節、征西將軍、領護西戎校尉、鄯善王以鎮之，賦役其人，比之郡縣。[19]

[18]"其後（魏）遣使使西域道出其國"一十一字，據《通志·四夷三·西戎下》補。² 這一十一字應爲《北史·西域傳》佚文，採自《魏書·西域傳》。"魏"字乃李延壽所加。

[19]"鄯善人頗剽劫之"至"比之郡縣"一段採自《魏書·西域傳》。

且末國，都且末城，在鄯善西，去代八千三百二十里。真君三年，鄯善王比龍避沮渠安周之難，率國人之半奔且末，後役屬鄯善。[20]且末西北方流沙數百里，夏日有熱風，爲行旅之患。風之所至，唯老駝預知之，即噴而聚立，埋其口鼻於沙中，人每以爲候，亦即將氈擁蔽鼻口。其風迅駃，斯須過盡，若不防者，必至危斃。[21]

[20]"且末國"至"後役屬鄯善"一段採自《魏書·西域傳》。《周書·異域傳下》和《隋書·西域傳》均未爲且末國立傳。

[21]"且末西北方"至"必至危斃"一段採自《周書·異域傳下》。

大統八年,其兄鄯善米率衆內附。[22]

[22]上一節採自《周書·異域傳下》。

于闐國,在且末西北,[23]葱嶺之北二百餘里。[24]東去鄯善千五百里,南去女國三千里,去朱俱波千里,北去龜茲千四百里,[25]去代九千八百里。其地方亘千里,連山相次。[26]所都城方八九里,部內有大城五,小城數十。[27]于闐城東三十里有首拔河,中出玉石。土宜五穀幷桑、麻,山多美玉,有好馬、駝、騾。[28]其刑法,殺人者死,餘罪各隨輕重懲罰之。自外風俗物產與龜茲略同。俗重佛法,寺塔、僧尼甚衆,王尤信尚,每設齋日,必親自灑掃饋食焉。[29]城南五十里有贊摩寺,即昔羅漢比丘盧旃爲其王造覆盆浮圖之所,石上有辟支佛跣處,雙跡猶存。[30]于闐西五百里有比摩寺,云是老子化胡成佛之所。俗無禮義,多盜賊淫縱。[31]自高昌以西諸國人等,深目高鼻,唯此一國,貌不甚胡,頗類華夏。[32]城東二十里有大水北流,號樹枝水,即黃河也,一名計式水。城西十五里亦有大水,名達利水,與樹枝水會,俱北流。[33]

[23]"于闐國"以下八字採自《魏書·西域傳》。
[24]"葱嶺之北二百餘里"八字採自《周書·異域傳下》,後者標

誌諸國方位多以山川河流爲基準，與《魏書·西域傳》以鄰國爲基準者有別。

[25]"東去"至於"四百里"一段採自《隋書·西域傳》，不僅文字與《隋書·西域傳》全同，而且"女國"、"朱俱波"之類地名亦首見於《隋書·西域傳》。

[26]"去代九千八百里"至"連山相次"一段採自《魏書·西域傳》。

[27]"所都城"以下至"小城數十"一段採自《周書·異域傳下》。不僅文字全同，而且《周書·異域傳下》好述諸國都城規模。

[28]"于闐城東"至"有好馬、駝、騾"一段採自《魏書·西域傳》。"于闐"二字或係李延壽所加，爲了與所增《周書·異域傳下》之文相呼應。

[29]自"其刑法"至"必親自灑掃饋食焉"一段，無妨認爲採自《周書·異域傳下》，蓋文字相同。

[30]自"城南"至"雙跡猶存"一段，無妨認爲採自《周書·異域傳下》，蓋文字相同，唯"跡"字作"跌"。

[31]"于闐西"以下至"多盜賊、淫縱"一段採自《隋書·西域傳》，蓋文字相同。雖然《通志·四夷三·西戎下》亦將此歸諸"後魏世，于闐國使"所言（缺"俗無"以下九字），但不能作爲此段採自《魏書·西域傳》的證據。

[32]"自高昌"以下至"頗類華夏"一段，無妨認爲採自《周書·異域傳下》。《周書·異域傳下》關於西域諸國的記述其實始自高昌國，故有"自高昌以西"這樣的表述。

[33] 自"城東二十里"至"俱北流"一段採自《周書·異域傳下》，不僅兩者文字略同（《周書·異域傳下》"計式"作"計戎"），且"樹枝水"卽前文之"首拔河"（"拔"係"枝"字之誤）。李延壽於此失察，以致文意重複。

真君中，太武詔高涼王那擊吐谷渾慕利延，慕利延懼，驅其部落渡流沙。那進軍急追之，慕利延遂西入于闐，殺其王，死者甚衆。獻文末，蠕蠕寇于闐，于闐患之，遣使素目伽上表曰：西方諸國，今皆已屬蠕蠕，奴世奉大國，至今無異。今蠕蠕軍馬到城下，奴聚兵自固，故遣使奉獻，遙望救援。帝詔公卿議之。公卿奏曰：于闐去京師幾萬里，蠕蠕之性，唯習野掠，不能攻城，若爲害，當時已旋矣。雖欲遣師，勢無所及。帝以公卿議示其使者，亦以爲然。於是詔之曰：朕承天理物，欲令萬方各安其所，應勅諸軍以拯汝難。但去汝遐阻，政復遣援，不救當時之急，是以停師不行，汝宜知之。朕今練甲養卒，一二歲間，當躬率猛將，爲汝除患，汝其謹警候，以待大舉。[34]

[34] 上一節均採自《魏書·西域傳》。"獻文"原作"顯祖"。

先是，朝廷遣使者韓羊皮使波斯，波斯王遣使獻馴象及珍物。經于闐，于闐（中于）王秋仁輒留之，假言慮有寇不達。羊皮言狀，帝怒，又遣羊皮奉詔責讓之，自後每使朝貢。[35]

[35] 上一節採自《魏書・西域傳》。

周建德三年，其王遣使獻名馬。[36]

[36] 上一節採自《周書・異域傳下》。"周"字係李延壽所加。下同。

隋大業中，頻使朝貢。其王姓王，字早示門。練錦帽，金鼠冠，妻戴金花。其王髮不令人見，俗言若見王髮，其年必儉云。[37]

[37] 上一節採自《隋書・西域傳》。"隋大業中"："隋"字係李延壽所加。下同。"早示門"，《隋書・西域傳》作"卑示閉練"。

蒲山國，故皮山國也。居皮城，在于闐南，去代一萬二千里。其國西南三里，有凍淩山。後役屬于闐。[38]

[38] 上一節採自《魏書・西域傳》。

悉居半國，故西夜國也，一名子合。其王號子，治呼犍。在于闐西，去代萬二千九百七十里。太延初，遣使來獻，自後貢使不絕。[39]

[39] 上一節採自《魏書・西域傳》。

權於摩國，故烏秅國也。其王居烏秅城，在悉居半西南，去代一萬二千九百七十里。[40]

[40] 上一節採自《魏書·西域傳》。

渠莎國，居故莎車城，在子合西北，去代一萬二千九百八十里。[41]

[41] 上一節採自《魏書·西域傳》。

車師國，一名前部。其王居交河城。去代萬五十里，其地北接蠕蠕。本通使交易，太武初，始遣使朝獻，詔行人王恩生、許綱等出使。恩生等始度流沙，爲蠕蠕所執。恩生見蠕蠕吳提，持魏節不爲之屈。後太武切讓吳提，吳提懼，乃遣恩生等歸。許綱到敦煌病死，朝廷壯其節，賜諡曰貞。[42]

[42] 上一節採自《魏書·西域傳》。

初，沮渠無諱兄弟之渡流沙也，鳩集遺人，破車師國。真君十一年，車師王車夷落遣使琢進、薛直上書曰：臣亡父僻處塞外，仰慕天子威德，遣使奉獻，不空於歲。天子降念，賜遣甚厚。及臣繼立，亦不闕常貢，天子垂矜，亦不異前世。敢緣至恩，輒陳私懇。臣國自無諱所攻擊，經今八歲，人民飢荒，無以存活。賊今攻臣甚急，臣不能自全，遂捨國東奔，三分免一，即日已到焉耆東界。思歸天闕，幸垂賑救。於是下詔撫慰之，開焉耆倉給之。正平初，遣子入侍，自後每使朝貢不絕。[43]

[43] 上一節均採自《魏書·西域傳》。

高昌者，車師前王之故地，[44] 漢之前部地也。東西二百里，南北五百里，四面多大山。或云：昔漢武遣兵西討，師旅頓弊，其中尤困者因住焉。[45] 地勢高敞，人庶昌盛，因名高昌。亦云：其地有漢時高昌壘，故以爲國號。[46] 東去長安四千九百里。漢西域長史及戊己校尉並居於此。晉以其地爲高昌郡。張軌、呂光、沮渠蒙遜據河西，皆置太守以統之。[47] 去敦煌十三日行。[48]

[44] "高昌者，車師前王之故地"十字採自《周書·異域傳下》。

[45] "漢之前部地也"至"其中尤困者因住焉"一段採自《隋書·西域傳》。

[46] "地勢高敞"至"故以爲國號"一段，不妨認爲採自《魏書·高昌傳》。案：稱高昌國號得諸高昌壁，可謂得其真相。

[47] "東去長安四千九百里"至"皆置太守以統之"一段採自《周書·異域傳下》。

[48] "去敦煌十三日行"七字採自《隋書·西域傳》。

國有八城,皆有華人。[49]地多石磧,氣候溫暖,[50]厥土良沃,穀麥一歲再熟,[51]宜蠶,多五果,又饒漆。有草名羊刺,其上生蜜,而味甚佳。引水漑田。[52]出赤鹽,其味甚美。復有白鹽,其形如玉,[53]高昌人取以爲枕,貢之中國。[54]多蒲桃酒。俗事天神,兼信佛法。國中羊、馬,牧在隱僻處以避寇,非貴人不知其處。北有赤石山,山北七十里有貪汗山,夏有積雪。此山北,鐵勒界也。[55]

[49]"國有八城,皆有華人"八字不見於《周書‧異域傳下》和《隋書‧西域傳》,且"華人"不見於《魏書‧西域傳》,故可能是李延壽的文字。但結合下文"其國,周時,城有一十六。後至隋時,城有十八",則"八城"二字可能採自《魏書‧高昌傳》。

[50]"地多石磧,氣候溫暖"八字採自《隋書‧西域傳》。

[51]"厥土良沃,穀麥一歲再熟"十字不妨認爲採自《魏書‧高昌傳》。

[52]"宜蠶"至"引水漑田"一段多採自《隋書‧西域傳》,唯"饒漆"、"引水漑田"可以認爲採自《魏書‧高昌傳》。

[53]"出赤鹽"至"其形如玉"數句採自《隋書‧西域傳》。

[54]"高昌人取以爲枕,貢之中國"兩句可能是李延壽據《魏書‧高昌傳》麴嘉獻鳴鹽枕而添加。

[55]"多蒲桃酒"至"鐵勒界也"一段不妨認爲採自《隋書‧西域傳》。

太武時有闕爽者，自爲高昌太守。太延中，遣散騎侍郎王恩生等使高昌，[56]爲蠕蠕所執。真君中，爽爲沮渠無諱所襲，奪據之。無諱死，弟安周代立。[57]和平元年，爲蠕蠕所并，蠕蠕以闕伯周爲高昌王。[58]其稱王自此始也。[59]

[56]"王恩生等使高昌"：高昌當時爲蠕蠕所控制，又未嘗來獻，北魏首次遣使西域，便以高昌爲對像，似乎不太可能。王恩生之出，既在同年二月焉耆、車師來獻之後，其目的地似應爲焉耆、車師。

[57]《魏書·奚眷傳》："世祖平姑臧，遣眷討沮渠牧犍弟私署張掖太守宜得。宜得奔酒泉，酒泉太守無諱與宜得奔高昌，獲其二城。"又，《魏書·沮渠蒙遜傳》載："先是，高昌太守闕爽爲李寶舅唐契所攻，聞無諱至鄯善，遣使詐降，欲令無諱與唐契相擊。無諱留安周住鄯善，從焉耆東北趣高昌。會蠕蠕殺唐契，爽拒無諱，無諱將衛興奴詐誘爽，遂屠其城，爽奔蠕蠕，無諱因留高昌。""先是"，指太平真君三年（442年）四月無諱棄敦煌奔鄯善之前。又據《宋書·大且渠蒙遜傳》，"初，唐契自晉昌奔伊吾，是年攻高昌，高昌城主闕爽告急。八月，無諱留從子豐周守鄯善，自將家戶赴之。未至，而芮芮遣軍救高昌，殺唐契，部曲奔無諱。九月，無諱遣將衛寮夜襲高昌，爽奔芮芮，無諱復據高昌"。知無諱於真君三年八月離開鄯善，九月據有高昌。傳文稱留豐周守鄯善，與《魏書·西域傳》稱安周者不同，然應以《宋書·大且渠蒙遜傳》爲是。蓋據《魏書·唐和傳》，唐契死後，其弟唐和往奔前部，曾攻拔安周所屯橫截城，知無諱偕安周赴高昌，留守鄯善者爲豐周。3

[58]《資治通鑑·宋紀一一》稱：和平元年（460年），"柔然攻高昌，殺沮渠安周，滅沮渠氏，以闞伯周爲高昌王"。至此，沮渠氏殘餘勢力與西域關係亦告結束。伯周應是闞爽族人。柔然滅安周，說明它再次通過闞氏控制了高昌。"蠕蠕以闞伯周爲高昌王，其稱王自此始也"，《周書·異域傳下》亦有類似字句，不排除《周書·異域傳下》承襲《魏書·西域傳》之可能性。

[59] 本節採自《魏書·高昌傳》。

太和初，伯周死，子義成立。歲餘，爲從兄首歸所殺，自立爲高昌王。[60]五年，高車王阿至羅殺首歸兄弟，以敦煌人張孟明爲王。[61]後爲國人所殺，立馬儒爲王，以鞏顧禮、麴嘉爲左右長史。[62]二十一年，遣司馬王體玄奉表朝貢，請師逆接，求舉國內徙。[63]孝文納之，遣明威將軍韓安保率騎千餘赴之，割伊吾五百里，以儒居之。[64]至羊棧水[65]，儒遣嘉、禮率步騎一千五百迎安保。去高昌四百里而安保不至。禮等還高昌，安保亦還伊吾。安保遣使韓興安等十二人使高昌，儒復遣顧禮將其世子義舒迎安保。至白棘城[66]，去高昌百六十里。而高昌舊人情戀本土，不願東遷，相與殺儒而立麴嘉爲王。[67]

[60] 闞氏政權比沮渠氏更緊密地投靠柔然，自不待言。義成、首歸均奉行蠕蠕受羅眞可汗予成之年號"永康"；吐魯番曾出土永康十七年（482年）殘文書[4]。

[61] 太和十一年（487年），原來役屬於蠕蠕的高車副伏羅部自漠

北西遷，佔領了準噶爾盆地一帶。太和十五年，該部控制了高昌，殺死闞首歸，另立敦煌人張孟明爲王。[5]"阿至羅"係"阿伏至羅"之略，而"五年"當爲"十五年"（491年）之誤。

[62] 太和二十年（496年），孟明爲高昌國人所殺，馬儒代立爲王。[6]

[63]《魏書·高祖紀下》：太和二十一年（497年）十二月"高昌國遣使朝貢"。

[64] 馬儒求舉國內徙，北魏擬"割伊吾五百里"居之，說明其時伊吾在北魏控制之下。北魏確保伊吾進可斷蠕蠕通西域之路，退可捍衛敦煌，故高祖欲以高昌內徙之衆實伊吾之地。伊吾，今哈密附近。

[65] 羊榛水，位於今哈密東南。[7]

[66] 白棘城，位於今新疆鄯善縣。

[67] 本節採自《魏書·高昌傳》。"孝文"原作"高祖"。

嘉字靈鳳，金城榆中[68]人。旣立[69]，又臣于蠕蠕那蓋[70]。顧禮與義舒隨安保至洛陽。及蠕蠕主伏圖[71]爲高車[72]所殺，嘉又臣高車。初，前部胡人悉爲高車所徙，入於焉耆，[焉耆]又爲嚈噠[73]所破滅，國人分散，衆不自立，請王於嘉。嘉遣第二子爲焉耆王以主之。[74]永平元年，嘉遣兄子私署左衛將軍、田地太守孝亮朝京師，仍求內徙，乞軍迎援。於是遣龍驤將軍孟威發涼州兵三千人迎之，至伊吾，失期而反。[75]於後十餘遣使獻珠像、白黑貂裘、名馬、鹽枕[76]等，款誠備至。唯賜優旨，卒不重迎。三年，嘉遣使朝貢，宣武又遣孟威使詔勞之。

延昌中，以嘉爲持節、平西將軍、瓜州刺史、泰臨縣開國伯，私署王如故。熙平初，遣使朝獻。[77]詔曰：卿地隔關山，境接荒漠，頻請朝援，徙國內遷。雖來誠可嘉，即於理未帖。何者？彼之甿庶，是漢、魏遺黎，自晉不綱，因難播越，成家立國，世積已久。惡徙重遷，人懷戀舊。今若動之，恐異同之變，爰在肘腋，不得便如來表也。神龜元年冬，孝亮復表求援內徙，朝廷不許。[78]正光元年，明帝遣假員外將軍趙義等使於嘉。嘉朝貢不絕，又遣使奉表，自以邊遐，不習典誥。求借五經、諸史，并請國子助教劉燮以爲博士，明帝許之。[79]嘉死，贈鎮西將軍、涼州刺史。[80]

[68]"嘉字靈鳳，金城榆中人"，采自《魏書·高昌傳》。《周書·異域傳下》也有類似文字，蓋亦採自《魏書·高昌傳》。

[69]麴嘉之立，目前一般認爲在 501 年。

[70]那蓋，蠕蠕可汗，492—506 年在位，號候其伏代庫者可汗。

[71]伏圖，蠕蠕可汗，506—508 年在位，號他汗可汗。

[72]高車，首見《魏書·西域傳》。

[73]嚈噠，遊牧部族，首見《魏書·西域傳》。"又爲"前應據今本《魏書·高昌傳》補"焉耆"二字。

[74]嚈噠破焉耆的確切年代已不可考。據《魏書·世宗紀》，景明三年（502 年）來朝諸國中有"烏稽國"，"烏稽"當即焉耆；結合前述嚈噠殺高車王儲窮奇、納彌俄突等記錄，則其事當發生在六世紀最初五、六年內。焉耆既破，其西北諸國無疑皆役屬嚈噠。《隋書·西域

傳》有類似文字，當是《魏書·高昌傳》之節略。

[75]《魏書·世宗紀》："是歲（永平元年即508年），高昌國王麴嘉遣其兄子私署左衛將軍孝亮奉表來朝，因求内徙，乞師迎接。""永平"，今本《魏書·高昌傳》作"熙平"，非是。

[76] 鹽枕，則可能是一種石膏枕。[8]

[77] 按之《魏書·肅宗紀》，熙平元年（516年）高昌朝魏凡二次，四月戊戌和七月乙酉，不知肅宗下詔在哪一次。

[78] 按之《魏書·肅宗紀》，在神龜元年五月。馬儒因請求舉國内徙，為"高昌舊人"所殺，這似乎說明以馬儒為首的集團（或可稱為"高昌新人"）打算通過舉國内徙，投靠北魏，維持自己的統治，同時打擊"高昌舊人"的勢力。馬儒被殺後，"高昌舊人"擁立麴嘉為王，而麴嘉原為馬儒右長史。這說明麴嘉是一個既為馬儒集團，又為"高昌舊人"所接受的人物。麴嘉上臺後，一再違反"高昌舊人"的意願，表求内徙，則表明他有賴於"新人"者甚多，且和馬儒一樣認為，祇有更緊密地投靠北魏，纔有可能保持自己的地位。至於北魏，起初對高昌表求内徙持歡迎態度，主要是因為此事可以粉飾太平，後來逐漸認識到此舉"於理未帖"，便下詔規勸，終於乾脆拒絕。而由於麴氏集團一步步鞏固了自己的統治，舉國内徙的呼聲纔最後消失。

[79] 按之《魏書·肅宗紀》，正光二年（521年）六月己巳、十一月乙未高昌又遣使朝貢，但不知"求借五經"是哪一次。

[80] 本節採自《魏書·高昌傳》。"宣武"原作"世宗"，"明帝"原作"肅宗"。下同。

子堅立。於後關中賊亂，使命遂絕。[81]普泰初，堅遣使朝貢，[82]除平西將軍、瓜州刺史，泰臨縣伯，王如故。又加衛將軍。至永熙中，特除儀同三司，進爲郡公。[83]後遂隔絕。[84]

[81] 高昌朝魏，據《魏書》"本紀"等，另有太和二十一年（497年）十二月己卯（"高祖紀下"）、永平元年（508年）、永平二年（509年）正月乙未、六月和八月戊申、永平三年（510年）二月丙午、延昌元年（512年）十月、延昌二年（513年）三月丙寅（以上"世宗紀"）、延昌四年（515年）九月庚申、熙平元年（516年）四月戊戌和七月乙酉、神龜元年（518年）五月和是年冬、正光二年（521年）六月己巳和十一月乙未（以上"肅宗紀"）、太昌元年（532年）九月丙辰（"出帝紀"）各一次。

[82] 普泰初朝魏不見《魏書》"本紀"。又，嘉死之後，繼位者爲光，而非堅。麴堅卽位於普泰元年（531年），故於是年朝魏。

[83]《魏書·出帝紀》：永熙二年（533年），"冬十月癸未，以衛將軍、瓜州刺史、泰臨縣開國伯、高昌王麴子堅爲儀同三司、進爵郡王"。堅官爵，《梁書·高昌傳》作："使持節、驃騎大將軍、散騎常侍、都督瓜州諸軍事、瓜州刺史、河西郡開國公、儀同三司、高昌王。"而《南史·西域諸國傳》作："使持節、驃騎大將軍、散騎常侍、都督瓜州刺史、西平郡公、開府儀同三司、高昌王。"

[84] 本節採自《魏書·高昌傳》。

至大統十四年，詔以其世子玄嘉爲王。恭帝二年，又以其田地公茂嗣位。武成元年，其王遣使獻方物。保定初，又遣使來貢。[85]

[85] 上一節採自《周書‧異域傳下》。

其國，周時，城有一十六。[86] 後至隋時，城有十八。其都城周回一千八百四十步，於坐室畫魯哀公問政於孔子之像。[87] 官有令尹一人，比中夏相國；次有公二人，皆王子也，一爲交河公，一爲田地公；次有左右衛；次有八長史，曰吏部、祠部、庫部、倉部、主客、禮部、戶部、兵部等長史也；次有五將軍，曰建武、威遠、陵江、殿中、伏波等將軍也；次有八司馬，長史之副也；次有侍郎、校郎、主簿、從事，階位相次，分掌諸事。次有省事，專掌導引。其大事決之於王，小事則世子及二公隨狀斷決。評章錄記，事訖卽除，籍書之外，無久掌文案。官人雖有列位，並無曹府，唯每早集於牙門，評議衆事。諸城各有戶曹、水曹、田曹。城遣司馬、侍郎相監檢校，名爲[城]令。[88] 服飾，丈夫從胡法，[89] 婦人裙襦，頭上作髻。其風俗政令，與華夏略同。[90] 兵器有弓、箭、刀、楯、甲、矟。文字亦同華夏，兼用胡書。有《毛詩》、《論語》、《孝經》，置學官弟子，以相教授。雖習讀之，而皆爲胡語。賦稅則計田輸銀錢，無者輸麻布。其刑法、風俗、昏姻、喪葬與華夏小異而大同。[91] 自敦煌向其國，多沙磧，茫然無有蹊徑，欲往者，尋其人畜骸骨而去。路中或聞歌哭聲，行人尋之，多致亡失，蓋魑魅魍魎也。故商客往來，多取伊吾路。[92]

[86] "周時，城有一十六" 七字採自《周書·異域傳下》。

[87] "隋時，城有十八" 以下至 "問政於孔子之像" 一段採自《隋書·西域傳》。

[88] "官有令尹一人" 至 "名爲[城]令" 一段採自《周書·異域傳下》。"校郎"，今本《周書·異域傳下》作 "校書郎"，非是。⁹ 又，"名爲[城]令"，茲據今本《周書·異域傳下》補 "城" 字。

[89] "服飾" 以下七字採自《周書·異域傳下》。

[90] "婦人裙襦" 以下一十八字採自《隋書·西域傳》。

[91] "兵器" 以下至 "小異而大同" 一段採自《周書·異域傳下》。

[92] "自敦煌" 至 "多取伊吾路" 一段兼採《周書·異域傳下》和《隋書·西域傳》。

開皇十年，突厥破其四城，有二千人來歸中國。[93]

[93] 上一節採自《隋書·西域傳》。

堅死，子伯雅立。其大母本突厥可汗女，其父死，突厥令依其俗。伯雅不從者久之。突厥逼之，不得已而從。煬帝即位，引致諸蕃。大業四年，遣使貢獻，帝待其使甚厚。明年，伯雅來朝，因從擊高麗。還，尚宗室女華容公主。八年冬，歸蕃，下令國中曰：先者，以國處邊荒境，被髮左袵。今大隋統御，宇宙平一。孤既沐浴和風，庶均大化。其庶人以上，皆宜解辮削袵。帝聞而善之，下詔曰：光祿大夫、弁國公、高昌王伯雅，本自諸華，世祚西壤，昔因多難，翦爲胡服。自我皇隋，平一宇宙，伯雅踰沙忘阻，奉貢來庭，削袵曳裾，變夷從夏，可賜衣冠，仍班製造之式。然伯雅先臣鐵勒，恒遣重臣在高昌國，有商胡往來者則稅之，送于鐵勒。雖有此令取悅中華，然竟畏鐵勒，不敢改也。自是歲令貢方物。[94]

[94] 上一節採自《隋書·西域傳》。

且彌國，都天山東于大谷，在車師北，去代一萬五百七十里。本役屬車師。[95]

[95] 上一節採自《魏書·西域傳》。

焉耆國，在車師南，都員渠城，[96]白山南七十里，漢時舊國也。[97]去代一萬二百里。[98]其王姓龍，名鳩尸畢那，卽前涼張軌所討龍熙之胤。[99]所都城方二里，國內凡有九城。國小人貧，無綱紀法令。兵有弓、刀、甲、矟。婚姻略同華夏。死亡者皆焚而後葬，其服制滿七日則除之。丈夫並翦髮以爲首飾。文字與婆羅門同。俗事天神，並崇信佛法也。尤重二月八日、四月八日。是日也，其國咸依釋教，齋戒行道焉。氣候寒，土田良沃，穀有稻、粟、菽、麥，畜有駝、馬。養蠶不以爲絲，唯充綿纊。俗尚蒲桃酒，兼愛音樂。南去海十餘里，有魚鹽蒲葦之饒。[100] 東去高昌九百里，西去龜茲九百里，皆沙磧；東南去瓜州二千二百里。[101]

[96] "焉耆國"以下一十一字採自《魏書·西域傳》。

[97] "白山"以下十一字可能採自《隋書·西域傳》。一則，《隋書·西域傳》亦有類似文字；二則，雖然《周書·異域傳下》亦稱"焉耆國在白山之南七十里"，但並無"漢時舊國也"五字。稱某國爲"漢時舊國"或"漢時某國"乃《隋書·西域傳》之特色。

[98] "去代"以下七字採自《魏書·西域傳》。

[99] "其王"以下二十字採自《周書·異域傳下》，唯"名鳩尸畢那"五字應是李延壽增添。

[100] "所都城方二里"至"有魚鹽蒲葦之饒"一段採自《周書·異域傳下》。

[101] "東去"以下至"二千二百里"二十七字乃採自《隋書·西域傳》。蓋以高昌、瓜州爲表示方位之基準。

恃地多險，頗剽劫中國使。太武怒之，詔成周公萬度歸討之，約齎輕糧，取食路次。度歸入焉耆東界，擊其邊守左迴、尉犁二城，拔之。進軍圍員渠。鳩尸畢那以四五萬人出城，守險以距。度歸募壯勇，短兵直往衝，鳩尸畢那衆大潰，盡虜之，單騎走入山中。度歸進屠其城，四鄙諸戎皆降服。焉耆爲國，斗絕一隅，不亂日久，獲其珍奇異翫、殊方譎詭難識之物，橐駝、馬、牛、雜畜巨萬。時太武幸陰山北宮，度歸破焉耆露板至，帝省訖，賜司徒崔浩書曰：萬度歸以五千騎，經萬餘里，拔焉耆三城，獲其珍奇異物及諸委積不可勝數。自古帝王，雖云卽序西戎，有如指注，不能控引也。朕今手把而有之，如何？浩上書稱美。遂命度歸鎮撫其人。初，鳩尸畢那走山中，猶覬城不拔，得還其國。既見盡爲度歸所剋，乃奔龜茲，龜茲以其壻，厚待之。[102]

[102]"上一節採自《魏書·西域傳》。"鳩尸畢那"，今本《魏書·西域傳》作"鳩尸卑那"。

周保定四年，其王遣使獻名馬。[103]

[103] 上一節採自《周書·異域傳下》。

隋大業中，其王龍突騎支遣使貢方物。其時，其國勝兵千餘人而已。[104]

[104] 上一節採自《隋書·西域傳》。

龜茲國，在尉犁西北，[105] 白山之南一百七十里，都延城，漢時舊國也。[106] 去代一萬二百八十里。[107] 其王姓白，卽後涼呂光所立白震之後。[108] 其王頭繫綵帶，垂之於後，坐金師子床。[109] 所居城方五六里。其刑法，殺人者死，劫賊則斷其一臂，幷刖一足。賦稅，準地徵租，無田者則稅銀［錢］。風俗、婚姻、喪葬、物產與焉耆略同，唯氣候少溫爲異。又出細氎、饒銅、鐵、鉛、麖皮、氍毹、鐃沙、鹽綠、雌黃、胡粉、安息香、良馬、犎牛等。東有輪臺，卽漢貳師將軍李廣利所屠者。其南三百里，有大河東流，號計戍水，卽黃河也。[110] 東去焉耆九百里，南去于闐一千四百里，西去疏勒一千五百里，北去突厥牙六百餘里，東南去瓜州三千一百里。[111]

[105]"龜茲國"以下八字採自《魏書·西域傳》。

[106]"白山之南一百七十里"以及"漢時舊國也"，凡一十四字，不妨認爲採自《隋書·西域傳》。"都延城"應採自《魏書·西域傳》。《周書·異域傳下》、《隋書·西域傳》均不載龜茲都城之名。

[107]"去代一萬二百八十里"九字採自《魏書·西域傳》。

[108]"其王姓白"以下一十五字採自《周書·異域傳下》。一則文字全同，二則《魏書·西域傳》不載國王姓氏，三則《魏書·呂光傳》載有龜茲王帛純事蹟。

[109]"其王頭繫綵帶"以下一十五字採自《隋書·西域傳》。一則文字全同，二則"頭繫綵帶"云云，乃纂錄所謂"服章物產"，應爲《隋書·西域傳》之特色。

[110]"所居城方五六里"以下至"卽黃河也"一段採自《周書·異域傳下》。一則文字相同，二則"計戍水"《魏書·西域傳》作

"首拔河"("拔"係"枝"字之誤)。又,"銀"下可據今本《魏書·西域傳》補"錢"字,同傳載高昌國"賦稅則計田輸銀錢",可以爲證。

[111] "東去焉耆"以下至"東南去瓜州三千一百里"一段採自《隋書·西域傳》。一則文字全同,二則以突厥牙帳、瓜州爲標誌方位基準。

其東關城戍,寇竊非一。太武詔萬度歸率騎一千以擊之,龜茲遣烏羯目提等領兵三千距戰,度歸擊走之,斬二百餘級,大獲駝馬而還。俗性多淫,置女市,收男子錢以入官。土多孔雀,羣飛山谷間,人取而食之,孳乳如雞鶩,其王家恒有千餘隻云。其國西北大山中有如膏者流出成川,行數里入地,狀如餳餬,甚臭,服之髮齒已落者能令更生,癘人服之皆愈。自後每使朝貢。[112]

[112] "其東關城"以下至"自後每使朝貢"全採自《魏書·西域傳》。"其東關城戍",今本《魏書·西域傳》作"其東鄙城戍"。

周保定元年,其王遣使來獻。[113]

[113] 上一節採自《周書·異域傳下》。

隋大業中,其王白蘇尼啞遣使朝,貢方物。是時,其國勝兵可數千人。[114]

[114] 上一節採自《隋書·西域傳》。"蘇尼啞"，《隋書·西域傳》作"蘇尼咥"。

姑默國，居南城，在龜茲西，去代一萬五百里。役屬龜茲。[115]

[115] 上一節採自《魏書·西域傳》。"姑默"，今本《魏書·西域傳》作"姑墨"。下同。

溫宿國，居溫宿城，在姑默西北，去代一萬五百五十里。役屬龜茲。[116]

[116] 上一節採自《魏書·西域傳》。

尉頭國，居尉頭城，在溫宿北，去代一萬六百五十里。役屬龜茲。[117]

[117] 上一節採自《魏書·西域傳》。

烏孫國，居赤谷城，在龜茲西北，去代一萬八十里。其國數為蠕蠕所侵，西徙葱嶺山中，無城郭，隨畜牧逐水草。[118]

[118] 上一節採自《魏書·西域傳》。

太延三年，遣使者董琬等使其國，後每使朝貢。[119]

[119] 上一節均採自《魏書·西域傳》。

疏勒國，在姑默西，[120] 白山南百餘里，漢時舊國也。[121] 去代一萬一千二百五十里。[122] 文成末，其王遣使送釋迦牟尼佛袈裟一，長二丈餘。帝以審是佛衣，應有靈異，遂燒之以驗虛實，置於猛火之上，經日不然，觀者莫不悚駭，心形俱肅。[123] 其王戴金師子冠。土多稻、粟、麻、麥、銅、鐵、錫、雌黃，每歲常供送於突厥。其都城方五里，國內有大城十二，小城數十。人手足皆六指，產子非六指者即不育。勝兵者二千人。南有黃河，西帶葱嶺，東去龜茲千五百里，西去鏺汗國千里，南去朱俱波八九百里，東北至突厥牙千餘里，東南去瓜州四千六百里。[124]

[120] "疏勒國"以下七字採自《魏書·西域傳》。

[121] "白山南"以下一十一字不妨認爲採自《隋書·西域傳》。

[122] "去代"以下一十一字採自《魏書·西域傳》。

[123] "文成末"至"心形俱肅"一段採自《魏書·西域傳》原文。《太平御覽》卷七九三引《後魏書》曰："高宗末，其王遣使送釋迦佛袈裟，長二丈餘，廣丈餘。高宗以審是佛衣，應有靈異，遂燒之以驗虛實，置於猛火之上，經日不燃，觀者莫不悚駭。後每使朝貢。"知原本《魏書·西域傳》"長二丈餘"下有"廣丈餘"三字，"心形俱肅"下有"後每使朝貢"五字。"文成"原作"高宗"。下同。

[124]"其王戴金師子冠"以下至"東南去瓜州四千六百里"乃採自《隋書·西域傳》。一則文字相同（僅次序有所更改），二則詳述"服章物產"乃《隋書·西域傳》特色，三則進貢突厥是隋代形勢，四則以突厥牙帳、瓜州等作為方位基準首見《隋書·西域傳》，五則"鏺汗"、"朱俱波"等名稱均係《隋書·西域傳》所採用者。

悅般國，在烏孫西北，去代一萬九百三十里。其先，匈奴北單于之部落也。為漢車騎將軍竇憲所逐，北單于度金微山，西走康居，其羸弱不能去者住龜茲北。地方數千里，眾可二十餘萬。涼州人猶謂之單于王。其風俗言語與高車同，而其人清潔於胡。俗翦髮齊眉，以餹餬塗之，昱昱然光澤，日三澡漱，然後飲食。其國南界有火山，山傍石皆燋鎔，流地數十里乃凝堅，人取以為藥，即石流黃也。[125]

[125] 上一節採自《魏書·西域傳》。

與蠕蠕結好，其王常將數千人入蠕蠕國，欲與大檀相見。入其界百餘里，見其部人不浣衣，不絆髮，不洗手，婦人口舐器物，王謂其從臣曰：汝曹誑我，將我入此狗國中！乃馳還。大檀遣騎追之不及，自是相仇讎，數相征討。[126]

[126] 上一節採自《魏書·西域傳》。

真君九年，遣使朝獻。幷送幻人，稱能割人喉脈令斷，擊人頭令骨陷，皆血出或數升或盈斗，以草藥內其口中，令嚼咽之，須臾血止，養瘡一月復常，又無痕癥。世疑其虛，乃取死罪囚試之，皆驗。云中國諸名山皆有此草，乃使人受其術而厚遇之。又言其國有大術者，蠕蠕來抄掠，術人能作霖雨、盲風、大雪及行潦，蠕蠕凍死漂亡者十二三。是歲再遣使朝貢，求與官軍東西齊契討蠕蠕。太武嘉其意，命中外諸軍戒嚴，以淮南王佗爲前鋒，襲蠕蠕。仍詔有司，以其鼓舞之節施於樂府。自後每使朝貢。[127]

[127] 上一節採自《魏書·西域傳》。

者至拔國，都者至拔城，在疏勒西，去代一萬一千六百二十里。其國東有潘賀那山，出美鐵及師子。[128]

[128] 上一節採自《魏書·西域傳》。

迷密國，都迷密城，在者至拔西，去代一萬二千一百里。正平元年，遣使獻一峯黑橐駝。其國東有山，名郁悉滿山，出金玉，亦多鐵。[129]

[129] 上一節採自《魏書·西域傳》。

悉萬斤國，都悉萬斤城，在迷密西，去代一萬二千七百二十里。其國南有山，名伽色那，山出師子。每使朝貢。[130]

[130] 上一節採自《魏書·西域傳》。

忸密國，都忸密城，在悉萬斤西，去代二萬二千八百二十八里。[131]

[131] 上一節採自《魏書·西域傳》。

破洛那國，故大宛國也。都貴山城，在疏勒西北，去代萬四千四百五十里。[132]

[132] 上一節採自《魏書·西域傳》。

太和三年，遣使獻汗血馬，自此每使朝貢。[133]

[133] 上一節採自《魏書·西域傳》。

粟特國，在葱嶺之西，古之奄蔡，一名溫那沙。居於大澤，在康居西北，去代一萬六千里。[134]先是，匈奴殺其王而有其國，至王忽倪，已三世矣。其國商人先多詣涼土販貨，及魏克姑臧，悉見虜。文成初，粟特王遣使請贖之，詔聽焉。自後無使朝獻。[135]

[134]"粟特國"至"去代一萬六千里"一段採自《魏書·西域傳》，但"在葱嶺之西"五字應採自《周書·異域傳下》，以山川標誌方位符合《周書·異域傳下》的習慣。至於後者所見類似文字，應襲自前者。

[135]"先是"至"自後無使朝獻"一段採自《魏書》。末句"無"字當作"每"。蓋《魏書·西域傳》"本紀"明載粟特在北魏克姑臧後曾多次朝貢。《通志·四夷三·西戎下》引此正作"自後每使朝貢"。

周保定四年，其王遣使貢方物。[136]

[136]上一節採自《周書·異域傳下》。

波斯國，都宿利城，在忸密西，[137]古條支國也。[138]去代二萬四千二百二十八里。[139]城方十里，戶十餘萬，[140]河經其城中南流。土地平正，[141]出金、銀、鍮石、珊瑚、琥珀、車渠、馬腦、多大真珠、頗梨、瑠璃、水精、瑟瑟、金剛、火齊、鑌鐵、銅、錫、朱砂、水銀、綾、錦、疊、氍、氍毹、氍毾、赤麈皮、及薰六、鬱金、蘇合、青木等香、胡椒、蓽撥、石蜜、千年棗、香附子、訶梨勒、無食子、鹽綠、雌黃等物。[142]氣候暑熱，家自藏冰，地多沙磧，引水溉灌。其五穀及鳥獸等與中夏略同，唯無稻及黍、稷。[143]土出名馬、大驢及駝，往往有一日能行七百里者。富室至有數千頭。[144]又出白象、師子、大鳥卵。[145]有鳥形如橐駝，有兩翼，飛而不能高，食草與肉，亦能噉火。[146]

[137]"波斯國"以下一十一字採自《魏書·西域傳》。"宿利"，《周書·異域傳下》作"蘇利"，《隋書·西域傳》作"蘇繭"，雖爲一地，用字各不相同。"忸密"亦《魏書·西域傳》獨有之譯稱。

[138]"古條支國也"五字採自《周書·異域傳下》。

[139]"去代"以下一十二字採自《魏書·西域傳》。

[140]"城方"以下八字採自《周書·異域傳下》。敘述都城規模乃《周書·異域傳下》之慣例。

[141]"河經其城中"以下一十一字不見於《周書·異域傳下》、《隋書·西域傳》，當採自《魏書·西域傳》。

[142]"出金"以下至"雌黃等物"不妨認爲採自《周書·異域傳下》。一則，所列名目、次序均與《周書·異域傳下》大致相同。"車渠"一物爲《周書·異域傳下》所無，或者是今本《周書·異域傳下》有奪文。二則，所列名目與《隋書·西域傳》頗有不同，說明李延壽於此並未採錄《隋書·西域傳》。

[143]"氣候暑熱"以下至"唯無稻及黍、稷"三十四字採自《周書·異域傳下》。一則，兩者文字全同，二則，《周書·異域傳下》好以"中夏"、"諸夏"、"華夏"諸稱與西域相對，與《魏書·西域傳》稱"中原"者有別。

[144]"土出名馬"至"富室至有數千頭"二十六字中，除"大驢"及"往往有一日能行七百里者"一十一字外，均可認爲採自《周書·異域傳下》。"大驢"二字乃李延壽採自《隋書·西域傳》、以補充《周書·異域傳下》者。"往往"以下九字採自《魏書·西域傳》，應在本節之末，誤入此處。

[145]"又出"以下九字採自《周書·異域傳下》。

[146]"有鳥"以下至"亦能噉火"採自《魏書·西域傳》，然有奪誤。蓋據《太平御覽》卷九一四引《後魏書》曰："波斯國有鳥，形如橐駞，有羽翼，飛而不能高，食草與肉，亦能噉火，馳走甚疾，一日能七百里也。"可知"兩翼"乃"羽翼"之訛，"火"字之下可補"馳走甚疾"四字，而前文"往往"以下九字應移至"疾"字之下，文字亦應據《太平御覽》改正。

其王姓波氏，名斯。坐金羊牀，戴金花冠，衣錦袍、織成帔，飾以真珠寶物。其俗：丈夫翦髮，戴白皮帽，貫頭衫，兩箱近下開之，亦有巾帔，緣以織成；婦女服大衫，披大帔，其髮前爲髻，後披之，飾以金銀花，仍貫五色珠，絡之於膊。王於其國內別有小牙十餘所，猶中國之離宮也。每年四月出遊處之，十月仍還。王卽位以後，擇諸子內賢者，密書其名，封之於庫，諸子及大臣莫之知也。王死，衆乃共發書視之，其封內有名者，卽立以爲王，餘子出各就邊任，兄弟更不相見也。國人號王曰醫囋，妃曰防步率，王之諸子曰殺野。大官有摸胡壇，掌國內獄訟；泥忽汗，掌庫藏、關禁；地卑，掌文書及衆務。

次有遏羅訶地，掌王之內事；薛波勃，掌四方兵馬。其下皆有屬官，分統其事。兵有甲、矟、圓排、劍、弩、弓、箭，戰兼乘象，百人隨之。[147]

[147] 上一節採自《周書·異域傳下》。一則，文字與《周書·異域傳下》大致相同，而與《隋書·西域傳》不同。二則，《周書·異域傳下》所載西域各國情況多包括服制、官制、刑法、宗教、婚姻、習俗，與《魏書·西域傳》尤重政治者不同。三則，強調國王姓氏亦非《魏書·西域傳》之特徵。尤其重要的是《周書·異域傳下》混入了有關貴霜—薩珊政權的資料，"坐金羊床，戴金花冠"云云祇可能是貴霜—薩珊統治者的服飾；這類記載正與後者所謂"波斯國，大月氏之別種"的敘述相呼應。[10] "其王姓波氏，名斯"，《周書·異域傳下》作"王姓波斯（氏）[氏]"，略有不同，應爲李延壽妄改。

其刑法：重罪懸諸竿上，射殺之；次則繫獄，新王立乃釋之；輕罪則劓、刖若髡，或翦半鬚，及繫牌於項，以爲恥辱；犯強盜，繫之終身；奸貴人妻者，男子流，婦人割其耳鼻。賦稅則準地輸銀錢。[148] 俗事火神、天神。[149] 文字與胡書異。[150] 多以姊妹爲妻妾。[151] 自餘婚合，亦不擇尊卑，諸夷之中最爲醜穢矣。百姓女年十歲以上有姿貌者，王收養之，有功勳人卽以分賜。死者多棄屍於山，一月着服。城外有人別居，唯知喪葬之事，號爲不淨人，若入城市，搖鈴自別。以六月爲歲首，尤重七月七日，十二月一日。其日，人庶以上各相命召，設會作樂，以極歡娛。又每年正月二十日，各祭其先死者。[152]

[148]"其刑法"至"輸銀錢"一段採自《周書·異域傳下》。

[149]"俗事火神、天神"，六字採自《魏書·西域傳》。"火神、天神"，《周書·異域傳下》作"俗事火祆神"。

[150]"文字與胡書異"六字採自《魏書·西域傳》。

[151]"多以姊妹爲妻妾"七字採自《魏書·西域傳》。

[152]"自餘婚合"以下至"各祭其先死者"一段採自《周書·異域傳下》。

神龜中，其國遣使上書貢物，云：大國天子，天之所生，願日出處常爲漢中天子。波斯國王居和多千萬敬拜。朝廷嘉納之。自此每使朝獻。[153]恭帝二年，其王又遣使獻方物。[154]

[153]"神龜中"以下至"自此每使朝獻"一段採自《魏書·西域傳》。

[154]"恭帝"以下一十二字採自《周書·異域傳下》。"恭帝"原作"廢帝"。

隋煬帝時，遣雲騎尉李昱使通波斯，尋使隨昱貢方物。[155]

[155]上一節採自《隋書·西域傳》。

伏盧尼國，都伏盧尼城，在波斯國北，去代二萬七千三百二十里。累石爲城。東有大河南流，中有鳥，其形似人，亦有如橐駝、馬者，皆有翼，常居水中，出水便死。城北有云尼山，出銀、珊瑚、琥珀，多師子。[156]

[156] 上一節採自《魏書·西域傳》。

色知顯國，都色知顯城，在悉萬斤西北，去代一萬二千九百四十里，土平，多五果。[157]

[157] 上一節採自《魏書·西域傳》。

伽色尼國，都伽色尼城，在悉萬斤南，去代一萬二千九百里。土出赤鹽，多五果。[158]

[158] 上一節採自《魏書·西域傳》。

薄知國，都薄知城，在伽色尼國南，去代一萬三千三百二十里。多五果。[159]

[159] 上一節採自《魏書·西域傳》。

牟知國，都牟知城，在忸密西南，去代二萬二千九百二十里。土平，禽獸草木類中國。[160]

[160] 上一節採自《魏書·西域傳》。

阿弗太汗國，都阿弗太汗城，在忸密西，去代二萬三千七百二十里。土平，多五果。[161]

[161] 上一節採自《魏書·西域傳》。

呼似密國，都呼似密城，在阿弗太汗西，去代二萬四千七百里。土平，出銀、琥珀，有師子，多五果。[162]

[162] 上一節採自《魏書·西域傳》。

諾色波羅國，都波羅城，在忸密南，去代二萬三千四百二十八里。土平，宜稻、麥，多五果。[163]

[163] 上一節採自《魏書·西域傳》。

早伽至國，都早伽至城，在忸密西，去代二萬三千七百二十八里。土平，少田殖，取稻、麥於隣國，有五果。[164]

[164] 上一節採自《魏書・西域傳》。

伽不單國，都伽不單城，在悉萬斤西北，去代一萬二千七百八十里。土平，宜稻、麥，有五果。[165]

[165] 上一節採自《魏書・西域傳》。

者舌國，故康居國，在破洛那西北，去代一萬五千四百五十里。太延三年，遣使朝貢，不絕。[166]

[166] 上一節採自《魏書・西域傳》。

伽倍國，故休密翕侯，都和墨城，在莎車西，去代一萬三千里。人居山谷間。[167]

[167] 上一節採自《魏書・西域傳》。

折薛莫孫國，故雙靡翕侯，都雙靡城，在伽倍西，去代一萬三千五百里。居山谷間。[168]

[168] 上一節採自《魏書・西域傳》。

鉗敦國，故貴霜翕侯，都護澡城，在折薛莫孫西，去代一萬三千五百六十里。居山谷間。[169]

[169] 上一節採自《魏書·西域傳》。

弗敵沙國，故肦頓翕侯，都薄茅城，在鉗敦西，去代一萬三千六百六十里。居山谷間。[170]

[170] 上一節採自《魏書·西域傳》。"肦頓"，《魏書·西域傳》作"胅頓"。

閻浮謁國，故高附翕侯。都高附城，在弗敵沙南，去代一萬三千七百六十里。居山谷間。[171]

[171] 上一節均採自《魏書·西域傳》。

大月氏國，都膡監氏城，在弗敵沙西，去代一萬四千五百里。北與蠕蠕接，數爲所侵，遂西徙都薄羅城，去弗敵沙二千一百里。其王寄多羅勇武，遂興師越大山，南侵北天竺，自乾陁羅以北五國盡役屬之。[172]

[172] 上一節採自《魏書·西域傳》。

太武時，其國人商販京師，自云能鑄石爲五色瑠璃，於是採礦山中，於京師鑄之。既成，光澤乃美於西方來者，乃詔爲行殿，容百餘人，光色映徹，觀者見之，莫不驚駭，以爲神明所作。自此國中瑠璃遂賤，人不復珍之。[173]

[173] 上一節採自《魏書·西域傳》。

安息國，在蔥嶺西，都蔚搜城。北與康居，西與波斯相接，[174] 在大月氏西北，去代二萬一千五百里。[175]

[174] "安息國"至"西與波斯相接"一段採自《周書·異域傳下》。然《魏書·西域傳》亦應有"安息國"、"都蔚搜城"等字樣，蓋《魏書·西域傳》體例如此。蓋《通志·四夷三·西戎下》有載："後魏時，安息嘗通焉。使人云：其國見都蔚搜城，去代二萬一千五百里。"

[175] "在大月氏西北"以下一十六字採自《魏書·西域傳》。

周天和二年，其王遣使朝獻。[176]

[176] "天和"以下採自《周書·異域傳下》。

條支國，在安息西，去代二萬九千四百里。[177]

[177] 本節採自《魏書·西域傳》。案：今本《魏書·西域傳》不見"條支國傳"，顯然是將《北史·西域傳》移入《魏書·西域傳》者所刪，其根據便是《北史·西域傳》稱波斯爲"古條支國也"，殊不知

這五字採自《周書·異域傳下》。

大秦國，一名黎軒，都安都城。從條支西渡海曲一萬里，去代三萬九千四百里。其海滂出，猶渤海也，而東西與渤海相望，蓋自然之理。地方六千里，居兩海之間，其地平正，人居星布。其王都城分爲五城，各方五里，周六十里。王居中城。城置八臣以主四方，而王城亦置八臣，分主四城。若謀國事及四方有不決者，則四城之臣集議王所，王自聽之，然後施行。王三年一出觀風化，人有冤枉詣王訴訟者，當方之臣，小則讓責，大則黜退，令其舉賢人以代之。其人端正長大，衣服、車旗擬儀中國，故外域謂之大秦。其土宜五穀、桑、麻，人務蠶、田。多璆琳、琅玕、神龜、白馬朱鬣、明珠、夜光璧。東南通交趾，又水道通益州永昌郡，多出異物。[178]

[178] 上一節採自《魏書·西域傳》。

大秦西海水之西有河，河西南流。河西有南、北山，山西有赤水，西有白玉山。玉山西有西王母山，玉爲堂室云。從安息西界循海曲，亦至大秦，迴萬餘里。於彼國觀日月星辰，無異中國，而前史云，條支西行百里，日入處，失之遠矣。[179]

[179] 上一節採自《魏書·西域傳》。

阿鉤羌國，在莎車西南，去代一萬三千里。國西有縣度山，其間四百里中，往往有棧道，下臨不測之深，人行以繩索相持而度，因以名之。土有五穀、諸果。市用錢爲貨。居止立宮室。有兵器。土出金珠。[180]

[180] 上一節採自《魏書·西域傳》。

波路國，在阿鉤羌西北，去代一萬三千九百里。其地濕熱，有蜀馬。土平，物產國俗與阿鉤羌同類焉。[181]

[181] 上一節採自《魏書·西域傳》。

小月氏國，都富樓沙城。其王本大月氏王寄多羅子也。寄多羅爲匈奴所逐西徙，後令其子守此城，因號小月氏焉。在波路西南，去代一萬六千六百里。先居西平、張掖之間，被服頗與羌同。其俗以金銀錢爲貨。隨畜牧移徙，亦類匈奴。其城東十里有佛塔，周三百五十步，高八十丈。自佛塔初建，計至武定八年，八百四十二年，所謂百丈佛圖也。[182]

[182] 上一節採自《魏書·西域傳》。

罽賓國，都善見城，在波路西南，去代一萬四千二百里。居在四山中。其地東西八百里，南北三百里。地平，溫和。有苜蓿、雜草、奇木、檀、槐、梓、竹。種五穀，糞園田。地下濕，生稻。冬食生菜。其人工巧，雕文、刻鏤、織罽。有金銀銅錫以爲器物。市用錢。他畜與諸國同。每使朝獻。[183]

[183] 上一節採自《魏書·西域傳》。

吐呼羅國，去代一萬二千里。東至范陽國，西至悉萬斤國，中間相去二千里；南至連山，不知名；北至波斯國，中間相去一萬里。薄提城周匝六十里。城南有西流大水，名漢樓河。土宜五穀，有好馬、駝、騾。其王曾遣使朝貢。[184]

[184] 上一節採自《魏書·西域傳》。

副貨國，去代一萬七千里。東至阿富使且國，西至沒誰國，中間相去一千里；南有連山，不知名；北至奇沙國，相去一千五百里。國中有副貨城，周匝七十里。宜五穀、蒲桃，唯有馬、駝、騾。國王有黃金殿，殿下金駝七頭，各高三尺。其王遣使朝貢。[185]

[185] 上一節採自《魏書·西域傳》。

南天竺國，去代三萬一千五百里。有伏醜城，周匝十里，城中出摩尼珠、珊瑚。城東三百里有拔賴城，城中出黃金、白真檀、石蜜、蒲桃。土宜五穀。[186]

[186] 上一節採自《魏書·西域傳》。

宣武時，其國王婆羅化遣使獻駿馬、金、銀，自此每使朝貢。[187]

[187] 上一節採自《魏書·西域傳》。

疊伏羅國，去代三萬一千里。國中有勿悉城。城北有鹽奇水，西流。有白象，幷有阿末黎木，皮中織作布。土宜五穀。[188]

[188] 上一節採自《魏書·西域傳》。

宣武時，其國王伏陁末多遣使獻方物，自是每使朝貢。[189]

[189] 上一節採自《魏書·西域傳》。"伏陁末多"，今本《魏書·西域傳》作"伏陀末多"。

拔豆國，去代五萬一千里。東至多勿當國，西至旃那國，中間相去七百五十里，南至𦋐陵伽國，北至弗那伏且國，中間相去九百里。國中出金、銀、雜寶、白象、水牛、犛牛、蒲桃、五果。土宜五穀。[190]

[190]上一節採自《魏書·西域傳》。

嚈噠國,[191]大月氏之種類也,[192]亦曰高車之別種,其原出於塞北。自金山而南,[193]在于闐之西,[194]都烏滸水南二百餘里,[195]去長安一萬一百里。其王都拔底延城,蓋王舍城也。其城方十里餘,[196]多寺塔,皆飾以金。[197]風俗與突厥略同。[198]其俗,兄弟共一妻,夫無兄弟者,妻戴一角帽,若有兄弟者,依其多少之數,更加帽角焉。[199]衣服類[胡],加以纓絡。頭皆翦髮。其語與蠕蠕、高車及諸胡不同。[200]衆可有十萬。[201]無城邑,依隨水草,以氈爲屋,夏遷涼土,冬逐暖處。分其諸妻,各在別所,相去或二百、三百里。其王巡歷而行,每月一處,冬寒之時,三月不徙。王位不必傳子,子弟堪者,死便受之。其國無車有輿。多駝、馬。用刑嚴急,偷盜無多少皆腰斬,盜一責十。死者,富者累石爲藏,貧者掘地而埋,隨身諸物,皆置塚内。[202]其人凶悍,能鬭戰。西域康居、于闐、沙勒、安息及諸小國三十許,皆役屬之,[203]號爲大國。[204]與蠕蠕婚姻。[205]

[191]"嚈噠國"三字採自《魏書·西域傳》。"嚈噠",《周書·異域傳下》作"嚈噠",《隋書·西域傳》作"挹怛"。[11]

[192]"大月氏之種類也"一句採自《周書·異域傳下》。蓋北周以降,對於嚈噠人的真正起源已日趨模糊,祇知嚈噠的統治中心即原來貴霜帝國的發祥地,而這個貴霜帝國,中國一直"本其故號,言大月氏云"。(《後漢書·西域傳》)因此,嚈噠被誤以爲"大月氏種類"。

[193]"亦曰高車之別種"至"自金山而南"一段採自《魏書·西域傳》，惟"亦曰"兩字爲李延壽所加。

[194]"在于闐之西"一句採自《周書·異域傳下》。因爲在《周書·異域傳下》中，"嚈噠傳"緊接在"于闐傳"之後，起承上啓下作用。

[195]"都烏滸水南二百餘里"一句採自《隋書·西域傳》。

[196]"去長安一萬一百里"至"其城方十里餘"一段採自《周書·異域傳下》。北周都於長安，故里程計算以長安爲基準。嚈噠本一逐水草遷徙的遊牧部族，宋雲一行於神龜二年（519年）抵達該國時，尚見其"居無城郭，遊軍而治"（《洛陽伽藍記》卷五）。可以說嚈噠開始定居、建都之日，已接近覆亡之時，故《周書·異域傳下》始見有關其都城之記載。

[197]"多寺塔，皆飾以金"七字採自《隋書·西域傳》。

[198]"風俗與突厥略同"一句採自《周書·異域傳下》。李延壽刪去《周書·異域傳下》"刑法"兩字，是由於他所採《魏書·西域傳》文字對嚈噠刑法另有說明的緣故。

[199]"其俗"以下至"更加帽角焉"數句採自《周書·異域傳下》。今本《魏書·西域傳》"妻戴一角帽"，"妻"上有"其"字；"更加帽角焉""角"上無"帽"字。

[200]"衣服"至於"諸胡不同"一段採自《魏書·西域傳》。"類"字下應據《通典·邊防九·西戎五》"嚈噠條"補"胡"字。

[201]"衆可有十萬"採自《魏書·西域傳》。案：今本《魏書·西域傳》"可"下無"有"字。

[202]"無城邑"以下至"皆置塚內"採自《魏書·西域傳》。案："子弟堪者，死便受之"，今本《魏書·西域傳》"者"作"任"，"受

作"授"。又,"富家"作"富者"。

[203]"其人凶悍"以下至"皆役屬之"採自《周書·異域傳下》。今本《周書·異域傳下》無"康居、沙勒（疏勒）"四字,疑有奪訛。《周書·異域傳下》雖無康居、疏勒專條,但康居等未必不可能在"嚈噠條"中提及,例如"安息傳"即稱安息"北與康居"相接,可以爲證。

[204]"號爲大國"一句可能採自《魏書·西域傳》。

[205]"與蠕蠕婚姻"一句採自《魏書·西域傳》。

自太安以後,每遣使朝貢。正光末,遣貢師子一,至高平,遇万俟醜奴反,因留之。醜奴平,送京師。永熙以後,朝獻遂絕。[206]

[206]上一節採自《魏書·西域傳》。"遣貢師子一",今本《魏書·西域傳》"遣"下有"使"字。

至大統十二年,遣使獻其方物。廢帝二年、周明帝二年,並遣使來獻。後爲突厥所破,部落分散,職貢遂絕。[207] 至隋大業中,又遣使朝貢方物。[208]

[207]"至大統十二年"以下至"職貢遂絕"一段採自《周書·異域傳下》。

[208]"至隋大業中"以下兩句採自《隋書·西域傳》。

其國去漕國千五百里，東去瓜州六千五百里。[209]

[209]"其國"以下兩句採自《隋書·西域傳》。今本《魏書·西域傳》"去漕國"句"去"上有"南"字。

初，熙平中，明帝遣騰伏子統宋雲、沙門法力等使西域，訪求佛經。時有沙門慧生者亦與俱行，正光中還。慧生所經諸國，不能知其本末及山川里數，蓋舉其略云。[210]

[210] 上一節可能採自《魏書·西域傳》。

朱居國，在于闐西。其人山居。有麥，多林果。咸事佛。語與于闐相類。役屬嚈噠。[211]

[211] 上一節可能採自《魏書·西域傳》。

渴槃陁國，在葱嶺東，朱駒波西。河經其國東北流。有高山，夏積霜雪。亦事佛道。附於嚈噠。[212]

[212] 上一節可能採自《魏書·西域傳》。

鉢和國，在渴槃陁西。其土尤寒，人畜同居，穴地而處。又有大雪山，望若銀峰。其人唯食餅麨，飲麥酒，服氈裘。有二道，一道西行向嚈噠，一道西南趣烏萇。亦爲嚈噠所統。[213]

[213] 上一節可能採自《魏書·西域傳》。

波知國，在鉢和西南。土狹人貧，依託山谷，其王不能總攝。有三池，傳云大池有龍王，次者有龍婦，小者有龍子，行人經之，設祭乃得過，不祭，多遇風雪之困。[214]

[214] 上一節可能採自《魏書·西域傳》。

賒彌國，在波知之南。山居。不信佛法，專事諸神。亦附嚈噠。[215]

[215] 上一節可能採自《魏書·西域傳》。

東有鉢盧勒國，路險，緣鐵鎖而度，下不見底。熙平中，宋雲等竟不能達。[216]

[216] 上一節可能採自《魏書·西域傳》。

烏萇國，在賒彌南。北有葱嶺，南至天竺。婆羅門胡爲其上族。婆羅門多解天文吉凶之數，其王動則訪決焉。土多林果，引水灌田，豐稻、麥。事佛，多諸寺塔，極華麗。人有爭訴，服之以藥，曲者發狂，直者無恙。爲法不殺，犯死罪唯徙於靈山。西南有檀特山，山上立寺，以驢數頭運食山下，無人控御，自知往來也。[217]

[217] 上一節可能採自《魏書·西域傳》。

乾陁國，在烏萇西，本名業波，爲嚈噠所破，因改焉。其王本是敕勒，臨國已二世矣。好征戰，與罽賓鬬，三年不罷，人怨苦之。有鬬象七百頭，十人乘一象，皆執兵仗，象鼻縛刀以戰。所都城東南七里有佛塔，高七十丈，周三百步，即所謂雀離佛圖也。[218]

[218] 上一節可能採自《魏書·西域傳》。

康國者，康居之後也。遷徙無常，不恒故地，自漢以來，相承不絶。其王本姓温，月氏人也。舊居祁連山北昭武城，因被匈奴所破，西踰葱嶺，遂有國。枝庶各分王，故康國左右諸國，並以昭武爲姓，示不忘本也。王字世夫畢，爲人寬厚，甚得衆心。其妻突厥達度可汗女也。[219]

[219] 上一節採自《隋書·西域傳》。

都於薩寶水上阿祿迪城，多人居。大臣三人共掌國事。其王素冠七寶花，衣綾、羅、錦、繡、白疊；其妻有髮，蒙以皁巾。丈夫翦髮，錦袍。名爲強國，西域諸國多歸之。米國、史國、曹國、何國、安國、小安國、那色波國、烏那曷國、穆國皆歸附之。有胡律，置於祆祠，將決罰，則取而斷之。重者族，次罪者死，賊盜截其足。人皆深目、高鼻、多髯。善商賈，諸夷交易，多湊其國。有大小鼓、琵琶、五弦、箜篌。婚姻喪制與突厥同。國立祖廟，以六月祭之，諸國皆助祭。奉佛，爲胡書。氣候溫，宜五穀，勤修園蔬，樹木滋茂。出馬、駝、驢、犛牛、黃金、硇沙、䑛香、阿薩那香、瑟瑟、麞皮、氍毹、錦、疊。多蒲桃酒，富家或致千石，連年不敗。[220]

[220] 上一節採自《隋書·西域傳》。

大業中，始遣使貢方物，後遂絕焉。[221]

[221] 上一節採自《隋書·西域傳》。

安國，漢時安息國也。王姓昭武氏，與康國王同族，字設力。妻，康國王女也。都在那密水南，城有五重，環以流水。宮殿皆平頭。王坐金駝座，高七八尺。每聽政，與妻相對，大臣三人，評理國事。風俗同於康居。唯妻其姊妹，及母子遞相禽獸，此爲異也。[222]

[222] 上一節採自《隋書‧西域傳》。

隋煬帝即位，遣司隸從事杜行滿使西域，至其國，得五色鹽而返。[223]

[223] 上一節採自《隋書‧西域傳》。

國西百餘里有畢國，可千餘家。其國無君長，安國統之。大業五年，遣使貢獻。[224]

[224] 上一節採自《隋書‧西域傳》。

石國，居於藥殺水，都城方十餘里。其王姓石，名涅。國城東南立屋，置座於中，正月六日，以王父母燒餘之骨，金甕盛置牀上，巡遶而行，散以花香雜果，王率臣下設祭焉。禮終，王與夫人出就別帳，臣下以次列坐，享宴而罷。有粟、麥，多良馬。其俗善戰。曾貳於突厥，射匱可汗滅之，令特勤甸職攝其國事。南去鏺汗六百里，東南去瓜州六千里。[225]

[225] 上一節採自《隋書‧西域傳》。

甸職以隋大業五年遣使朝貢，後不復至。[226]

[226] 上一節採自《隋書・西域傳》。

女國，在葱嶺南，其國世以女爲王，姓蘇毗，字末羯，在位二十年。女王夫號曰金聚，不知政事。國內丈夫唯以征伐爲務。山上爲城，方五六里，人有萬家。王居九層之樓，侍女數百人，五日一聽朝。復有小女王，共知國政。其俗婦人輕丈夫，而性不妬忌。男女皆以彩色塗面，而一日中或數度變改之。人皆被髮，以皮爲鞋，課稅無常。氣候多寒，以射獵爲業。出鍮石、朱砂、麝香、犛牛、駿馬、蜀馬。尤多鹽，恒將鹽向天竺興販，其利數倍。亦數與天竺、党項戰爭。其女王死，國中厚斂金錢，求死者族中之賢女二人，一爲女王，次爲小王。貴人死，剝皮，以金屑和骨肉置瓶中，埋之。經一年，又以其皮納鐵器埋之。俗事阿脩羅神，又有樹神，歲初以人祭，或用獼猴。祭畢，入山祝之，有一鳥如雌雉，來集掌上，破其腹視之，有粟粟則年豐，沙石則有災，謂之鳥卜。[227]

[227] 上一節採自《隋書・西域傳》。

隋開皇六年，遣使朝貢，後遂絕。[228]

[228] 上一節採自《隋書・西域傳》。

鏺汗國，都葱嶺之西五百餘里，古渠搜國也。王姓昭武，字阿利柒。都城方四里。勝兵數千人。王坐金羊牀，妻戴金花。俗多朱砂、金、鐵。東去疏勒千里，西去蘇對沙那國五百里，西北去石國五百里，東北去突厥可汗二千餘里，東去瓜州五千五百里。[229]

[229] 上一節採自《隋書·西域傳》。

隋大業中，遣使貢方物。[230]

[230] 上一節採自《隋書·西域傳》。

吐火羅國，都葱嶺西五百里，與挹怛雜居。都城方二里。勝兵者十萬人，皆善戰。其俗奉佛。兄弟同一妻，迭寢焉，每一人入房，戶外掛其衣以爲志。生子屬其長兄。其山穴中有神馬，每歲牧馬於穴所，必産名駒。南去漕國千七百里，東去瓜州五千八百里。[231]

[231] 上一節採自《隋書·西域傳》。

大業中，遣使朝貢。[232]

[232] 上一節採自《隋書·西域傳》。

米國，都那密水西，舊康居之地。無王。其城主姓昭武，康國王之支庶，字閉拙。都城方二里。勝兵數百人。西北去蘇對沙那國五百里，西南去史國二百里，東去瓜州六千四百里。[233]

[233] 上一節採自《隋書·西域傳》。

大業中，頻貢方物。[234]

[234] 上一節採自《隋書·西域傳》。

史國，都獨莫水南十里，舊康居之地也。其王姓昭武，字狄遮，亦康國王之支庶也。都城方二里。勝兵千餘人。俗同康國。北去康國二百四十里，南去吐火羅五百里，西去那色波國二百里，東北去米國二百里，東去瓜州六千五百里。[235]

[235] 上一節採自《隋書·西域傳》。

大業中，遣使貢方物。[236]

[236] 上一節採自《隋書·西域傳》。

曹國，都那密水南數里，舊是康居之地也。國無主，康國王令子烏建領之。都城方三里。勝兵千餘人。國中有得悉神，自西海以東諸國並敬事之。其神有金人，破羅闊丈有五尺，高下相稱。每日以駝五頭、馬十匹、羊一百口祭之，常有數千人食之不盡。東南去康國百里，西去何國百五十里，東去瓜州六千六百里。[237]

[237] 上一節採自《隋書·西域傳》。

大業中，遣使貢方物。[238]

[238] 上一節採自《隋書·西域傳》。

何國，都那密水南數里，舊是康居地也。其王姓昭武，亦康國王之族類，字敦。都城方二里。勝兵者千人。其王坐金羊座。東去曹國百五十里，西去小安國三百里，東去瓜州六千七百五十里。[239]

[239] 上一節採自《隋書·西域傳》。

大業中，遣使貢方物。[240]

[240] 上一節採自《隋書·西域傳》。

烏那遏國，都烏滸水西，舊安息之地也。王姓昭武，亦康國王種類，字佛食。都城方二里。勝兵數百人。王坐金羊座。東北去安國四百里，西北去穆國二百餘里，東去瓜州七千五百里。[241]

[241] 上一節採自《隋書·西域傳》。

大業中，遣使貢方物。[242]

[242] 上一節採自《隋書·西域傳》。

穆國，都烏滸河之西，亦安息之故地，與烏那遏爲鄰。其王姓昭武，亦康國王之種類也，字阿濫密。都城方三里。勝兵二千人。東北去安國五百里，東去烏那遏二百餘里，西去波斯國四千餘里，東去瓜州七千七百里。[243]

[243] 上一節採自《隋書·西域傳》。

大業中，遣使貢方物。[244]

[244] 上一節採自《隋書·西域傳》。

漕國，在葱嶺之北，漢時罽賓國也。其王姓昭武，字順達，康國王之宗族也。都城方四里。勝兵者萬餘人。國法嚴，殺人及賊盜皆死。其俗重淫祠。葱嶺山有順天神者，儀制極華，金銀鍱爲屋，以銀爲地，祠者日有千餘人。祠前有一魚脊骨，有孔中通，馬騎出入。國王戴金牛頭冠，坐金馬座。多稻、粟、豆、麥；饒象，馬，犛牛，金，銀，鑌鐵，氍毹，朱沙，青黛，安息、青木等香，石蜜，黑鹽，阿魏，沒藥，白附子。北去帆延七百里，東去刦國六百里，東北去瓜州六千六百里。[245]

[245] 上一節採自《隋書·西域傳》。

大業中，遣使貢方物。[246]

[246] 上一節採自《隋書·西域傳》。

論曰：自古開遠夷，通絕域，必因宏放之主，皆起好事之臣。張騫鑿空於前，班超投筆於後，或結之以重寶，或憚之以利劍，投軀萬死之地，以要一旦之功，皆由主尚來遠之名，臣徇輕生之節。是知上之所好，下必効焉。[247]西域雖通於魏氏，于時中原始平，天子方以混一爲心，未遑及此。其信使往來，得羈縻勿絕之道。[248]

[247]"論曰"至"下必効焉"一段採自《隋書·西域傳》。
[248]"西域雖通於魏氏"至"得羈縻勿絕之道"一段當出自李延

壽之手。

及隋煬帝規摹宏侈，掩吞秦、漢，裴矩方進《西域圖記》以蕩其心，故萬乘親出玉門關，置伊吾、且末鎮，而關右暨於流沙，騷然無聊生矣。若使北狄無虞，東夷告捷，必將修輪臺之戍，築烏壘之城，求大秦之明珠，致條支之鳥卵，往來轉輸，將何以堪其弊哉！古者哲王之制也，方五千里，務安諸夏，不事要荒。豈威不能加、德不能被？蓋不以四夷勞中國，不以無用害有用也。是以秦戍五嶺，漢事三邊，或道殣相望，或戶口減半。隋室恃其強盛，亦狼狽於青海。此皆一人失其道，故億兆罹其苦。載思卽敍之義，固辭都護之請，返其千里之馬，不求白狼之貢，則七戎九夷，候風重譯，雖無遼東之捷，豈及江都之禍乎！[249]

[249] 上一節採自《隋書·西域傳》。

案西域開於往漢，年世積久，雖離併多端，見聞殊說，此所以前書後史，蹉駮不同，豈其好異，地遠故也。人之所知，未若其所不知，信矣。但可取其梗概，夫何是非其間哉。[250]

[250] 上一節可能出自李延壽之手。

■ 註釋

1 指爲《魏書・西域傳》原文之理由見余太山《兩漢魏晉南北朝正史西域傳研究》，中華書局，2003年，pp. 65-94。下同。

2 參看中華書局標點本《魏書・西域傳》校勘記。

3 說見松田壽男《古代天山の歷史地理學的研究》，東京：早稻田大學出版部，1970年，pp. 138-142。

4 《吐魯番出土文書》第二冊，文物出版社，1981年，p. 4。

5 余太山《嚈噠史研究》，齊魯書社，1986年，pp. 193-216。

6 見《元和郡縣圖志・隴右道下》，中華書局，1983年，p. 1031。

7 《欽定皇輿西域圖志・水一》（卷二四）。

8 王炳華《訪古吐魯番》，新疆人民出版社，2001年，p. 170。

9 中華書局標點本《周書・異域傳下》校勘記。

10 參看田邊勝美"ローマと中國の史書に秘められたクシャノ・ササン朝"，《東洋文化研究所紀要》124（1994年），pp. 33-101。

11 指爲《魏書・西域傳・嚈噠傳》原文之理由，見注5所引余太山書，pp. 152-159。

徵引文獻

漢語文獻（1）

《抱朴子內篇校釋》（增訂本），（晉）葛洪撰，王明校釋，中華書局，1985年。

《北史》，（唐）李延壽撰，中華書局，1983年。

《北堂書鈔》，（隋）虞世南撰，天津古籍出版社影印，1988年。

《本草綱目》，（明）李時珍撰，文淵閣四庫全書史部（第772-774冊）。

《蔡中郎集》，（東漢）蔡邕撰，文淵閣四庫全書集部（第1063冊）。

《冊府元龜》，（宋）王欽若等編，中華書局影印，1982年。

《初學記》，（唐）徐堅等著，中華書局，1985年。

《春秋左傳注》，楊伯峻注，中華書局，1990年。

《東漢書刊誤》，（宋）劉攽撰，宸瀚樓叢書重編本。

《讀史方輿紀要》，（清）顧祖禹撰，上海書店出版社，1998年。

《讀書雜志》，（清）王念孫著，中華書局，1991年。

《爾雅義疏》，（清）郝懿行撰，中國書店，1982年。

《國語集解》，徐元誥撰，王樹民、沈長雲點校，中華書局，2002年。

《韓詩外傳箋疏》，屈守元箋疏，巴蜀書社，1996年。

《漢書》，（東漢）班固撰，（唐）顏師古注，中華書局，1975年。

《漢書補注》，（清）王先謙撰，中華書局影印，1983年。

《漢書西域傳補注》，（清）徐松撰，《二十五史三編》（第三分冊），嶽麓書社，
　　　1994年。

《後漢紀校注》，（晉）袁宏撰，周天遊校注，天津古籍出版社，1987年。

《後漢書》，（劉宋）范曄撰，（唐）李賢等注，中華書局，1973年。

《後漢書集解》，（清）王先謙集解，中華書局影印，1984年。

《淮南子集釋》，何寧撰，中華書局，1998年。

《混元聖記》，（宋）謝守灝編，《正統道藏》第30冊，藝文印書館，1977年。

《晉書》，（唐）房玄齡等撰，中華書局，1982年。

《荊楚歲時記》，（梁）宗懍撰，文淵閣四庫全書史部（第589冊）。

《舊唐書》，（後晉）劉昫等撰，中華書局，1975年。

《括地志輯校》，（唐）李泰等著，賀次君輯校，中華書局，1980年。

《梁書》，（唐）姚思廉撰，中華書局，1973年。

《兩漢紀》，張烈點校，中華書局，2002年。

《列仙傳》，（漢）劉向撰，文淵閣四庫全書子部（第1058冊）。

《洛陽伽藍記校釋》，（北魏）楊衒之撰，周祖謨校釋，中華書局，1963年。

《洛陽伽藍記校注》，（北魏）楊衒之撰，范祥雍校注，上海古籍出版社，1978年。

《樂府詩集》，（宋）郭茂倩編撰，中華書局，1979年。

《毛詩注疏》，（漢）毛亨傳，（漢）鄭玄箋，（唐）陸德明音義，（唐）孔穎達疏，
　　　文淵閣四庫全書經部（第69冊）。

《穆天子傳彙校集釋》，王貽梁、陳建敏選，華東師範大學出版社，1994年。

《南方草木狀》，（晉）嵇含撰，文淵閣四庫全書史部（第589冊）。

《南史》，（唐）李延壽撰，中華書局，1975年。

《欽定皇輿西域圖志》，（清）劉統勳等撰，文淵閣四庫全書史部（第500冊）。

《三輔黃圖》，（漢）佚名撰，（清）孫星衍、莊逵吉校，叢書集成初編本。

《三國志》，（晉）陳壽撰，（劉宋）裴松之注，中華書局，1975年。

《三國志集解》，盧弼撰，中華書局影印，1982年。

《山海經箋疏》，（清）郝懿行著，巴蜀書社，1985年。

《尚書今古文註疏》，（清）孫星衍撰，陳抗、盛冬鈴點校，中華書局，1998年。

《十六國春秋》，（魏）崔鴻撰，文淵閣四庫全書史部（第463冊）。

《十七史商榷》，（清）王鳴盛撰，《續修四庫全書》史部（第452冊）。

《十三州志》，（後魏）闞駰撰，（清）王謨輯，《漢唐地理書鈔》，中華書局影印，1961年。

《史記》，（漢）司馬遷撰，中華書局，1975年。

《史記會注考證附校補》，[日]瀧川資言考證、水澤利忠校補，上海古籍出版社，1986年。

《世說新語箋疏》，余嘉錫撰，中華書局，1983年。

《水經注校釋》，（魏）酈道元撰，陳橋驛校釋，杭州大學出版社，1999年。

《說文解字注》，（東漢）許慎撰，（清）段玉裁注，上海古籍出版社，1984年。

《說苑校證》，（漢）劉向撰，向宗魯校證，中華書局，1987年。

《宋書》，（梁）沈約撰，中華書局，1983年。

《隋書》，（唐）魏徵、令狐德棻撰，中華書局，1982年。

《太平寰宇記》，（宋）樂史撰，文淵閣四庫全書史部（第469—470冊）。

《太平寰宇記》，（宋）樂史撰，王文楚等點校本，中華書局，2007年。

《太平御覽》，（宋）李昉等撰，中華書局影印，1985年。

《唐六典》，（唐）李林甫等撰，陳仲夫點校，中華書局，1992年。

《通典》，（唐）杜佑撰，王文錦等點校，中華書局，1988年。

《通志》，（宋）鄭樵撰，中華書局影印，1987年。

《魏書》，（北齊）魏收撰，中華書局，1984年。

《文選》，（梁）蕭統編，（唐）李善注，中華書局影印，1983年。

《辛卯侍行記》，（清）陶保廉著，甘肅人民出版社，2002年。

《新唐書》，（宋）歐陽修、宋祁撰，中華書局，1975年。

《新五代史》，（宋）歐陽修撰，（宋）徐無黨注，中華書局，1992年。

《新校正夢溪筆談》，（宋）沈括撰，胡道靜校注，中華書局，1963年。

《續後漢書》，（元）郝經撰，（元）苟宗道注，文淵閣四庫全書史部（第385—386冊）。

《荀子集解》，（清）王先謙撰，沈嘯寰、王星賢點校，中華書局，1992年。

《藝文類聚》，（唐）歐陽詢撰，汪紹楹校，上海古籍出版社，1985年。

《酉陽雜俎》，（唐）段成式撰，方南生點校，中華書局，1981年。

《玉海》，（宋）王應麟撰，文淵閣四庫全書子部（第943冊）。

《元和郡縣圖志》，（唐）李吉甫撰，賀次君點校，中華書局，1983年。

《正統道藏》（第30冊），藝文印書館，1977年。

《周書》，（唐）令狐德棻等撰，中華書局，1983年。

《周易集解纂疏》，（清）李道平撰，潘雨廷點校，中華書局，1994年。

《資治通鑑》，（宋）司馬光編著，（元）胡三省音註，中華書局，1976年。

漢語文獻（2）

《辯正論》，（唐）釋法琳撰，《大正新脩大藏經》T52, No. 2110。
《出三藏記集》，（梁）釋僧佑撰，蘇晉仁、蕭鍊子點校，中華書局，1995 年。
《大慈恩寺三藏法師傳》，（唐）慧立、彥悰著，孫毓棠、謝芳點校，中華書局，2000 年。
《大唐西域記校注》，（唐）玄奘、辯機著，季羨林等校注，中華書局，1985 年。
《法顯傳校注》，（東晉）法顯撰，章巽校注，上海古籍出版社，1985 年。
《法苑珠林》，（唐）道世集，《大正新脩大藏經》T53, No. 2122。
《法苑珠林》，（唐）道世撰，周叔迦、蘇晉仁校注本，中華書局，2003 年。
《高僧傳》，（梁）慧皎撰，湯用彤校注，中華書局，1992 年。
《廣弘明集》，（唐）道宣編纂，《大正新脩大藏經》T52, No. 2103。
《慧超往五天竺國傳（殘卷）箋釋》，[日] 藤田豐八箋釋，北京，1910 年。
《俱舍論疏》，（唐）法寶撰，《大正新修大藏經》T41, No. 1822。
《往五天竺國傳箋釋》，（唐）慧超著，張毅箋釋，中華書局，1994 年。
《續高僧傳》，（唐）道宣撰，《大正新脩大藏經》T50, No. 2060。
《一切經音義》，（唐）慧琳撰，《大正新脩大藏經》T54, No. 2128。

漢語文獻（3）

白堅"晉寫本三國志吳志殘卷跋"，《支那學》3～11（1925 年），pp. 82-83。
蔡鴻生《唐代九姓胡與突厥文化》，中華書局，1998 年。

岑仲勉《黃河變遷史》，人民出版社，1957年。

岑仲勉《西突厥史料補闕及考證》，中華書局，1958年。

岑仲勉《漢書西域傳地里校釋》，中華書局，1981年。

岑仲勉《隋唐史》，中華書局，1982年。

陳戈"焉耆尉犁危須都城考"，《西北史地》1985年第2期，pp. 22-31。

陳夢家"漢武邊塞考略"，《漢簡綴述》，中華書局，1980年，pp. 205-219。

陳夢家《漢簡綴述》，中華書局，1980年。

陳寅恪"五胡問題及其他"，蔣天樞《陳寅恪先生編年事輯》，上海古籍出版社，1981年，pp. 194-195。

鄧紹輝"近代新疆石油工業述略"，《新疆經濟開發史研究》（下冊），新疆人民出版社，1995年，pp. 208-220。

方廣錩"迦毗羅衛何處是"，《法音》1983年第6期，pp. 75-76。

方廣錩"《浮屠經》考"，《國際漢學》第1期，商務印書館，1995年，pp. 247-256。

馮承鈞"高昌事輯"，《西域南海史地考證論著彙輯》，中華書局香港分局，1976年，pp. 48-83。

馮承鈞"高昌城鎮與唐代蒲昌"，《西域南海史地考證論著彙輯》，中華書局香港分局，1976年，pp. 84-95。

馮承鈞《西域南海史地考證論著彙輯》，中華書局香港分局，1976年。

高明士《東亞教育圈形成史論》，上海古籍出版社，2003年。

龔方震"隋唐歌舞曲名中所見粟特語"，葉奕良編《伊朗語在中國論文集》第2集，北京大學出版社，1998年，pp. 25-28。

國家文物局古文獻研究室、新疆維吾爾自治區博物館、武漢大學歷史系編《吐魯番出土文書》第一冊、第二冊、第三冊、第四冊，文物出版社，1981-1983年。

韓儒林"潑寒胡戲與潑水節的起源——讀史隨筆"，《向達先生紀念論文集》，新疆人民出版社，1986年，pp. 100-103。

侯燦"麴氏高昌王國官制研究"，《高昌樓蘭研究論集》，新疆人民出版社，1990年，pp. 1-72。

侯燦"麴氏高昌王國郡縣城考述"，《高昌樓蘭研究論集》，新疆人民出版社，1990年，pp. 73-84。

侯燦"吐魯番學與吐魯番考古研究概述"，《高昌樓蘭研究論集》，新疆人民出版社，1990年，pp. 181-218。

許序雅《唐代絲綢之路與中亞歷史地理研究》，西北大學出版社，2000年。

黃烈"'守白力'、'守海'文書與通西域道路的變遷"，《中國古代民族史研究》，人民出版社，1987年，pp. 431-458。

黃盛璋"塔里木河下游聚落與樓蘭古綠洲環境變遷"，《亞洲文明》第2集，安徽教育出版社，1992年，pp. 21-38。

黃文弼《吐魯番考古記》，科學出版社，1954年。

黃文弼《塔里木盆地考古記》，科學出版社，1958年。

黃文弼"漢西域諸國之分佈及種族問題"，《黃文弼歷史考古論集》，文物出版社，1989年，pp. 22-36。

黃文弼"張騫使西域路線考"，《黃文弼歷史考古論集》，文物出版社，1989年，pp. 37-38。

黃文弼"高昌疆域郡城考"，《黃文弼歷史考古論集》，文物出版社，1989年，pp. 162-169。

黃文弼"焉耆博斯騰湖周圍三個古國考"，《黃文弼歷史考古論集》，文物出版社，1989 年，pp. 216-221。

黃文弼 "羅布淖爾漢簡考釋"，《黃文弼歷史考古論集》，文物出版社，1989 年，pp. 375-408。

黃文弼《新疆考古發掘報告（1957-1958）》，文物出版社，1989 年。

季羨林 "龜茲研究三題"，《燕京學報》新第 10 期（2001 年），北京大學出版社，pp. 57-69。

姜伯勤《敦煌藝術宗教與禮樂文明》，中國社會科學出版社，1996 年。

李長傅《禹貢釋地》，中州書畫社，1983 年。

李格非 "釋'芳'、'棘'"，武漢大學歷史系魏晉南北朝隋唐史研究室編《魏晉南北朝隋唐史資料》第 5 期（1983 年），pp. 12-13。

李文瑛 "營盤遺址相關歷史地理學問題考證——從營盤遺址非'注賓城'談起"，《文物》1999 年第 1 期，pp. 43-51。

林梅村編《樓蘭尼雅出土文書》，文物出版社，1985 年。

林梅村 "鍮石入華考"，《古道西風——考古新發現所見中西文化交流》，三聯書店，2000 年，pp. 210-239。

林悟殊《波斯拜火教與古代中國》，臺北：新文豐出版公司，1995 年。

劉光華《漢代西北屯田研究》，蘭州大學出版社，1988 年。

柳洪亮《新出吐魯番文書及其研究》，新疆人民出版社，1997 年。

盧開萬 "試論麴氏高昌時期的賦役制度"，《敦煌吐魯番文書初探》，武漢大學出版社，1983 年，pp. 66-99。

盧向前 "論麴氏高昌臧錢"，《敦煌吐魯番文書論稿》，江西人民出版社，1992 年，pp. 201-216。

盧向前 "高昌西州四百年貨幣關係演變述略"，《敦煌吐魯番文書論稿》，江西人民出版社，1992年，pp. 217-266。

盧勳、李根蟠《民族與物質文化史考略》，民族出版社，1991年。

羅福成"晉寫本陳壽三國志吳志殘卷校字紀"，《支那學》3～11（1925年），pp. 83-84。

馬長壽《北狄與匈奴》，三聯書店，1962年。

馬小鶴"米國鉢息德城考"，《中亞學刊》第2輯，中華書局，1987年，pp. 65-75。

馬雍、王炳華"公元前七至二世紀的中國新疆地區"，《中亞學刊》第3輯，中華書局，1990年，pp. 1-16。

馬雍"西漢時期的玉門關和敦煌郡的西境"，《西域史地文物叢考》，文物出版社，1990年，pp. 11-15。

馬雍"東漢《曹全碑》中有關西域的重要史料"，《西域史地文物叢考》，文物出版社，1990年，pp. 41-45。

馬雍"東漢後期中亞人來華考"，《西域史地文物叢考》，文物出版社，1990年，pp. 46-59。

馬雍"新疆所出佉盧文書的斷代問題——兼論樓蘭遺址和魏晉時期的鄯善郡"，《西域史地文物叢考》，文物出版社，1990年，pp. 89-111。

馬雍"新疆佉盧文書中之 kośava 即氍毹考——兼論'渠搜'古地名"，《西域史地文物叢考》，文物出版社，1990年，pp. 112-115。

馬雍"巴基斯坦北部所見'大魏'使者的巖刻題記"，《西域史地文物叢考》，文物出版社，1990年，pp. 129-137。

馬雍"突厥與高昌麴氏王朝始建交考"，《西域史地文物叢考》，文物出版社，1990年，pp. 146-154。

孟凡人《北庭史地研究》，新疆人民出版社，1985年。

孟凡人《樓蘭新史》，光明日報出版社，1990年。

孟凡人"論鄯善國都的方位"，《亞洲文明》第2集，安徽教育出版社，1992年，pp. 94-115。

孟凡人"于闐國都城方位考"，《西域考察與研究》，新疆人民出版社，1994年，pp. 449-476。

孟憲實、姚崇新"從'義和政變'到'延壽改制'——麴氏高昌晚期政治史探微"，《敦煌吐魯番研究》第2卷，1997年，pp. 163-188。

潘富俊《唐詩植物圖鑒》，臺北：貓頭鷹出版社，2001年。

錢伯泉"高昌國郡縣城鎮的建置及其地望考實"，《新疆大學學報》1988年2期，pp. 34-41。

冉光榮、李紹明、周錫銀《羌族史》，四川民族出版社，1985年。

饒宗頤"穆護歌考——兼論火祆教入華之早期史料及其對文學、音樂、繪畫之影響"，《饒宗頤史學論著選》，上海古籍出版社，1993年，pp. 404-441。

饒宗頤"中國古代'脅生'的傳說"，《燕京學報》新第3期（1997年），北京大學出版社，pp. 15-28。

榮新江"所謂'Tumshuqese'文書中的'gyāźdi'"，《內陸アジア言語研究》7 (1991年)，pp. 1-12。

榮新江"龍家考"，《中亞學刊》第4輯，北京大學出版社，1995年，pp. 144-160。

榮新江"祆教初傳中國年代考"，《國學研究》第3卷（1995年），pp. 335-353。

榮新江"德國'吐魯番收集品'中的漢文典籍與文書"，《華學》第3輯，紫禁城出版社，1998年，pp. 309-325。

榮新江"薩寶與薩薄：北朝隋唐胡人聚落首領問題的爭論與辨析"，《伊朗學在中國論文集》第 3 集, 北京大學出版社, 2003 年, pp. 128-143。

宋峴漢譯, 余太山箋證"《太伯里史》所載嚈噠史料", 《中亞學刊》第 2 輯, 中華書局, 1987 年, pp. 51-64。

宋峴"弗栗恃薩儻那、蘇剌薩儻那考辨", 《亞洲文明》第 3 集, 安徽教育出版社, 1995 年, pp. 193-201。

宋峴"波斯醫藥與古代中國", 葉奕良編《伊朗學在中國論文集》第 2 集, 北京大學出版社, 1998 年, pp. 91-100。

孫培良"《山海經》拾證", 《文史集林·人文雜誌叢刊》1986 年第 4 期, pp. 137-150。

孫毓棠"安息與烏弋山離", 《文史》第 5 輯（1978 年）, pp. 7-21。

湯用彤《漢魏兩晉南北朝佛教史》, 中華書局, 1983 年。

唐長孺"高昌郡紀年", 武漢大學歷史系魏晉南北朝隋唐史研究室編《魏晉南北朝隋唐史資料》第 3 期（1981 年）, pp. 22-38。

唐長孺"吐魯番文書中所見高昌郡縣行政制度", 《山居存稿》, 中華書局, 1989 年, pp. 344-361。

田餘慶"論輪臺詔", 《歷史研究》1984 年第 2 期, pp. 3-20。

汪寧生"漢晉西域與祖國文明", 新疆社會科學院考古研究所編《新疆考古三十年》, 新疆人民出版社, 1983 年, pp. 194-208。

王炳華《吐魯番的古代文明》, 新疆人民出版社, 1989 年。

王炳華《訪古吐魯番》, 新疆人民出版社, 2001 年。

王國維"西胡考", 《觀堂集林》（卷一三）, 中華書局, 1959 年, pp. 606-622。

王國維"《流沙墜簡》序", 《觀堂集林》（卷一七）, 中華書局, 1959 年, pp. 819-834。

王國維"尼雅城北古城所出晉簡跋",《觀堂集林》(卷一七),中華書局,1959年,pp. 865-869。

王明哲、王炳華《烏孫研究》,新疆人民出版社,1983年。

王去非"關於大海道",《向達先生紀念論文集》,新疆人民出版社,1986年,pp. 485-493。

王素"麴氏高昌'義和政變'補說",《敦煌吐魯番研究》第1卷,北京大學出版社,1996年,pp. 177-194。

王素《高昌史稿·統治篇》,文物出版社,1998年。

王素《高昌史稿·交通編》,文物出版社,2000年。

王毓銓"'民數'與漢代封建政權",《中國史研究》1979年第3期,pp. 61-80。

王仲犖《敦煌石室地志殘卷考釋》,上海古籍出版社,1993年。

汶江"滇越考——早期中印關係的探索",伍加倫、江玉祥主編《古代西南絲綢之路研究》,四川大學出版社,1990年,pp. 61-66。

吳其昌"印度釋名",《燕京學報》第4期(1928年),pp.716-743.

吳震"麴氏高昌國史索隱——從張雄夫婦墓誌談起",《文物》1981年第1期,pp. 38-46。

吳礽驤等《敦煌漢簡釋文》,甘肅人民出版社,1991年。

吳玉貴《突厥汗國與隋唐關係史研究》,中國社會科學出版社,1998年。

向達《唐代長安與西域文明》,三聯書店,1957年。

徐時儀"印度的譯名管窺",《華林》第3卷,中華書局,2004年,pp. 61-69。

薛宗正"務塗谷、金蒲、疏勒考",《新疆文物》1988年第2期,pp. 75-84。

嚴耀中《漢傳密教》,學林出版社,1999年。

葉奕良"伊朗曆法縱談",《伊朗學在中國論文集》第2集,北京大學出版社,1998年,pp. 122-133。

余太山《嚈噠史研究》，齊魯書社，1986年。

余太山《塞種史研究》，中國社會科學出版社，1992年。

余太山《兩漢魏晉南北朝與西域關係史研究》，中國社會科學出版社，1995年。

余太山"第一貴霜考"，《中亞學刊》第4輯，北京大學出版社，1995年，pp. 73-94。

余太山"中國史籍關於希瓦和布哈拉的早期記載"，《九州》第2輯（1999年），商務印書館，pp. 157-160。

余太山《古族新考》，中華書局，2000年。

余太山"嚈噠史若干問題的再研究"，《中國社會科學院歷史研究所學刊》第1集，社會科學文獻出版社，2001年，pp. 180-210。

余太山《兩漢魏晉南北朝正史西域傳研究》，中華書局，2003年。

余太山"新發現的臘跋闥柯銘文和《後漢書·西域傳》有關閻膏珍的記載"，《新疆文物》2003年第3/4合期，pp. 43-47。

余太山"《後漢書》、《魏略》有關大秦國桑蠶絲記載淺析"，《西域研究》2004年第2期，pp. 14-16。

余太山"《隋書·西域傳》的若干問題"，《新疆師範大學學報》2004年第3期，pp. 50-54。

余太山"隋與西域諸國關係述考"，《文史》第69輯（2004年第4期），pp. 49-57。

章鴻釗《石雅·寶石說》，上海古籍出版社，1993年。

張承志"王延德西行記與天山磠砂"，《文史》第20輯（1983年），pp. 89-96。

張德芳"《長羅侯費用簿》及長羅侯與烏孫關係考略"，胡平生、張德芳《敦煌懸泉漢簡釋粹》，上海古籍出版社，2001年，pp. 230-256。

張維華"西漢都護通考"，《漢史論集》，齊魯書社，1980年，pp. 245-308。

張小貴 "古波斯'不净人'考",《中山大學學報》2002 年第 5 期, pp. 68-75。

張星烺《中西交通史資料彙編》第 4 冊, 中華書局, 1978 年。

趙超《漢魏南北朝墓誌彙編》, 天津古籍出版社, 1992 年。

周連寬 "漢婼羌國考",《中亞學刊》第 1 輯, 中華書局, 1983 年, pp. 81-90。

周連寬《大唐西域記史地研究叢稿》, 中華書局, 1984 年。

周偉洲 "蘇毗與女國",《大陸雜誌》第 92 卷第 4 期 (1996 年), pp. 1-11。

周衛榮 "'鍮石'考述",《文史》第 53 輯 (2001 年), pp. 79-89。

周一良《魏晉南北朝史劄記》, 中華書局, 1985 年。

周振鶴《西漢政區地理》, 人民出版社, 1987 年。

祝總斌 "高昌官府文書雜考",《敦煌吐魯番文獻研究論集》第 2 輯, 北京大學出版社, 1983 年, pp. 465-501。

漢語文獻 (4)

A

《東域紀程錄叢》, [英] H. 裕爾撰、[法] H. 考迪埃修訂, 張緒山譯, 雲南人民出版社, 2002 年。

《歷史》, [古希臘] 希羅多德著, 王以鑄譯, 商務印書館, 1985 年。

《摩奴法論》, 蔣忠新譯, 中國社會科學出版社, 1986 年。

《唐代外來文明》, [美] 謝弗著, 吳玉貴譯, 中國社會科學出版社, 1995 年。

《西突厥史料》, [法] 沙畹著, 馮承鈞譯, 中華書局, 1958 年。

《西域之佛教》, [日] 羽溪了諦, 賀昌羣譯, 商務印舘, 1956 年。

《中國伊朗編》，［美］勞費爾著，林筠因譯，商務印書館，1964年。

B

［法］沙畹"宋雲行紀箋注"，馮承鈞譯，《西域南海史地考證譯叢六編》，中華書局，1956年，pp. 1-68。

［法］沙畹"魏略西戎傳箋注"，馮承鈞譯，《西域南海史地考證譯叢七編》，中華書局，1957年，pp. 41-57。

日語文獻

榎一雄"難兜國に就いての考"，《加藤博士還曆記念東洋史集說》，東京：富山房，1941年，pp. 179-199。

榎一雄"魏書粟特國傳と匈奴・フン同族問題"，《東洋學報》37～4（1955年），pp. 1-48。

榎一雄"キダーラ王朝の年代について"，《東洋學報》40～3（1958年），pp. 1-52。

榎一雄"梁職貢圖について"，《東方學》26（1963年），pp. 31-46。

榎一雄"樓蘭の位置を示す二つのカロシユテイー文書について"，《石田博士頌壽記念東洋史論叢》，東京：石田博士古稀記念事業會，1965年，pp. 107-125。

藤田豐八"扜泥城と伊循城"，《東西交涉史の研究・西域篇》，東京：荻原星文館，1943年，pp. 253-263。

藤田豐八"西域研究・扜彌 Dandān-Uiliq"，《東西交涉史の研究・西域篇》，東京：

荻原星文館，1943 年，pp. 263-273。

藤田豐八 "西域研究・月氏西移の年代"，《東西交涉史の研究・西域篇》，東京：荻原星文館，1943 年，pp. 344-359。

藤田豐八 "佛教傳來に關する魏略の本文につきて"，《東西交涉史の研究・西域篇》，東京：荻原星文館，1943 年，pp. 389-406。

藤田豐八 "榻及び氍毹氀毹につきて"，《東西交涉史の研究・南海篇》，東京：荻原星文館，1943 年，pp. 611-627。

船木勝馬 "魏書西域傳考——成立と補綴と復原——"，《東洋史學》2，(1951 年)，pp. 56-74。

船木勝馬 "魏書西域傳の復原——魏書西域傳考（二）——"，《東洋史學》5（1952 年），pp. 1-18。

羽田亨 "景教經典序聽迷詩所經に就いて"，《內藤博士還曆祝賀支那學論叢》，京都：弘文堂，1926 年，pp. 117-148。

堀謙德 "西曆第六世紀の波斯"，《史學雜誌》19～1（1908 年），pp. 40-53。

堀謙德 《解說西域記》，國書刊行會，1972 年。

伊瀨仙太郎 《中國西域經營史研究》，東京：岩南堂，1968 年。

北村高 "《隋書》卷八十三西域傳序・跋譯注稿"，內田吟風編《中國正史西域傳の譯注》，龍谷大學文學部，河北印刷株式會社，1980 年，pp. 51-57。

北村高 "《隋書・西域傳》について——その成立と若干の問題——"，《龍谷史壇》78（1980 年），pp. 31-45。

桑原隲藏 "張騫の遠征"，《東西交通史論叢》，東京：弘文堂，1944 年，pp. 1-117。

桑山正進 "トハーリスターンのエフタル・テュルクとその城邑"，《三笠宮殿下古稀記念オリエント學論集》，小學館（1985 年），pp. 140-154。

桑山正進《カーピシー＝ガンダーラ史研究》，京都大學人文科學研究所，1990年。

桑山正進編《慧超往五天竺國傳研究》，京都大學人文科學研究所，1992年。

松田壽男《古代天山の歷史地理學的研究》，東京：早稻田大學出版部，1970年。

松田壽男"イラン南道論"，《東西文化交流史》，東京：雄山閣，1975年，pp. 217-251。

宮崎市定"條枝と大秦と西海"，《史林》24～1（1939年），pp. 55-86。

水谷真成譯注《大唐西域記》，《中國古典文學大系》22，東京：平凡社，1975年。

森雅子"西王母の原像——中國古代神話における地母神の研究——"，《史學》56～3（1986年），pp. 61-93。

護雅夫"いわゆる'北丁零'、'西丁零'について"，《瀧川博士還曆記念論文集・東洋史篇》，東京：長野中澤印刷，1957年，pp. 57-71。

長澤和俊"甘英の西使について"，《シルク・ロード史研究》，國書刊行會，1979年，pp. 398-414。

長澤和俊"韋節・杜行滿の西使"，《シルクロード史研究》，國書刊行會，1979年，pp. 481-488。

長澤和俊"拘彌國考"，《史觀》100（1979年），pp. 51-67。

長澤和俊"古代西域南道考"，護雅夫編《內陸アジア・西アジアの社會と文化》，東京：山川出版社，1983年，pp. 57-77。

小田義久"《南史》卷七十九夷貊下西域傳譯注稿"，內田吟風《中國正史西域傳の譯註》，京都龍谷大學文學部，河北印刷株式會社，1980年，pp. 35-40。

大谷勝真"高昌麴氏王統考"，《京城帝國大學創立十周年記念論文集・史學篇》

第 5 輯，東京：大阪屋書店，1936 年，pp. 26-28。

佐藤長"吐谷渾における諸根據地"，《チベット歷史地理研究》，東京：岩波，1978 年，pp. 194-267。

佐藤圭四郎"北魏時代における東西交涉"，《東西文化交流史》，雄山閣，1975 年，pp. 378-393。

關尾史郎"'義和政変'前史——高昌國王麴伯雅の改革を中心として"，《東洋史研究》52～2（1993 年），pp. 153-174。

重松俊章"髑髏飲器考"，《桑原博士還曆記念東洋史論叢》，京都：弘文堂，1934 年，pp. 173-189。

嶋崎昌《隋唐時代の東トゥルキスタン研究——高昌國史研究を中心として——》，東京：東京大學出版會，1977 年。

嶋崎昌"姑師と車師前·後王國"，《隋唐時代の東トゥルキスタン研究——高昌國史研究を中心として——》，東京：東京大學出版會，1977 年，pp. 3-58。

嶋崎昌"高昌國の城邑について"，《隋唐時代の東トゥルキスタン研究——高昌國史研究を中心として——》，東京：東京大學出版會，1977 年，pp. 113-147。

白須淨真"麴氏高昌國における上奏文書試釋——民部、兵部、都官、屯田等諸官司上奏文書の檢討"，《東洋史苑》23 號（1984 年），pp. 13-66。

白鳥清"髑髏の盟に就て"，《史學雜誌》39～7（1928 年），pp. 734-735。

白鳥清"髑髏飲器使用の風習と其の傳播（上、下）"，《東洋學報》20～3（1933 年），pp. 121-145；20～4（1933 年），pp. 139-155。

白鳥庫吉"亞細亞北族の辮髮に就いて"，《白鳥庫吉全集·塞外民族史研究（下）》（第 5 卷），東京：岩波，1970 年，pp. 231-301。

白鳥庫吉"烏孫に就いての考",《白鳥庫吉全集·西域史研究（上）》(第6卷)，東京：岩波，1970年，pp. 1-55。

白鳥庫吉"西域史上の新研究·康居考",《白鳥庫吉全集·西域史研究（上）》(第6卷)，東京：岩波，1970年，pp. 58-96。

白鳥庫吉"西域史上の新研究·大月氏考",《白鳥庫吉全集·西域史研究（上）》(第6卷)，東京：岩波，1970年，pp. 97-227。

白鳥庫吉"大宛國考",《白鳥庫吉全集·西域史研究（上）》(第6卷)，東京：岩波，1970年，pp. 229-294。

白鳥庫吉"罽賓國考",《白鳥庫吉全集·西域史研究（上）》(第6卷)，東京：岩波，1970年，pp. 295-359。

白鳥庫吉"プトレマイオスに見えたる葱嶺通過路に就いて",《白鳥庫吉全集·西域史研究（下）》(第7卷)，東京：岩波，1971年，pp. 1-41。

白鳥庫吉"粟特國考",《白鳥庫吉全集·西域史研究（下）》(第7卷)，東京：岩波，1971年，pp. 43-123。

白鳥庫吉"大秦國及び拂菻國に就きて",《白鳥庫吉全集·西域史研究（下）》(第7卷)，東京：岩波，1971年，pp. 125-203。

白鳥庫吉"條支國考",《白鳥庫吉全集·西域史研究（下）》(第7卷)，東京：岩波，1971年，pp. 205-236。

白鳥庫吉"大秦傳に現はれたる支那思想",《白鳥庫吉全集·西域史研究（下）》(第7卷)，東京：岩波，1971年，pp. 237-302。

白鳥庫吉"大秦傳より見たる西域の地理",《白鳥庫吉全集·西域史研究（下）》(第7卷)，東京：岩波，1971年，pp. 303-402。

白鳥庫吉"拂菻問題の新解釋",《白鳥庫吉全集·西域史研究（下）》(第7卷)，東京：岩波，1971 年，pp. 403-592。

白鳥庫吉"大秦の木難珠と印度の如意珠",《白鳥庫吉全集·西域史研究（下）》（第 7 卷），東京：岩波，1971 年，pp. 597-641。

田邊勝美"安國の金駝座と有翼雙峯駱駝",《オリエント》25 ~ 1（1982 年），pp. 50-72。

田邊勝美"帝王騎馬牡獅子二頭狩文の成立",《東洋文化研究所紀要》120（1993 年），pp. 1-47。

田邊勝美"ローマと中國の史書に秘められたクシャノ・ササン朝",《東洋文化研究所紀要》124（1994 年），pp. 33-101。

內田吟風"魏書西域傳原文考釋（上、中、下）",《東洋史研究》29 ~ 1（1970 年），pp. 83-106；30 ~ 2（1971 年），pp. 82-101；31 ~ 3（1972 年），pp. 58-72。

內田吟風"吐火羅(Tukhāra)國史考",《東方學會創立 25 周年記念東方學論集》，東京：東方學會，1972 年，pp. 91-110。

內田吟風"魏略天竺臨兒傳遺文集錄考證",《惠谷先生古稀記念：淨土の教思想と文化》，京都：佛教大學，1972 年，pp. 1013-1022。

內田吟風"隋裴矩撰《西域圖記》遺文纂考",《藤原弘道先生古稀記念史學佛教學論集》，內外印刷株式會社，1973 年，pp. 115-128。

內田吟風"《魏書》卷一百二西域傳譯注稿",內田吟風編《中國正史西域傳の譯注》，龍谷大學文學部，河北印刷株式會社，1980 年，pp. 1-34。

內田吟風《北アジア史研究·鮮卑柔然突厥篇》，同朋舍，1988 年。

吉田豐"ソグド語雜錄",《オリエント》31 ~ 2（1988 年），pp. 165-176。

西方文獻

Bailey, H. W. "Ttaugara." *Bulletin of the School of Oriental Studies* 8 (1937), pp. 883-921.

Barthold, W. *Turkestan, Down to the Mongol Invasion*. London: E. J. W. Gibb Memorial Trust, Porcupine Press Inc., 1977.

Bivar A. D. H. "Sasanians and Turks in Central Asia." In Hambly G. ed., *Central Asia*. New York, 1969, pp. 49-62.

Bivar, A. D. H. "The Kushano-Sassanian Coin Series." *Journal of the Numismatic Society of India* 18 (1956): pp. 13-42.

Blockley, R. C. *The History of Menander the Guardsman, Introductory Essay, Text, Translation, and Historiographical Notes*. Published by Francis Cairns Ltd., Printed in Great Britain by Redwood Burn Lid. Trowbridge, Wiltshire, 1985.

Bühler, G. "The New Inscription of Toramana Shaha." *Epigraphia India* I (1892): pp. 238-241.

Carter M. L. "A Numismatic Reconstruction of Kushano-Sasanian History." *Museum Notes* 30 (1985): pp. 215-261.

Chavannes, E. "Les pays d'occident d'après le *Wei-lio*." *T'oung Pao* 6 (1905): pp. 519-571.

Chavannes, E. "Trois Généraux Chinois de la dynastie des Han Orientaux. Pan Tch'ao (32-102 p. C.); – son fils Pan Yong; –Leang K'in (112 p. C.). Chapitre LXXVII du *Heou Han chou*." *T'oung Pao* 7 (1906): pp. 210-269.

Chavannes, E. "Voyage de Song Yun." *Bulletin de l'Ecole Française d'Extrême-*

Orient 3 (1903): pp. 379-441.

Chavannes, E. *Documents sur les Tou-Kiue (Turcs) Occidentaux.* Paris, 1903.

Chmielewski, J. "Two early loan-words in Chinese." *Rocznik Orientailistyczny* 24/2 (1961): pp. 65-86.

Darmesteter, J. tr., *The Zend-Avesta,* Part I, *The Vendīdād.* In F. Max Müller, ed., *The Sacred Books of the East,* vol. IV, Oxford University Press, 1887; repr. Motilal Banarsidass, 1965, 1969, 1974, 1980.

Debevoise, N. C. *A Political History of Parthia.* Chicago, 1938.

Dewing, H. B. tr., Procopius, *History of the Wars, with an English Translation,* vol. 1. New York, 1914.

Downey, G. *A History of Antioch in Syria.* Princeton, 1961.

Enoki, K. "The Location of the Capital of Lou-lan and the Date of Kharoṣṭhī Inscriptions." *Memoirs of the Research Department of the Toyo Bunko* (The Oriental Library) 22 (1963): pp. 125-171.

Frye, R. N. *The History of Bukhara.* Cambridge, 1954.

Göbl, R. "Zwei neue Termini für ein zentrales Datum der Alten Geschichte Mittelasiens, das Jahr I des Kušānkönigs Kaniška." *Anzeiger der phil.-hist. Klasse der Österreichischen Akademie der Wissenschaften,* 1964, pp.137-151.

Göbl, R. *Documente zur Geschichte der iranishcen Hunnen in Baktrien und Indien.* 4 vols. Wiesbaden, 1967.

Henning, W. B. "A Sogdian God." *Bulletin of the School of Oriental & African Studies,* 28 (1965), pp. 242-254.

Henning, W. B. "The Sogdian Texts of Paris." *Bulletin of the School of Oriental &*

African Studies 11 (1943-46), pp. 713-740.

Herzfeld, E. "Kushano-Sasanian Coins." *Memoires of the Archaeological Survey of India* 38 (1930).

Herzfeld, E. "Sakastan. Geschichtliche Untersuchungen zu Ausgrabungen am Kūhī Khwādja." *Archäologische Mitteilungen aus Iran* 4 (1932): pp. 1-116.

Hirth, F. *China and the Roman Orient.* Shanghai and Hongkong, 1885.

Hulsewé, A. F. P. & M. A. N. Loewe. *China in Central Asia, the Early Stage: 125 B.C.-A.D.23.* Leiden, 1979.

Jones, H. L. tr., *The Geography of Strabo, with an English translation.* 8 vols. London, 1916-1936.

Kent, R. G. *Old Persian, Grammar, Text, Lexicon.* New Haven, 1953.

Leslie, D. D. and K. H. J. Gardiner. *The Roman Empire in Chinese Sources.* Roma, 1996.

Lukonin, V. G. "Kushano-Sasanidskie Monety." *Epigraphika Vostoka* 18 (1967): pp. 14-31.

Ma Yong. "A Study on 'Skull-Made Drinking Vessel'." *Religious and Lay Symbolism in the Altaic World and other Papers,* Wiesbaden, 1989, pp. 184-190.

Maenchen-Helfen, O. "The Yüeh-chih Problem Re-Examlined." *Journal of the American Oriental Society* 65 (1945): pp. 71-81.

Markwart, J. *Wehrot und Arang.* Leiden, 1938.

Marquart, J. *Die Chronologie der alttürkischen Inschriften.* Leipzig, 1898.

Marquart, J. *Ērānšahr nach der Geographie des Ps. Moses Xorenaci.* Berlin, 1901.

Marshall, J. *Taxila,* I. Cambridge. 1951.

Martin, M. F. C. "Coins of Kidāra and the Little Kuṣāṇa." *Journal of the Royal Asiatic*

Society of Bengal, Letters, vol. 3, 1937, No. 2 = Numismatic Supplement, No. 47, pp. 23-50.

Miller, R. A. *Accounts of Western Nations in the History of the Northern Chou Dynasty*. Berkeley and Los Angeles: University of California Press, 1959.

Minosky,V. tr., *Ḥudūd al-'Ālam*. London, 1970.

Narain, A. K. *The Indo-Greeks*. Oxford, 1957.

Nigosian, S. A. *The Zoroastrian Faith: Tradition & Modern Research*. McGill-Queen's University Press 1993.

Pulleyblank, E. G. "The Consonantal System of Old Chinese, I-II." *Asia Major* 9 (1962): pp. 58-144, 206-265.

Pulleyblank, E. G. "Chinese and Indo-Europeans." *Journal of the Royal Asiatic Society* 1966, pp. 9-39.

Pulleyblank, E. G. "The Wu-sun and Sakas and the Yüeh-chih Migration." *Bulletin of the School of Oriental and African Studies* 33 (1970): pp. 154-160.

Rackham, H. tr., Pliny, *Natural History, with an English translation*. London, 1949.

Rapson, E. J. ed., *The Cambridge History of India*. Delhi, 1922.

Raychaudhuri, H. *Political History of Ancient India*. Calcutta, 1953.

Sims-Williams N.; J. N. Cribb. "A New Bactrian Inscription of Kanishka the Great." *Silk Road Art and Archaeology*, 1995/1996, pp. 76-142.

Specht, M. É. "Les Indo-Scythes et l'Époque du Régne de Kanischka." *Journal Asiatique* Series 9, 10 (1897): pp. 152-193.

Stein, A. *Ancient Khotan, Detailed Report of Archaeological Explorations in Chinese Turkestan*, vol. 1. Oxford, 1907.

Stein, A. *Serindia*, vol. 1. Oxford, 1921.

Stevenson, E. L. tr. & ed., *Geography of Claudius Ptolemy*. New York, 1932.

Tarn, W. W. *The Greek in Bactria and India*. London: Cambridge, 1951.

Thomas, F. W. "Sakastana." *Journal of the Royal Asiatic Society* 1906, pp. 181-216.

Thomas 1944=F. W. Thomas, "Sandanes, Nahapāna, Castana and Kaniska: Tung-li, P'an-ch'i and Chinese Turkestan." *New Indian Antiquary* 7(1944), pp.79-100.

Tomaschek, W. "Die Centralasiatische Studien I, Sogdiana." *Sitzungsberichte der Wiener Akademie der Wissenschaften* 87 (1877).

Velankar, D. H. ed., *Raghuvaṃśa of Kālidāsa, with the Commentary of Mallinātha*. Bombay, 1948.

Wakeman, C. B. *His Jung (the Western Barbarians): An Annotated Translation of the Five Chapters of the T'ung Tien on the Peoples and Countries of Pre-Islamic Central Asia*, UMI, 1990.

West, E. W. tr., "Pahlavi Texts, Part I-II, The Dādistān-i Dīnīk and The Epistles of Mānūskīhar." In F. Max Müller ed., *The Sacred Books of the East*, vol. V, XVIII, Oxford University Press, 1880-1882; repr. Motilal Banarsidass, 1965, 1970, 1977.

Yarshater, E. ed., *The Cambridge History of Iran*, vol. 3 (1), (2): The Seleucid, Parthian and Sasanian Periods, CUP: 1983.

索引

【說明】本索引收入兩漢魏晉南北朝正史西域傳出現的主要專名，按漢語拼音順序排列，數字爲本書頁碼。

阿惡 151, 272
阿弗太汗 161, 216, 318, 335, 356, 441
阿副使且 164, 220, 240, 342
阿鉤羌 219, 240, 319, 320, 341, 354, 356, 372, 375, 378, 443, 444, 449, 469, 471
阿蘭 155, 298, 299, 357, 358, 430, 431
阿蘭聊 155, 298, 299, 430
阿羅得布 368
阿蠻 36, 132, 158, 205, 299
阿末黎 358
安都 163, 219, 239, 319, 339, 340
安敦 34, 494
安谷 158, 340, 369
安國 30, 116, 338, 504, 508, 547, 556, 557, 562, 565, 569, 590
安息 2, 3, 19, 23, 24, 30, 31, 34, 36, 77, 104, 113, 114, 126, 128, 129, 131, 132, 134, 157, 158,163, 173, 174, 185, 186, 205, 219, 222, 228, 231, 232, 233, 235, 239, 248, 249, 250, 252,295, 296, 300, 319, 334, 338, 339, 355, 356, 362, 364, 366, 377, 378, 397, 412, 413, 421,429, 430, 431, 443, 444, 445, 446, 447, 448, 450, 464, 470, 471, 472, 473, 486, 493, 494,505, 517, 527, 528, 537, 545
奧鞬 155, 188, 189, 294
巴則布 368

拔底延 114, 164, 343, 467

拔豆 117, 164, 221, 319, 343, 354, 356, 361, 362, 375, 443

白草 299, 357, 433, 472

白疊 116, 117, 369, 370, 439, 449

白附子 365

白龍堆 92, 94, 96, 234, 321, 400, 432

白山 101, 102, 103, 104, 105, 106, 221, 222, 241, 555, 557, 558, 55

白題 44, 53, 56, 59, 60, 62, 66, 73, 74, 75, 134, 161, 209, 210, 332, 337, 338, 345, 355, 356,377, 428

百丈佛圖 341, 345, 482

薄羅 162, 218, 337

薄茅 156, 186, 187, 218, 293, 319, 337

薄提 161, 220, 240, 332, 338, 342, 428

薄知 161, 216, 318, 333, 334, 356, 428

卑鞬侯井 149

卑陸國 130, 152, 196, 197, 233, 249, 250, 266, 267, 279, 280, 399, 437, 438, 507, 530

卑陸後國 130, 149, 197, 248, 249, 266, 267, 279, 280, 399, 437, 438, 505, 507, 508, 530

卑品 152, 178, 258

卑闐 149, 188, 189, 190, 294, 430, 466

北海 49, 231, 528, 592

北河 233, 287, 288, 289

北山 65, 175, 202, 226, 228, 239, 248, 251, 252, 266, 267, 274, 275, 276, 277, 282, 284, 288,438, 471, 527, 530, 587

北天竺 44, 48, 53, 57, 58, 61, 62, 66, 239, 345

北烏伊別 156, 300

北胥鞬 147

賁崙 290

比盧旃 483

畢伽至（卑伽至）161

畢國 556, 557

畢陸 37, 149, 279, 604

蓽撥 366

碧 33, 374

璧流離 373, 374

鑌鐵 109, 376

波路 88, 91, 92, 163, 210, 211, 219, 220, 317, 319, 320, 341, 344, 377, 443

波羅 161, 217, 318

波羅婆步鄢 377

波羅斯 77, 78

波羅陁 77, 78

波斯 3, 44, 53, 55, 56, 57, 60, 62, 66, 67, 68, 69, 70, 73, 74, 75, 76, 77, 78, 93, 98, 108, 110,112, 113, 115, 126, 134, 140, 157, 160, 209, 215, 220, 222, 223, 231, 238, 239, 240, 263,295, 296, 318, 329, 330, 331, 332, 334, 337, 338, 339, 342, 344, 345, 355, 359, 360, 361,362, 364, 365, 366, 367, 369,

370, 371, 372, 373, 374, 375, 376, 378, 379, 408, 413, 414, 421, 442, 443, 445, 462, 465, 470, 474, 475, 484, 485, 488, 490, 493, 494, 503, 505, 511, 512, 513, 515, 516, 556, 562, 563, 565, 569, 577

波斯錦 67, 69, 70, 369

波 知 100, 118, 165, 241, 344, 443, 468, 487

鉢 和 100, 118, 165, 241, 343, 344, 428, 462, 468

鉢盧勒 163, 344, 471

曹國 116, 556, 561, 562, 565

漕國 115, 556, 560, 563, 565

閻吾陸 147

朝烏 364

車離 35, 36, 153, 298, 470

車渠 109, 111, 375, 379

車師 4, 30, 37, 67, 69, 87, 88, 101, 130, 131, 133, 134, 144, 146, 147, 148, 149, 150, 152, 160, 176, 195, 196, 197, 198, 199, 200, 202, 203, 207, 208, 210, 212, 221, 228, 236, 248, 249, 250, 251, 252, 267, 268, 269, 270, 271, 272, 273, 274, 277, 278, 279, 280, 281, 282, 291, 292, 296, 297, 317, 324, 325, 328, 334, 378, 399, 400, 401, 402, 403, 404, 405, 406, 409, 416, 417, 420, 437, 438, 439, 440, 453, 459, 460, 467, 469, 471, 484, 505, 506, 507, 508, 509, 526, 527, 529, 530, 531, 536, 541, 542, 543, 546, 558, 576, 588, 589, 596, 597, 598, 599, 602, 604, 605, 606, 607, 608

車師都尉國 130, 248, 249, 252, 267, 268, 269, 399, 437, 438, 507, 529, 597

車師後城長國 130, 131, 248, 249, 250, 252, 267, 269, 280, 399, 437, 438, 506, 530

車師後國 130, 133, 134, 150, 152, 200, 208, 248, 251, 268, 269, 270, 273, 278, 279, 281, 325, 399, 401, 402, 403, 404, 406, 437, 438, 440, 484, 505, 507, 508, 529, 530, 608

車師柳谷 146, 199, 270, 271, 273, 440

車師前國 130, 133, 144, 176, 195, 196, 197, 198, 199, 200, 203, 207, 208, 250, 267, 268, 270, 272, 273, 278, 279, 282, 291, 324, 399, 401, 402, 404, 405, 406, 437, 438, 439, 460, 467, 505, 506, 507, 508, 558

車延 144, 146

檉柳 357

綈 369

遲散 158, 159, 368

赤螭 363

赤谷 142, 143, 193, 194, 213, 282, 287, 288,

328, 430, 466, 467, 545
赤沙 287, 289
赤麖皮 109, 365
雌黄 104, 106, 109, 111, 371
葱嶺（蔥嶺）1, 2, 3, 4, 5, 88, 90, 97, 98, 106, 107, 108, 113, 115, 123, 124, 125, 142, 143, 147, 151, 152, 175, 202, 210, 211, 222, 226, 227, 228, 230, 233, 237, 240, 241, 248, 249, 250, 251, 252, 257, 265, 288, 292, 293, 295, 300, 316, 317, 322, 328, 329, 341, 343, 344, 355, 360, 412, 427, 430, 431, 435, 445, 450, 451, 452, 453, 467, 475, 490, 509, 514, 515, 527, 530, 531, 538, 555, 559, 560, 565, 587, 588, 589, 590, 591, 592, 601, 605, 606
葱嶺河 123, 125, 228, 230, 527
翠爵 364
達利水 97, 242
大貝 363
大狗 361, 528
大馬爵 364, 532
大鳥（大雀）109, 112, 301, 330, 364, 473, 494, 528, 529, 532, 537
大鳥卵 109, 112, 330, 364, 473, 494
大秦 3, 30, 31, 32, 33, 34, 36, 126, 132, 134, 157, 158, 159, 163, 219, 231, 232, 235, 236, 239, 295, 299, 319,

332, 339, 340, 355, 357, 358, 361, 362, 363, 364, 365, 366, 367, 368, 369, 370, 371, 372, 373, 374, 375, 376, 377, 379, 421, 441, 442, 444, 445, 448, 463, 465, 469, 470, 471, 472, 473, 486, 494, 495, 511, 512
大宛 1, 2, 9, 10, 11, 12, 14, 15, 16, 17, 18, 19, 20, 21, 22, 23, 24, 31, 39, 103, 122, 123, 129, 131, 133, 134, 139, 140, 141, 142, 143, 144, 145, 146, 148, 151, 152, 154, 155, 157, 172, 173, 174, 175, 185, 188, 189, 190, 191, 206, 209, 215, 226, 227, 228, 229, 230, 231, 232, 233, 247, 248, 250, 252, 255, 258, 269, 284, 292, 293, 294, 295, 296, 300, 317, 329, 334, 355, 356, 360, 362, 364, 369, 370, 377, 378, 397, 398, 412, 413, 414, 415, 421, 427, 428, 429, 430, 431, 433, 440, 443, 444, 445, 446, 449, 450, 451, 452, 453, 459, 463, 464, 465, 466, 467, 470, 471, 473, 486, 487, 488, 491, 492, 493, 494, 503, 509, 513, 515, 516, 517, 526, 527, 528, 529, 533, 535, 536, 537, 542, 544, 545, 546, 573, 576, 578, 580, 585, 586, 595, 596, 601, 605
大夏 2, 20, 21, 23, 24, 37, 129, 130, 131, 140, 141, 146, 147, 153, 156, 173,

174, 186, 187, 227, 231, 232, 248,
249, 252, 293, 294, 296, 319, 333,
334, 337, 397, 413, 414, 415, 428,
429, 430, 431, 446, 447, 450, 458,
459, 464, 482, 487, 492, 509, 526,
528, 529, 57

大雪山 240, 241, 344, 428

大益 154, 296

大月氏 2, 19, 20, 21, 23, 24, 35, 37, 113,
114, 129, 130, 131, 132, 133, 140,
141, 147, 152, 153, 162, 173, 185,
186, 189, 190, 191, 201, 205, 218,
219, 228, 231, 233, 239, 248, 250,
252, 265, 266, 284, 294, 298, 317,
319, 320, 330, 333, 334, 337, 338,
345, 361, 373, 377, 397, 398, 401,
402, 407, 408, 413, 414, 415, 420,
428, 429, 430, 431, 445, 446, 447,
449, 450, 451, 452, 458, 459, 466,
471, 482, 490, 491, 493, 505, 509,
517, 526, 527, 528, 578

大澤 93, 107, 108, 231, 258, 292, 528, 580

㻬琈 34, 374, 494, 537

丹渠 143, 198, 199, 233, 280, 440

單桓 37, 130, 143, 196, 197, 248, 249, 252,
266, 267, 280, 281, 399, 403, 439,
505, 507, 508, 526, 531, 599, 604

德若 132, 142, 204, 262, 264, 401, 402,
407, 433

狄提 365

貂 49, 67, 69, 363, 431

疊伏羅 164, 220, 240, 319, 343, 354, 358,
362, 368, 443

東離 34, 35, 36, 133, 134, 153, 206, 298,
361, 362, 470

東且彌 37, 130, 133, 143, 198, 207, 233,
272, 273, 274, 275, 276, 277, 278,
280, 325, 399, 401, 402, 405, 406,
437, 438, 460, 468, 507, 508, 529, 604

凍淩山 237, 323

都密 156, 293, 294

兜勒 156, 297

兜納 365

度代布 369

短人國 301

兌虛 143, 198, 233, 272, 273, 274, 278,
438, 468

敦薨 146, 259, 288, 581

敦煌（燉煌、焞煌）12, 13, 15, 16, 18,
20, 21, 29, 92, 127, 202, 211, 221,
222, 223, 227, 229, 230, 235, 236,
267, 321, 326, 335, 405, 406, 413,
417, 418, 437, 439, 528, 533, 535,
542, 548, 549, 550, 557, 558, 564,
565, 567, 589, 603

多勿當 164, 221, 343

惡師 142

貳師城 16, 516, 533

貳師馬 360, 516
發陸布 368
番兜 157, 185, 295, 532
番渠類 149, 197, 279, 438, 530
蕃內 155, 188, 193, 194, 532
汎慄 76, 78, 161, 332, 345
范陽 163, 220, 240, 342
方國使圖 3, 39, 59, 60, 61, 79, 81, 420
緋持布 368
緋持渠布 368
封牛 362, 437, 528
弗敵沙 162, 218, 239, 319, 337, 428, 468
弗那伏且 164, 221, 343
伏醜 164, 342, 465
伏盧尼 161, 215, 239, 318, 332, 333, 362, 364, 373, 375, 465, 563
拂壏（掃憪）78（78）
浮屠（浮圖）97, 99, 100, 152, 481, 482, 483, 484
浮屠經 481, 482
符拔 362
附墨 155, 188, 189, 294
附子 109, 365
副貨 164, 220, 240, 319, 342, 354, 356, 360, 361, 443, 469
復立 37, 281, 403, 482, 599, 602
富樓沙 163, 219, 319, 341, 345, 482
覆盆浮圖 97, 99, 100, 483
伽倍 88, 93, 118, 162, 210, 217, 218, 317, 319, 334, 336, 337, 344, 428, 468
伽不單 162, 217, 318, 336, 355, 356, 441
伽色尼 161, 216, 318, 333, 356, 371, 441
扜彌 37, 148, 604
高 昌 43, 48, 53, 57, 58, 59, 66, 67, 97, 101, 102, 104, 134, 144, 166, 202, 221, 271, 274, 275, 276, 277, 354, 355, 356, 358, 359, 360, 364, 367, 369, 371, 377, 419, 421, 439, 444, 449, 450, 453, 460, 461, 463, 464, 468, 469, 483, 484, 485, 489, 492, 493, 509, 510, 511, 512, 514, 555, 557, 558, 565, 566, 567, 604, 606, 607
高昌壁 202, 439, 460, 468
高附 37, 133, 153, 156, 186, 187, 218, 293, 294, 297, 298, 319, 337, 428, 448, 528
孤胡 151, 271, 531
姑墨 37, 67, 90, 106, 129, 133, 148, 179, 180, 192, 193, 194, 195, 206, 213, 214, 252, 255, 259, 260, 261, 277, 283, 285, 286, 287, 288, 289, 317, 322, 327, 328, 331, 371, 376, 398, 405, 417, 436, 437, 470, 505, 506, 507, 508, 529, 599, 601, 602, 603, 604, 606, 607
姑師 144, 149, 152, 173, 227, 267, 269, 278, 438, 467, 573
古貝布 370, 461
嫣塞王 157, 297, 338, 601

嬀水 20, 23, 24, 157, 173, 174, 227, 231, 294, 297, 408, 409, 413, 446, 470, 471, 528, 601

貴山 144, 146, 189, 190, 215, 294, 329, 467, 528

貴霜 5, 112, 146, 153, 156, 162, 163, 186, 218, 293, 297, 298, 330, 337, 402, 407, 428, 429, 449, 452, 462, 482, 528, 584, 587, 588, 589, 590, 591, 592, 593

海西（國）30, 32, 35, 36, 157, 362, 370, 376, 377, 472, 473, 534

駭雞犀 33

漢樓河 240, 342

漢南山 123, 125, 227, 228

漢越王 154

呵跋檀 44, 56, 66, 71, 72, 134, 165, 336, 462

訶黎勒 359

何國 116, 556, 561, 562, 565

和檳 157, 158, 205, 295

和墨 147, 156, 186, 217, 293, 336

毹 109, 370

呼得 301, 363

呼犍 151, 181, 211, 212, 262, 263, 323, 416, 438, 468

呼似密 161, 216, 318, 335, 356, 362, 373, 375, 441

狐胡 37, 130, 131, 146, 150, 199, 251, 252, 270, 271, 281, 291, 399, 403, 440, 507, 508, 526, 531, 599

胡粉 104, 377

胡椒 109, 366

胡蜜丹 56, 72, 73, 134, 162, 337, 462

胡桐 357

虎珀 373

虎魄 33, 373

護澡 156, 186, 187, 218, 293, 337

滑 國 44, 54, 55, 56, 57, 59, 60, 66, 67, 68, 69, 70, 72, 73, 74, 76, 77, 134, 164, 165, 209, 331, 332, 337, 338, 343, 344, 354, 361, 362, 420, 421, 442, 462, 463, 466, 484, 485, 514, 518

樏 358, 440

驩潛 154, 296

桓且 147

黃金塗 33, 368

火浣布 33, 368

火齊 109, 375

火神（火祆神）67, 70, 110, 112, 484, 485

積石 123, 158, 159, 228, 527, 531

計戍水 101, 241, 242

寄多羅 162, 163, 239, 320, 345, 449, 482

罽賓 37, 67, 92, 117, 118, 128, 132, 141, 145, 152, 153, 163, 183, 184, 185, 204, 220, 234, 252, 259, 260, 261, 262, 266, 295, 319, 331, 341, 342, 344, 354, 355, 356, 357, 358, 361,

362, 363, 364, 366, 369, 371, 372,
373, 375, 376, 377, 378, 397, 414,
429, 440, 441, 444, 447, 448, 458,
464, 469, 494, 505, 528, 532, 533,
569, 578, 579
罽城 155, 188, 189, 294
罽陵伽 164, 221, 343
罽帳 369
迦畢試 587, 591
迦舍羅 288, 300
葭葦 357
駱駝 35, 68, 361, 438, 443, 470
堅沙 156, 298
監氏 23, 24, 140, 162, 185, 186, 218, 220,
239, 294, 333, 334, 337, 338, 429, 466
韃都 152, 179, 258
薑 366
絳地金織帳 369
交河 40, 144, 145, 199, 200, 207, 212, 250,
251, 267, 268, 269, 270, 271, 273,
275, 276, 278, 279, 280, 282, 324,
378, 438, 439, 467, 510, 558
劫國（劫日）30, 131, 143, 197, 198,
233, 252, 266, 267, 275, 279, 280,
399, 440, 505, 507, 508, 526, 530
捷枝 144, 292, 434, 435, 449
竭石 37, 165, 300, 604
金帶 35, 376, 377
金附 150, 296

金剛 109, 372, 373, 375
金縷罽 33, 367
金縷繡 33, 367
金滿 202
金蒲 150, 202, 296
金塗布 368
金微山 238
精絕 37, 128, 132, 145, 152, 176, 177, 178,
179, 202, 203, 211, 251, 253, 254,
255, 258, 281, 289, 290, 322, 398,
403, 433, 505, 507, 526, 573, 575,
577, 578, 579, 580, 581, 599, 601, 604
麋皮 104, 365
九穀 354, 439, 463
鶩鳥 76, 77, 331, 364
拘彌 30, 132, 134, 148, 202, 203, 255, 277,
401, 402, 581, 589, 600, 601, 603
居延 12, 13, 15, 144
句盤 67, 159, 331
捐毒 37, 129, 142, 151, 152, 185, 190, 191,
193, 250, 252, 265, 282, 283, 292,
293, 398, 414, 419, 434, 458, 491,
526, 578, 604
康國 70, 115, 116, 555, 556, 560, 561, 562,
565, 568, 569
康居 2, 23, 24, 93, 107, 108, 113, 114, 115,
127, 129, 130, 131, 133, 134, 140,
141, 149, 155, 156, 173, 188, 189,
193, 201, 209, 215, 217, 222, 228,

231, 233, 238, 248, 249, 250, 252, 284, 285, 294, 298, 299, 300, 301, 338, 358, 360, 361, 365, 397, 398, 413, 罰 414, 430, 431, 446, 447, 448, 449, 450, 451, 452, 459, 464, 466, 471, 490, 505, 509, 516, 517, 526, 527, 528, 532, 542, 544, 545, 546, 548, 561, 562

渴槃陁 87, 100, 118, 165, 240, 241, 343, 344, 482

孔雀（孔爵）104, 229, 230, 267, 290, 364, 374, 528

獪胡 301, 418, 419, 487

昆彌 193, 400, 430, 466, 504, 513, 517, 527, 540, 542, 550, 551, 598

昆莫 19, 20, 21, 22, 23, 123, 415, 421, 446, 459, 487, 495, 503, 504, 513

崑崙（昆侖）123, 124, 175, 226, 228, 232, 256, 260, 529, 530

藍氏 140, 205, 294, 334

藍市 24, 140, 173, 174, 205, 206, 293, 294, 334, 446

琅玕 33, 74, 374, 469

牢蘭 573

勒山 236

雷翥海 338

黎軒（犂軒、犂鞬）19, 32, 131, 157, 158, 239, 252, 295, 339, 340, 413, 431, 450, 473, 494

離珠 372

禮維特 153

埒婁 145, 576, 577

臨兒 153, 299, 481

綾 33, 109, 116, 367

流黃 238, 274, 275, 277, 371, 372, 473

流離 373, 374

琉璃（瑠璃）33, 71, 109, 372, 373, 374, 445, 469, 528

柳國 299, 431

柳中 203, 204, 205, 206, 207, 208, 255, 269, 270, 272, 273, 275, 276, 278, 405, 557, 566, 602

樓蘭 37, 92, 93, 94, 123, 145, 173, 195, 199, 210, 227, 234, 253, 267, 269, 282, 288, 321, 400, 405, 432, 433, 453, 467, 489, 514, 539, 573, 574, 575, 576, 578, 584, 585, 604

盧城 149, 183, 265

盧監氏 162, 218, 220, 239, 333, 334, 337, 338

輪臺（侖頭）12, 13, 104, 144, 145, 195, 229, 230, 252, 279, 289, 292, 434, 449, 536, 537, 538, 576, 577, 595

驢分 158, 300, 368

麻 97, 106, 354, 355, 442

瑪瑙（馬腦）76, 77, 109, 374, 375

樠 234, 357

滿犂 37, 149, 265, 300, 604

氂牛 361

沒誰 164, 220, 342

玫瑰（玫珂）76, 77, 374, 375

蒙奇 156, 297

迷密 160, 214, 238, 318, 328, 329, 371, 375, 376, 561

米國 116, 555, 560, 561, 562

明月珠 33, 372

明珠 40, 372, 537

鳴鹽枕 377

摩尼珠 372, 465

末國 44, 54, 56, 75, 76, 95, 98, 134, 176, 177, 178, 202, 211, 249, 251, 253, 254, 321, 332, 345, 356, 361, 398, 407, 429, 433, 462, 464, 580, 581, 607

莫獻 69

墨山 150, 228, 229, 288, 468, 530, 531

牟知 161, 216, 318, 335, 377, 441

木鹿 157, 165, 205, 338, 345, 429

沐猴 363, 528

苜蓿（目宿）55, 341, 356, 357, 366, 428, 440, 528

穆國 116, 556, 562, 563, 565

那色波 116, 161, 336, 555, 561

南河 233, 288,

南河城 142, 206, 207, 291

南金 375

南山 77, 123, 125, 175, 202, 226, 227, 228, 231, 232, 247, 248, 251, 252, 253, 256, 257, 259, 418, 526, 527, 528, 530

南天竺 164, 220, 319, 342, 354, 356, 358, 367, 372, 373, 375, 443, 465

難兜 183, 184, 206, 252, 265, 266, 398, 444, 464, 527

難兜靡 21, 142

鐃沙 104, 371, 372

內咄 142, 197, 280, 439

鳥飛谷 144, 190, 191, 293

寧彌 5, 148, 203, 255, 581

忸密 108, 110, 113, 160, 214, 215, 216, 217, 318, 329, 335, 336

諾色波羅 161, 217, 318, 336, 355, 356, 441

排特 153, 295, 368, 369

潘兜 528, 532

潘賀那 238, 328

磐起 154, 297, 298

盤越 154, 298

沛隸 35, 153

皮山 37, 128, 132, 150, 159, 179, 180, 181, 184, 192, 203, 204, 205, 211, 234, 237, 251, 255, 259, 260, 261, 262, 264, 266, 281, 285, 322, 323, 324, 398, 403, 433, 505, 506, 507, 526, 527, 599, 601, 604, 607

辟毒鼠 363

辟支佛 97, 99, 483

漂沙 148, 204, 263, 264, 402, 433

鏺汗 106, 107, 555, 557, 559, 560, 561, 565
婆羅門 76, 77, 78, 102, 165, 331, 332, 421, 485, 486, 565
破洛那 87, 88, 217, 317, 336, 557
頗黎 374
撲挑（濮達、樸挑）154, , 295
蒲昌海 123, 125, 175, 202, 228, 253, 288, 527, 573
蒲類 130, 133, 134, 149, 197, 207, 233, 235, 236, 237, 248, 249, 251, 252, 266, 267, 271, 272, 274, 281, 297, 360, 361, 399, 401, 402, 406, 416, 417, 437, 438, 444, 460, 468, 505, 507, 508, 526, 529, 530, 540, 565
蒲類海 236, 237, 565
蒲類後國 130, 197, 248, 249, 251, 267, 272, 399, 437, 438, 505, 508, 529
蒲犁 128, 133, 149, 181, 182, 183, 189, 191, 192, 204, 205, 206, 251, 260, 261, 262, 263, 264, 265, 284, 300, 398, 415, 416, 433, 434, 437, 438, 459, 507, 508, 526
蒲陸 37, 149, 272, 604
蒲山 159, 211, 237, 317, 322, 323, 324, 607
蒲陶（蒲萄、蒲桃）39, 55, 102, 116, 298, 356, 359, 427, 428, 429, 430, 433, 439, 440, 441, 464, 465, 474, 528, 537
蒲陶酒（蒲桃酒、蒲萄酒）102, 116, 356, 427, 428, 429, 439, 441, 464, 474
漆 358, 440, 444, 528
祁連 19, 20, 21, 115, 227, 228, 230, 231, 413, 528, 540, 541
岐沙 288
奇沙 164, 220, 342
琦石 371
千年棗 109, 359
乾當 152, 196, 197, 233, 278, 279, 438
乾陀（乾陀羅、乾陁羅）100, 118, 152, 162, 163, 239, 341, 344, 345, 449, 482
鉗敦 162, 218, 319, 337, 428, 468
且蘭 158, 300
且彌 37, 130, 133, 143, 148, 197, 198, 207, 212, 233, 252, 266, 267, 272, 273, 274, 275, 276, 277, 278, 280, 281, 317, 325, 399, 401, 402, 405, 406, 437, 438, 460, 468, 506, 507, 508, 529, 530, 604, 607
且末 37, 48, 75, 76, 92, 95, 96, 97, 98, 128, 132, 147, 176, 177, 178, 202, 211, 249, 251, 252, 253, 254, 256, 257, 281, 282, 289, 290, 317, 321, 322, 332, 345, 355, 356, 377, 398, 403, 432, 433, 464, 505, 507, 508, 530, 580, 581, 599, 607
且末河 253
且渠 505, 507, 606
秦海 235

琴國 37, 143, 300, 604

青碧 33, 374

青木 109, 366

龜茲（屈茨）4, 5, 37, 44, 53, 55, 56, 58, 62, 66, 67, 68, 74, 75, 87, 94, 97, 98, 102, 104, 105, 106, 129, 133, 134, 144, 145, 146, 179, 188, 194, 195, 206, 208, 212, 213, 222, 236, 238, 241, 252, 253, 254, 255, 260, 261, 276, 277, 278, 283, 284, 285, 286, 287, 288, 289, 290, 291, 301, 317, 325, 326, 327, 328, 331, 360, 361, 362, 364, 365, 367, 370, 371, 372, 374, 375, 376, 377, 378, 398, 401, 405, 417, 421, 433, 436, 437, 444, 452, 453, 461, 468, 469, 470, 472, 473, 474, 475, 482, 489, 493, 505, 506, 507, 508, 512, 514, 527, 541, 555, 557, 558, 559, 565, 576, 577, 585, 586, 589, 595, 596, 597, 598, 600, 601, 602, 603, 604, 605, 606, 607, 608

璆琳 373, 374

渠勒 37, 128, 143, 152, 179, 251, 255, 257, 258, 259, 281, 398, 403, 433, 526, 530, 581, 599, 601, 604

渠類 149, 197, 279, 438, 526, 530

渠犂 129, 143, 175, 177, 178, 195, 200, 229, 230, 248, 249, 252, 253, 254, 289, 290, 292, 354, 398, 434, 435, 449, 507, 529, 543, 595

渠莎 37, 146, 212, 319, 324, 604

氍毹 104, 109, 116, 367

去胡來王 5, 143, 166, 175, 178, 256, 257, 263, 418, 574, 598

權於摩（權烏摩）159, 212, 319, 323, 324

雀離佛圖 341, 345

戎盧 37, 128, 145, 152, 177, 178, 179, 251, 254, 257, 258, 259, 281, 398, 403, 433, 526, 575, 578, 580, 581, 599, 604

弱水 30, 31, 40, 232, 486, 494, 529

婼羌 5, 128, 130, 142, 143, 175, 176, 178, 227, 248, 249, 251, 253, 255, 256, 257, 258, 263, 266, 398, 418, 431, 432, 444, 526, 574

塞人 24, 140, 142, 145, 146, 151, 152, 153, 157, 297, 339, 490, 578, 601

塞種 21, 22, 139, 140, 141, 142, 143, 144, 147, 148, 149, 151, 152, 277, 414, 415, 416, 418, 419, 434, 458, 459, 490, 491, 531, 578, 581

三池 234, 241, 487, 527, 531, 532

色知顯 161, 215, 318, 333, 356, 441

瑟瑟 109, 116, 374

沙勒 114, 165, 344

沙奇 35, 153, 206, 298

莎車 37, 74, 88, 129, 133, 134, 141, 145,

146, 147, 148, 160, 180, 181, 182, 189, 191, 192, 203, 204, 205, 206, 210, 211, 212, 217, 219, 228, 248, 251, 259, 260, 261, 262, 264, 265, 281, 284, 285, 288, 297, 317, 320, 324, 336, 340, 341, 370, 376, 398, 403, 417, 421, 433, 437, 505, 506, 507, 508, 509, 527, 546, 547, 578, 586, 596, 597, 598, 599, 600, 601, 602, 603, 604, 606, 607

山國 37, 130, 150, 159, 176, 180, 181, 184, 192, 196, 199, 204, 205, 211, 228, 235, 237, 248, 249, 251, 252, 253, 259, 260, 261, 282, 288, 290, 291, 322, 323, 324, 376, 398, 399, 433, 435, 468, 505, 507, 508, 526, 527, 530, 531, 602, 603, 604

珊瑚 33, 65, 76, 109, 239, 372, 373, 465, 469, 528

善見 117, 118, 163, 220, 319, 341, 342

鄯善 5, 37, 87, 88, 90, 92, 93, 94, 95, 96, 97, 98, 128, 132, 142, 145, 152, 159, 166, 175, 176, 177, 202, 203, 210, 211, 221, 228, 234, 247, 249, 251, 252, 253, 256, 267, 281, 282, 290, 317, 319, 320, 321, 357, 360, 361, 370, 377, 398, 403, 405, 417, 431, 432, 433, 435, 437, 444, 453, 463, 467, 470, 489, 493, 505, 506, 507, 508, 527, 543, 546, 555, 559, 565,

573, 574, 575, 576, 577, 578, 585, 596, 597, 599, 600, 601, 602, 603, 604, 605, 606, 607

賒彌 100, 118, 165, 241, 344, 428, 468, 471, 486

身毒 19, 74, 131, 151, 152, 153, 174, 206, 232, 233, 260, 296, 297, 298, 362, 413, 429, 431, 446, 450, 465, 483, 492, 493

神龜 110, 113, 329, 363

滕監氏 162

師子（獅子）30, 31, 44, 48, 53, 57, 58, 61, 62, 66, 67, 69, 76, 104, 106, 107, 109, 114, 115, 238, 239, 328, 362, 441, 462, 472, 515, 529, 537, 568

石國 37, 300, 555, 557, 560, 604

石蜜 109, 359, 366, 367, 465

史國 116, 555, 556, 560, 561, 568, 569

首拔 97, 101, 105, 237, 323, 370

疏勒（疎勒）37, 67, 68, 87, 104, 106, 129, 133, 141, 142, 143, 145, 154, 165, 182, 183, 191, 192, 193, 204, 206, 213, 214, 215, 228, 248, 252, 260, 261, 263, 264, 265, 267, 282, 283, 284, 285, 288, 299, 300, 317, 328, 329, 331, 398, 401, 402, 403, 404, 405, 408, 409, 414, 417, 433, 437, 449, 452, 458, 471, 482, 493, 503, 504, 505, 506, 507, 508, 509, 526, 527, 531, 555, 558, 559, 565, 577, 578, 589, 590, 591, 601, 602, 603, 604, 605,

606, 607
疏榆 149, 197, 207, 233, 271, 272, 438, 468
鼠皮 298, 365
屬繇 154, 297
樹枝水 97, 101, 242, 323
雙靡 156, 165, 186, 217, 293, 319, 337, 428, 528
水精（水晶）33, 73, 109, 374, 469
水羊毳 33, 370
水銀 109, 376
思陶 158, 159, 300
斯賓 36, 132, 158, 205, 299
氾復 158, 159, 300, 368
蘇合 33, 109, 365
蘇利 110, 160, 222, 223, 330, 465
蘇薤 154, 155, 294
蘇黐 155, 188, 189, 294
粟特 87, 93, 107, 108, 134, 160, 215, 231, 298, 329, 430, 441, 449
粟弋 133, 134, 154, 294, 297, 355, 356, 358, 360, 361, 430, 441, 459, 464
孫胡 531
它乾 290
羱羊（羱羊）109, 367
檀 341, 358, 359, 440, 465, 575
檀特山 241, 470
桃拔 362, 441
桃槐 129, 143, 190, 249, 250, 252, 293,

398, 526, 531
天篤 151, 259, 260, 296
天山 3, 123, 124, 131, 149, 175, 196, 197, 198, 207, 212, 228, 230, 231, 233, 234, 238, 241, 251, 266, 267, 268, 270, 271, 272, 273, 275, 276, 278, 280, 281, 325, 360, 404, 413, 437, 439, 440, 447, 449, 453, 460, 467, 488, 490, 491, 492, 513, 530, 536, 585, 586
天神 67, 68, 70, 102, 110, 112, 474, 483, 484, 485, 568
天竺 34, 35, 37, 44, 48, 53, 57, 58, 61, 62, 66, 92, 133, 151, 162, 164, 206, 220, 233, 239, 241, 296, 298, 319, 342, 344, 345, 354, 356, 358, 362, 366, 367, 370, 371, 372, 373, 374, 375, 376, 429, 443, 448, 465, 470, 481, 483
條枝（條支）19, 24, 30, 31, 93, 108, 110, 114, 131, 132, 157, 173, 184, 185, 204, 205, 219, 231, 232, 235, 236, 239, 248, 249, 252, 295, 319, 329, 332, 334, 339, 340, 355, 362, 364, 369, 371, 378, 397, 413, 431, 450, 465, 471, 473, 486, 529, 533, 494
鐵門 290
鍮石 109, 376
吐呼羅（吐火羅）156, 161, 220, 221,

240, 319, 334, 338, 342, 354, 360, 361, 428, 492, 556, 560, 561, 565, 577, 579

槖它 361, 432, 470

王舍城 114, 164, 467, 568, 569

危須 37, 129, 195, 196, 199, 252, 282, 290, 291, 399, 400, 435, 505, 506, 507, 508, 527, 531, 602, 603, 604

微木 365

尉犂（尉黎）96, 104, 129, 144, 176, 177, 195, 196, 199, 213, 252, 253, 282, 290, 291, 326, 399, 401, 435, 436, 506, 507, 508, 509, 531, 559, 603, 604, 606, 608

尉頭 37, 129, 130, 131, 133, 144, 191, 192, 193, 194, 195, 206, 213, 252, 260, 282, 283, 284, 287, 317, 327, 398, 437, 438, 459, 491, 506, 507, 526, 602, 603, 604, 606, 607

蔚搜 113, 163, 222, 338

溫那沙 93, 107, 108, 160, 231

溫色布 369

溫宿 37, 129, 133, 142, 193, 194, 195, 206, 213, 214, 252, 260, 282, 283, 285, 286, 287, 288, 289, 317, 327, 369, 377, 398, 405, 417, 436, 437, 505, 506, 507, 508, 527, 599, 602, 603, 604, 606, 607

烏秅 128, 132, 142, 159, 160, 180, 181, 184, 204, 212, 234, 251, 259, 260, 261, 262, 263, 264, 265, 266, 323, 324, 357, 360, 361, 398, 402, 433, 468, 469, 526, 531

烏萇（烏場）100, 118, 165, 241, 344, 355, 356, 443, 470, 482, 486, 512

烏遲散 158, 159, 368

烏丹 158, 368

烏壘 129, 142, 146, 175, 176, 177, 178, 179, 180, 181, 182, 183, 184, 185, 186, 187, 188, 189, 190, 191, 192, 193, 194, 195, 196, 197, 198, 199, 200, 201, 204, 248, 249, 250, 251, 252, 265, 270, 275, 276, 278, 280, 283, 289, 398, 434, 435, 505, 507, 529, 543, 558, 601

烏利 117

烏那曷 116, 556, 562, 563

烏耆 103

烏孫 3, 18, 20, 21, 22, 23, 75, 87, 88, 123, 125, 129, 130, 131, 133, 140, 141, 142, 143, 144, 146, 156, 173, 188, 193, 194, 195, 213, 214, 228, 234, 238, 250, 252, 269, 271, 277, 280, 281, 282, 283, 285, 287, 288, 289, 291, 300, 317, 328, 357, 360, 397, 398, 吧 400, 408, 413, 414, 415, 421, 423, 429, 430, 431, 432, 434, 437, 446, 447, 450, 451, 453, 458, 459, 463, 466, 467, 470, 471, 487, 488, 490, 491, 495, 503, 504, 506, 507, 508, 509, 513, 514, 516, 517, 527, 528, 534, 536, 540, 541, 542, 544, 545, 546, 548, 549, 550, 551, 586, 596, 598

烏貪訾離 37, 130, 131, 150, 196, 248, 249,

251, 252, 266, 267, 270, 280, 281, 399, 403, 439, 507, 508, 599

烏伊別 156, 300

烏弋山離 24, 128, 132, 153, 184, 185, 204, 205, 252, 259, 260, 266, 295, 354, 355, 362, 369, 372, 375, 377, 397, 440, 444, 448, 469, 484

無雷 128, 133, 149, 182, 183, 205, 206, 251, 261, 262, 264, 265, 266, 398, 415, 416, 433, 459, 491, 526, 531

無食子 109, 359

五船 147

五穀 32, 67, 97, 109, 116, 341, 354, 355, 356, 377, 378, 428, 429, 433, 434, 440, 441, 442, 443, 463, 528

五色斗帳 369

五色桃布 369

勿悉 164, 240, 343

務塗 152, 200, 208, 250, 268, 269, 273, 275, 278, 438, 484

西城 144, 179, 180, 203, 204, 255, 256, 506

西海 77, 87, 228, 230, 231, 235, 236, 255, 297, 529, 565, 573

西且彌 37, 130, 143, 197, 233, 252, 266, 267, 272, 273, 275, 278, 281, 325, 399, 437, 438, 468, 506, 507, 508, 530, 604

西王母 30, 31, 232, 239, 486, 487, 494, 529

西夜 37, 128, 132, 148, 149, 150, 181, 182,
189, 204, 211, 251, 260, 261, 262, 263, 264, 323, 357, 398, 401, 402, 407, 415, 416, 418, 433, 434, 451, 459, 472, 506, 526, 600, 604

胊頓（朐頓）156, 186, 218, 293, 337, 428, 528

悉居半 118, 159, 160, 211, 212, 319, 323, 324, 343, 434, 468, 606, 607

悉萬斤 160, 214, 215, 216, 217, 220, 238, 240, 318, 329, 333, 336, 342, 362, 561

犀牛 362, 441, 529

細布 33, 370

細氎 104, 370

賢督 158, 159, 300

縣度（懸度、懸渡）181, 184, 201, 204, 234, 240, 249, 259, 260, 261, 262, 341, 415, 448, 459, 471, 527, 531, 532, 538

香附子 109, 365

象牙 34, 375, 494

小安國 116, 556, 562, 565

小步馬 360, 433

小金附 296

小宛 37, 128, 143, 145, 176, 177, 178, 249, 251, 253, 256, 257, 258, 281, 398, 403, 433, 507, 508, 529, 580, 599, 601, 604

小月氏 118, 163, 219, 227, 319, 341, 345, 449, 482, 528

匈奴 2, 18, 19, 20, 21, 22, 24, 37, 73, 74, 107, 108, 115, 123, 124, 125, 141, 146,

148, 151, 164, 172, 173, 174, 226, 227,
228, 231, 236, 237, 238, 250, 267, 269,
271, 272, 279, 280, 281, 297, 301, 332,
345, 400, 403, 404, 405, 413, 414, 417,
429, 430, 432, 435, 438, 439, 445, 446,
447, 451, 458, 466, 471, 472, 487, 491,
493, 506, 508, 513, 526, 527, 528, 536,
537, 538, 540, 541, 543, 544, 546, 548,
551, 574, 576, 578, 584, 585, 586, 596,
597, 598, 599, 600, 602, 603, 608

雄黃 371

休密 93, 147, 156, 162, 186, 217, 293, 336, 337, 428, 528

休循（休脩）37, 129, 141, 142, 144, 185, 186, 189, 190, 250, 252, 266, 293, 398, 414, 419, 434, 458, 491, 526, 578, 604

宿利 108, 110, 113, 160, 215, 238, 318, 329, 330

玄熊 362

薰陸（薰六）109, 365

循鮮 145, 152, 184, 295, 532, 578

焉耆 29, 37, 67, 87, 94, 101, 102, 103, 104, 105, 129, 130, 133, 134, 142, 146, 196, 199, 200, 206, 207, 208, 212, 213, 221, 222, 234, 235, 236, 241, 250, 252, 259, 267, 268, 269, 270, 273, 275, 277, 282, 283, 290, 291, 292, 319, 325, 326, 331, 355, 356, 357, 360, 361, 363, 371, 399, 401, 402, 403, 404, 405, 406, 408, 409,
418, 419, 421, 435, 436, 444, 449, 452,
461, 468, 473, 474, 483, 484, 487, 490,
493, 505, 506, 507, 508, 514, 530, 531,
551, 555, 557, 558, 565, 581, 585, 589,
597, 602, 603, 604, 605, 606, 607

延城 74, 75, 104, 105, 114, 144, 164, 195, 279, 289, 343, 467, 558

閻浮調 162, 218, 319, 337, 428, 468

嚴國（巖國）133, 155, 298, 365, 431

鹽綠 104, 109, 371

鹽奇水 240, 343

鹽水 228, 229, 230, 467, 516

鹽澤 123, 125, 173, 175, 195, 202, 227, 228, 229, 230, 231, 256, 269, 467, 527, 557, 566, 573

奄蔡（庵蔡）19, 93, 107, 108, 129, 131, 133, 134, 140, 141, 160, 173, 188, 215, 228, 231, 233, 248, 249, 252, 294, 298, 299, 301, 357, 358, 363, 397, 413, 414, 415, 430, 431, 450, 459, 527, 528, 532

衍敦 152, 190, 191, 292

羊剌 359

陽關 1, 17, 18, 19, 123, 124, 125, 127, 175, 176, 181, 186, 187, 188, 189, 201, 202, 210, 227, 228, 233, 234, 247, 248, 249, 250, 252, 256, 257, 261, 289, 319, 321, 418, 435, 451, 527, 530

夜光璧 33, 373

夜光珠 372

業波（業波羅）162, 163, 344

嚈噠（嚩噠）94, 114, 115, 118, 134, 161, 163, 164, 209, 210, 222, 238, 331, 337, 338, 343, 344, 345, 360, 361, 408, 420, 421, 442, 453, 461, 462, 466, 467, 470, 471, 485, 493, 503, 505, 513, 514, 515, 586

伊列 156, 300, 547

伊吾 30, 147, 202, 236, 237, 354, 355, 356, 371, 565, 566, 567

伊循 142, 432, 574, 596

依耐 37, 128, 149, 182, 183, 252, 262, 263, 265, 284, 398, 415, 433, 437, 459, 526, 604

移支 133, 144, 297, 401, 402, 406, 417, 438, 460

億若 37, 142, 262, 604

泑澤 288, 573

優鉢曇花 76, 331, 359

扜零 145, 177, 257

扜泥 92, 145, 176, 211, 252, 253, 320, 321, 467

于大谷 143, 197, 198, 212, 233, 272, 273, 325, 438, 468

于賴 150, 270

于婁 150, 196, 270, 280, 281, 439

于羅 36, 132, 158, 205, 299

于闐（于寘、于寘）30, 37, 45, 53, 54, 57, 58, 59, 61, 62, 66, 67, 68, 94, 97, 98, 99, 100, 104, 114, 115, 123, 125, 128, 132, 134, 144, 148, 178, 179, 180, 194, 203, 211, 212, 222, 228, 230, 231, 232, 237, 242, 251, 254, 255, 256, 257, 259, 260, 261, 264, 269, 281, 285, 317, 321, 322, 323, 331, 343, 354, 355, 356, 360, 361, 370, 377, 398, 401, 402, 403, 404, 405, 407, 409, 419, 421, 433, 444, 449, 452, 461, 464, 467, 468, 469, 470, 472, 483, 493, 505, 506, 507, 508, 509, 512, 518, 527, 555, 558, 559, 565, 573, 576, 581, 582, 588, 589, 599, 601, 602, 603, 605, 606, 607

于闐河 230

扜彌（扜彌、扜冞）128, 148, 177, 178, 179, 180, 203, 211, 251, 254, 255, 258, 259, 277, 285, 289, 292, 322, 398, 402, 433, 483, 505, 506, 507, 508, 509, 527, 581, 585, 586, 595, 596, 598, 607, 608

禺氏（禺知）141

榆令 37, 144, 300, 604

窳匿 155, 188, 189, 294

玉河 237, 370

玉門 17, 18, 88, 123, 124, 125, 132, 175, 202, 210, 211, 212, 227, 228, 233, 247, 316, 317, 321, 451, 527, 530

玉門關 1, 17, 18, 19, 236, 534, 537, 585

郁成 12, 13, 142, 146, 296, 516, 533, 535

郁立（郁立師）37, 130, 142, 150, 197,

200, 248, 249, 250, 252, 266, 267, 269, 279, 280, 281, 399, 403, 439, 505, 507, 508, 526, 599

郁悉滿 238

鬱金 109, 366

員渠 101, 102, 142, 196, 207, 212, 290, 291, 292, 325, 326, 558

月氏 2, 19, 20, 21, 22, 23, 24, 35, 37, 88, 90, 113, 114, 115, 118, 124, 129, 130, 131, 132, 133, 140, 141, 144, 147, 152, 153, 162, 163, 173, 185, 186, 189, 190, 191, 201, 205, 206, 218, 219, 227, 228, 230, 231, 233, 237, 239, 248, 250, 252, 265, 266, 284, 294, 297, 298, 300, 316, 317, 319, 320, 330, 333, 334, 337, 338, 341, 345, 361, 373, 377, 397, 398, 401, 402, 407, 408, 409, 413, 414, 415, 418, 420, 428, 429, 430, 431, 445, 446, 447, 449, 450, 451, 452, 458, 459, 466, 471, 472, 482, 490, 491, 493, 504, 505, 509, 517, 526, 527, 528, 578, 590, 591

悅般 87, 117, 160, 214, 238, 301, 317, 328, 372, 408, 442, 453, 461, 473, 490, 492

越匿地（樂越匿地）155, 188, 430

芸膠 366

雲尼山 239, 332

雜寶 375, 575, 591

雜色綾 33, 367

贊摩寺 97, 483

早伽至 161, 217, 318, 336, 356, 441

澤散 158, 159, 300, 368

旃那 164, 221, 343

旃檀 358, 591

遮留谷 290

折薛莫孫 118, 162, 217, 218, 319, 337, 344, 428, 468

者舌 87, 88, 93, 162, 217, 237, 316, 328, 336, 557

者至拔 160, 214, 238, 318, 328, 362, 376

真白珠 372

真檀 358, 359, 465

真珠 76, 77, 109, 288, 372

楨中 37, 145, 299, 577, 604

職貢圖（貢職圖）39, 40, 41, 42, 43, 44, 45, 46, 47, 48, 49, 50, 51, 52, 54, 55, 56, 57, 58, 60, 61, 62, 63, 64, 65, 70, 78, 81, 209

中天竺 44, 48, 53, 57, 58, 61, 62, 66

周古柯 44, 53, 56, 62, 66, 70, 71, 134, 151, 159, 323, 462

朱丹 33, 374

朱居 118, 159, 343, 421, 434, 468, 482

子合 128, 132, 151, 159, 181, 182, 204, 211, 212, 251, 259, 261, 262, 263, 264, 265, 285, 323, 324, 370, 401, 402, 407, 416, 433, 434, 438, 459, 468, 601

後記

突厥興起在西域史上劃一時代,故先突厥時期的西域史自成段落,有關史料則富集於兩漢魏晉南北朝正史"西域傳"。而由於這些"西域傳"的編者們十分接近的立場、觀點和認知、闡述方法,這批史料不妨視作一個系統。

先突厥時期的西域史極其複雜,許多問題長期以來聚訟紛紜,莫衷一是。但不可否認,如果在利用兩漢魏晉南北朝正史"西域傳"有關資料的同時,對這些傳文作一番全面的文本研究,其中若干便可以獲得可靠的線索。

基於以上認識,加上一些客觀原因,雖然自知難以勝任,我終於還是下決心給兩漢魏晉南北朝正史"西域傳"作注,真正成了知其不可爲而爲之。

既然"六經注我"往往是注六經者的心曲,我注"西域傳"也無妨作爲檢校、補充自己以往研究的一種手段。這也決定了我不可能作集注。何況前人所作兩漢魏晉南北朝正史"西域傳"的注鮮有成系統者,將一些孤立的見解收集到一起事倍功半,亦難免爲識者笑。

另外，世有所謂二重證據法，主張結合出土材料和文獻進行研究。然而，前者以實物爲主，而實物和文字資料之間有著質的區別。如何將兩者整合到一起，至少在我，方法論問題還沒有很好解決。因此，我本來無意採用此法。無奈此法已經如此深入人心，完全避開竟不可得。於是，每當我不得不引用以此法爲基礎的成果時，儘管慎之又慎，惶恐之情仍難自已。

爲減少錯誤，我曾將部份或全部初稿寄給陳淩、李錦繡、林英、馬小鶴、毛民、芮傳明、榮新江、徐文堪、殷晴、張小貴諸位先生審閱，得到不少寶貴的教示。謹在此一幷表示我深深的謝意。

本書作爲中國社會科學院 B 類重大課題"早期絲綢之路基本文獻研究"的一部份得到課題經費的資助，此誌。

余太山

2005 年 1 月 5 日

再版後記

這次重印校對了引文，糾正了一些錯誤。

本書初版於 2005 年，茲蒙原出版單位中華書局許可重印，特此鳴謝。

余太山

2011 年 11 月 20 日

余太山主要出版物目録（1983—2011）

一　專著

1《嚈噠史研究》，齊魯書社，1986年9月。

2《塞種史研究》，中國社會科學出版社，1992年2月。

3《兩漢魏晉南北朝與西域關係史研究》，中國社會科學出版社，1995年6月。

4《古族新考》，中華書局，2000年6月。

5《兩漢魏晉南北朝正史西域傳研究》，中華書局，2003年11月。

6《兩漢魏晉南北朝正史西域傳要注》，中華書局，2005年3月。

7《早期絲綢之路文獻研究》，上海人民出版社，2009年5月。

二　論文

1《魏書·嚈噠傳》考釋，《文史》第20輯（1983年），pp. 258-263。

2《魏書·粟特國傳》辨考，《文史》第21輯（1983年），pp. 57-70。

3 嚈噠史研究中的若干問題，《中亞學刊》第 1 輯（1983 年），中華書局，pp. 91-115。

4 《魏書·小月氏、大月氏傳史實辨考》，《學習與思考（中國社會科學研究生院學報）》1984 年第 3 期，pp. 64-69。

5 關於頭羅曼和摩醯邏矩羅，《南亞研究》1984 年第 3 期，pp. 9-15。

6 嚈噠史二題，《中華文史論叢》1985 年第 2 期，pp. 189-204。

7 關於嚈噠的覆亡，《西北史地》1985 年第 4 期，pp. 38-43。

8 柔然與西域關係述考，《新疆社會科學》1985 年第 4 期，pp. 67-77，80-81。

9 柔然、阿瓦爾同族論質疑——兼說阿瓦爾卽悅般，《文史》第 24 輯（1985 年），pp. 97-113。

10 條支、黎軒、大秦和有關的西域地理，《中國史研究》1985 年第 2 期，pp. 57-74。

11 關於董琬、高明西使的若干問題，《文史》第 27 輯（1986 年），pp. 31-46。

12 馬雍《西域史地文物叢考》編後，《新疆社會科學》1986 年第 4 期，pp. 124-126。

13 嚈噠的族名、族源和族屬，《文史》第 28 輯（1987 年），pp. 109-125。

14 《太伯里史》所載嚈噠史料箋證（宋峴漢譯），《中亞學刊》第 2 輯（1987 年），中華書局，pp. 51-64。

15 烏孫考，《西北史地》1988 年第 1 期，pp. 30-37。

16 奄蔡、阿蘭考，《西北民族研究》1988 年第 1 期，pp. 102-110，114。

17 《漢書·西域傳》所見塞種，《新疆社會科學》1989 年第 1 期，pp. 67-78。

18 匈奴、鮮卑與西域關係述考，《西北民族研究》1989 年第 1 期，pp. 153-171。

19 大夏和大月氏綜考，《中亞學刊》第 3 輯（1990 年），中華書局，pp. 17-46。

20 匈奴、Huns 同族論質疑,《文史》第 33 輯（1990 年）, pp. 57-73。

21 Who were Toramana and Mihirakula? *Asia-Pacific Studies* 1990, pp. 95-108.

22 塞種考,《西域研究》1991 年第 1 期, pp. 19-33。

23 大宛和康居綜考,《西北民族研究》1991 年第 1 期, pp. 17-45。

24 關於鄯善都城的位置,《西北史地》1991 年第 2 期, pp. 9-16。

25 安息與烏弋山離考,《敦煌學輯刊》1991 年第 2 期, pp. 82-90。

26 罽賓考,《西域研究》1992 年第 1 期, pp. 46-61。

27 關於 Huns 族源的臆測,《文史》第 34 輯（1992 年）, pp. 286-288。

28 張騫西使新考,《西域研究》1993 年第 1 期, pp. 40-46。

29 東漢與西域關係述考,《西北民族研究》1993 年第 2 期, pp. 19-39。

30 西漢與西域關係述考,《西北民族研究》1994 年第 1 期, pp. 9-24；第 2 期, pp. 125-150。

31 兩漢西域戊己校尉考,《史林》1994 年第 1 期, pp. 8-11, 7。

32 貴霜的族名、族源和族屬,《文史》第 38 輯（1994 年）, pp. 18-28。

33 漢魏通西域路線及其變遷,《西域研究》1994 年第 1 期, pp. 14-20。

34 前秦、後涼與西域關係述考,《中國邊疆史地研究》1994 年第 4 期, pp. 68-73。

35 西涼、北涼與西域關係述考,《西北史地》1994 年第 3 期, pp. 1-5。

36 第一貴霜考,《中亞學刊》第 4 輯（1995 年）, 北京大學出版社, pp. 73-96。

37 新疆出土文書劄記：I. 吐魯番出土文書所見"緣禾"、"建平"年號, II. 關於"李柏文書",《西域研究》1995 年第 1 期, pp. 77-81。

38 前涼與西域關係述考,《中國史研究》1995 年第 2 期, pp. 139-144。

39 兩漢西域都護考,《學術集林》卷五, 上海遠東出版社, 1995 年, pp.

214-242。

40 兩漢魏晉南北朝時期西域的綠洲大國稱霸現象,《西北史地》1995 年第 4 期, pp. 1-7。

41 《榎一雄著作集》第 1—3 卷《中亞史》(書評),《敦煌吐魯番研究》第一卷(1995 年),北京大學出版社,1996 年,pp. 381-389。

42 南北朝與西域關係述考,《西北民族研究》1996 年第 1 期,pp. 1-32。

43 《後漢書·西域傳》與《魏略·西戎傳》的關係,《西域研究》1996 年第 3 期, pp. 47-51。

44 說大夏的遷徙——兼考允姓之戎,《夏文化研究論集》,中華書局,1996 年, pp. 176-196。

45 《魏書·西域傳》原文考,《學術集林》卷八,上海遠東出版社,1996 年, pp. 210-236。

46 允姓之戎考——兼說大夏的西徙,《中國國際漢學研討會論文集》,中國社會科學出版社,1996 年,pp. 673-711。

47 關於兩漢魏晉南北朝正史"西域傳"的體例,《西北師範大學學報》1997 年第 1 期,pp. 17-22, 92。

48 兩漢魏晉南北朝時期西域南北道綠洲諸國的"兩屬"現象——兼說貴霜史的一個問題,《中國邊疆史地研究》1997 年第 2 期,pp. 1-5。

49 《史記·大宛列傳》與《漢書·張騫李廣利傳、西域傳》的關係,《學術集林》卷一一,上海遠東出版社,1997 年,pp. 162-179。

50 曹魏、西晉與西域關係述考,《文史》第 43 輯 (1997 年),pp. 61-71。

51 有虞氏的遷徙——兼說陶唐氏的若干問題,《炎黃文化研究(炎黃春秋增刊)》第 4 期 (1997 年),炎黃春秋雜誌社,pp. 52-59, 67;第 5 期 (1998

年），pp. 62-66，75。

52 兩漢魏晉南北朝正史"西域傳"所見西域族名、國名、王治名,《慶祝楊向奎先生教研六十年論文集》，河北教育出版社，1998 年，pp. 238-251。

53《梁書·西北諸戎傳》與《梁職貢圖》,《燕京學報》新 5 期，北京大學出版社，1998 年，pp. 93-123。

54 昆吾考,《中華文史論叢》第 58 輯（1999 年），上海古籍出版社，pp. 245-257。

55 評斯坦因《西域考古圖記》漢譯本，中華人民共和國新聞出版署主辦《中國出版》1999 年第 4 期，中心插頁。

56 兩漢魏晉南北朝正史西域傳的里數,《文史》第 47 輯（1999 年第 2 期），pp. 31-48；第 48 輯（1999 第 3 期），pp. 129-141。

57 讀蔡鴻生《唐代九姓胡與突厥文化》,《書品》1999 年第 4 期，pp. 29-34。

58 關於甘英西使,《國際漢學》第 3 輯，大象出版社，1999 年，pp. 257-263。

59 犬方、鬼方、昏方與獫狁、匈奴同源說,《歐亞學刊》第 1 輯，中華書局，1999 年，pp. 7-28。

60 中國史籍關於希瓦和布哈拉的早期記載,《九州》第 2 輯，商務印書館，1999 年，pp. 157-160。

61 荀悅《漢紀》所見西域資料輯錄與考釋,《中亞學刊》第 5 輯，新疆人民出版社，2000 年，pp. 216-238。

62 馬雍遺作目錄,《中國史研究動態》2000 年第 3 期，pp. 26-29。

63 樓蘭、鄯善、精絕等的名義——兼說玄奘自于闐東歸路線,《西域研究》2000 年第 2 期，pp. 32-37。

64 義渠考,《文史》第 50 輯（2000 年第 1 期），pp. 153-158。

65 漢晉正史"西域傳"所見西域諸國的地望,《歐亞學刊》第 2 輯，中華書局，

2000 年，pp. 37-72。

66 嚈噠史若干問題的再研究，《中國社會科學院歷史研究所學刊》第 1 集，社會科學文獻出版社，2001 年，pp. 180-210。

67 讀華濤《西域歷史研究（八至十世紀）》，《書品》2001 年第 4 期，pp. 35-39。

68 兩漢魏晉南北朝正史"西域傳"所見西域山水，《史林》2001 年第 3 期，pp. 50-56。

69 兩漢魏晉南北朝正史"西域傳"所見西域諸國的宗教、神話傳說和東西文化交流，《西北民族研究》2001 年第 3 期，pp. 115-127。

70 兩漢魏晉南北朝正史"西域傳"所見西域農業、手工業和商業，《吐魯番學研究》2001 年第 1 期，pp. 116-123；第 2 期，pp. 104-111。

71 兩漢魏晉南北朝正史"西域傳"所見西域諸國的制度和習慣法，《西北民族研究》2001 年第 4 期，pp. 5-14。

72 兩漢魏晉南北朝正史"西域傳"所見西域人口，《中華文史論叢》第 67 輯(2001 年第 3 期)，上海古籍出版社，pp. 62-76。

73 兩漢魏晉南北朝正史"西域傳"所見西域諸國的人種和語言、文字，《中國史研究》2002 年第 1 期，pp. 51-57。

74 兩漢魏晉南北朝正史"西域傳"所見西域諸國的社會生活，《西域研究》2002 年第 1 期，pp. 56-65。

75 兩漢魏晉南北朝正史西域傳所見西域諸國物產，《揖芬集——張政烺先生九十周年華辰紀念文集》，社會科學文獻出版社，2002 年 5 月，pp. 437-453。

76 南北朝正史西域傳所見西域諸國的地望，《歐亞學刊》第 3 輯，中華書局，2002 年 4 月，pp. 163-183。

77 魚國淵源臆說，《史林》2002 年第 3 期，pp. 16-20。又載山西省北朝文化研究中心主編《4—6世紀的北中國與歐亞大陸》，科學出版社，2006年，pp. 140-147。

78 有關嚈噠史的笈多印度銘文——譯注與考釋（劉欣如譯注），《西北民族論叢》第1輯，中國社會科學出版社，2002年12月，pp. 44-66。

79 新發現的臘跋闥柯銘文和《後漢書·西域傳》有關闐膏珍的記載，《新疆文物》2003年第3—4輯，pp. 43-47。

80 兩漢魏晉南北朝正史"西域傳"的認知和闡述系統，《西北民族論叢》第2輯，中國社會科學出版社，2003年12月，pp. 43-47。

81 《史記·大宛列傳》要注，《暨南史學》第2輯，2003年，pp. 56-79。

82 《水經注》卷二（河水）所見西域水道考釋，《中國社會科學院歷史研究所學刊》第2集，2004年4月，pp. 193-219。

83 《梁書·西北諸戎傳》要注，《西北民族研究》2004年第2期，pp. 93-104。

84 《後漢書·西域傳》和《魏略·西戎傳》有關大秦國桑蠶絲記載淺析，《西域研究》2004年第2期，pp. 14-16。

85 《周書·異域傳下》要注，《吐魯番學研究》2003年第2期，pp. 54-72。

86 《後漢書·西域傳》要注，《歐亞學刊》第4輯，中華書局，2004年6月，pp. 261-312。

87 《隋書·西域傳》的若干問題，《新疆師範大學學報》2004年第3期，pp. 50-54。

88 渠搜考，中國社會科學院歷史研究所編《古史文存·先秦卷》，社會科學文獻出版社，2004年11月，pp. 331-344。

89 隋與西域諸國關係述考，《文史》第69輯（2004年第4期），pp. 49-57。

90 《漢書·西域傳上》要注，"中國社會科學院歷史研究所學刊"第3集，

2004年10月，pp. 125-178。

91 《隋書·西域傳》要注，《暨南史學》第3輯，2004年，pp. 92-123。

92 漢文史籍有關羅馬帝國的記載，《文史》第71輯（2005年第2期），pp. 31-96。

93 匈奴的崛起，《歐亞學刊》第5輯，中華書局，2005年6月，pp. 1-7。

94 裴矩《西域圖記》所見敦煌至西海的"三道"，《西域研究》2005年第4期，pp. 16-24。

95 兩漢魏晉南北朝正史西域傳有關早期SOGDIANA的記載，《粟特人在中國——歷史、考古、語言的新探索》（《法國漢學》第10輯），中華書局，2005年12月，pp. 276-302。

96 《通典·邊防七·西戎三》要注，《文史》第74輯（2006年第1期），pp. 139-160；第75輯（2006年第2期），pp. 161-181。（與李錦繡合作）

97 《魏略·西戎傳》要注，《中國邊疆史地研究》2006年第2期，pp. 43-61。

98 《魏書·西域傳》（原文）要注，《西北民族論叢》第4輯，中國社會科學出版社，2004年，pp. 24-75。

99 宋雲行紀要注，《蒙元史暨民族史論集——紀念翁獨健先生誕辰一百周年》，社會科學文獻出版社，2006年，pp. 565-591。

100 兩漢魏晉南北朝正史關於東西陸上交通路線的記載，《中國古代史論叢——黎虎教授古稀紀念》，世界知識出版社，2006年，pp. 242-251。

101 關於法顯的入竺求法路線——兼說智猛和曇無竭的入竺行，《歐亞學刊》第6輯(古代內陸歐亞與中國文化國際學術研討會論文集卷上)，中華書局，2007年6月，pp. 138-154。

102 劉文鎖著《沙海古卷釋稿》序，中華書局，2007年7月，pp. 1-3。

103 《漢書·西域傳下》要注，《中國社會科學院歷史研究所學刊》第4集，

2007 年 8 月，pp. 187-233。

104 伊西多爾《帕提亞驛程志》譯介與研究，《西域研究》2007 年第 4 期，pp. 5-16。

105 《穆天子傳》所見東西交通路線，《傳統中國研究集刊》第 3 輯，上海人民出版社，2007 年，pp. 192-206。

106 希羅多德《歷史》關於草原之路的記載，《傳統中國研究集刊》第 4 輯，上海人民出版社，2008 年，pp. 11-23。

107 宋雲、惠生西使的若干問題——兼說那連提黎耶舍、闍那崛多和達摩笈多的來華路線，《中國社會科學院歷史研究所學刊》第 5 集，2008 年 4 月，pp. 25-45。

108 馬小鶴著《摩尼教與古代西域史研究》序。中國人民大學出版社，2008 年 10 月，pp. 1-2。

109 托勒密《地理志》所見絲綢之路的記載，《歐亞學刊》第 8 輯，中華書局 2008 年 12 月，pp. 85-98。

110 《那先比丘經》所見"大秦"及其他，《歐亞學刊》第 9 輯，中華書局 2009 年 12 月，pp. 109-114。

111 "History of the Yeda Tribe (Hephthalites): Further Issues," *Eurasian Studies* I. The Commercial Press, 2011, pp. 66-119.

112 Αλοχον 錢幣和嚈噠的族屬，《中國史研究》2011 年第 1 輯，pp. 5-16。

113 《絲瓷之路——古代中外關係史研究》發刊詞，《絲瓷之路——古代中外關係史研究》創刊號，商務印書館，2011 年，pp. i-iii。

114 關於驪靬問題的劄記，《絲瓷之路——古代中外關係史研究》創刊號，商務印書館，2011 年，pp. 235-244。

115 吐火羅問題，《歐亞學刊》（國際版）第 1 期（總第 11 期），商務印書館，

2011年，pp. 259-285。

116 貴霜的淵源，《中國社會科學院歷史研究所學刊》第7集，2011年10月，pp. 237-247。

图书在版编目（CIP）数据

兩漢魏晉南北朝正史西域傳要注/余太山著.—北京：商務印書館，2013（2019.9重印）
ISBN 978-7-100-09901-1

Ⅰ.①兩… Ⅱ.①余… Ⅲ.①西域－地方史－研究－漢代②西域－地方史－魏晉南北朝時代 Ⅳ.①K294.5

中國版本圖書館CIP數據核字(2013)第072252號

經中華書局授權許可使用

權利保留，侵權必究。

兩漢魏晉南北朝正史西域傳要注
（上下冊）

余太山 著

商 務 印 書 館 出 版
（北京王府井大街36號 郵政編碼 100710）
商 務 印 書 館 發 行
三河市尚藝印裝有限公司印刷
ISBN 978-7-100-09901-1

2013年5月第1版　　開本 880×1230 1/32
2019年9月第2次印刷　　印張 23
定價：68.00元